# 내 마음의 힐링!

**조병오**(Cho Byung Oh)

한국전쟁 전 해에 용인에서 태어났다. 그곳에서 어린 시절과 초.중.고 시절을 보냈으며 고려대학교 산업공학과를 졸업했다. 삼성에서 28년간 근무하고 2003년 퇴임한 후, (주)지엔에스를 창립하여 2억불 수출의 탑을 수상하는 등 작지만 강한 회사를 만들었다. 1999년에 석탑산업훈장을 수상하였으며, 2009년에 에세이집『바쁜 세상 숨고르기』를 발간한 수필가이다.

초판 인쇄 2014.11.24 발행 2014. 11.29

지은이 조병오

펴낸이 정기옥

펴낸곳 리토피아

출판등록 2006.06.015. 제2006-12호

주소 402-013 인천광역시 경인로77 2층

전화 032-883-5356 | 전송 032-891-5356

홈페이지 www.litopia21.com

전자우편 litopia@hanmail.net

ISBN-978-89-6412-047-7 03810

값 20,000원

이 도서의 국립중앙도서관 출판예정도서목록(CIP)은 서지정보유통지원시스템 홈페이지(http://seoji.nl.go.kr)와 국가자료공동목록시스템(http://www.nl.go.kr/kolisnet)에서 이용하실 수 있습니다. (CIP제어번호 : CIP2014033480)

# 내 마음의 힐링!

조병오

리토피아
LITERATURE & UTOPIA

# 글을 묶으며

조병오

나는 글쓰기를 공부하지 않았지만 언제부터인가 좋은 이야기를 듣거나 글을 보았을 때 메모난에 기록하는 습관이 생겼다. 훗날 옛날을 추억하고 어떻게 살아왔는가를 스스로 평가할 수 있을는지가 궁금해서이다. 기록들이 한 장 두 장 쌓이면서 나는 때론 지난날을 그리워하고 환호하면서, 가끔씩 스스로 자랑스러워하며 가슴 뿌듯함을 느끼곤 하였다. 이 기록들은 곧 나의 삶에서 내가 나 자신을 추스르고 다짐하고 인내한 흔적들이라 할 수 있을 것 같다.

5년 전 그 기록 중에 일부를 떼어내 책으로 묶었다. 『바쁜 세상 숨 고르기』였다. 제목 그대로 숨 가쁘게 달려오다가 어느 순간 잠시 서서 나의 흔적들을 되돌아보면서 그동안 살아온 과정을 살펴보고자 했던 것이다. 어쩌면 나보다도 더 열심히, 훌륭하게 그리고 성공적인 삶을 살아온 분들도 많은데 외람되고 지극히 무모한 모험이었다. 그럼에도 과감하게 시도한 것은 '나의 흔적을 나의 기록'으로 남기고 싶었기 때문이었다. 쉽지만은 않았지만 이후에도 기록은 계속되었다.

이번에 또다시 두 번째 책을 묶었다. 그것도 『내 마음의 힐링!』이란 거창한 주제로 나의 기록들을 엮었다. 지극히 평범한 소시민의 기록이라면 결코 대단한 내용이 있을 리가 없을 것이다. 하물며 '힐링'이란 이 시대 최고의 화두를 나의 좁은 마음속에서, 나의 얕은 체험 속에서 우려낸다는 것은 사실상 불가능하다. 나의 삶의 부피가 그리 크고 넓지 않은 까닭이다. 나는 비록 작은 경험이지만 내 스스로 힐링이 되었던 순간들을 나의 사랑하는 가족과 친구와 이웃들에게 들려주고 싶다는 생각으로 또다시 기록들을 묶기로 하였다.

표제가 워낙 거창한 화두여서 무언가 대단한 이야기가 들어있는 것처럼 독자들이 지레 기대할까봐 두렵다. 하지만 나는 그 어떤 힐링의 지침서나 계몽서보다도 이른바 지공地空(지하철 공짜)선사의 연륜인 60대 중반을 살아오면서 이룩한 나의 작은 성공과 희노애락喜怒哀樂의 여정이 독자들에게 다가가리라고 믿어본다.

한동안 '웰빙'이란 말이 유행했는데 요즘 들어와서 '힐링'이라는 말이 매스컴이나 광고에 많이 등장하면서 건강의 중요성을 일깨워주고 있다. 특히 친환경 차원의 힐링이 각광을 받으면서 '에코'란 말도 널리 퍼져나가고 있다. 생활에 다소 여유가 생기면서 사람들은 지금의 행복을 좀 더 오래오래 누리고 싶어 한다. 오랜 행복은 건강을 기초로 하게 되는데 이것이 웰빙이다. 생활은 윤택해져서 잘 먹고 즐기며 잘 살 수 있지만 오늘이 있기까지 치열하게 살아온 그 오랜 과정에서 몸과 마음이 받은 상처는 그대로 남아 있을 수가 있고 특히 그런 깊은 상처는 잘 치유되지도 않는다. '웰빙'하려면 '힐링'이 되어야한다는 뜻이다. '신체와 마음을 치유한다.'는 '힐링'이란 단어가 그래서 이처럼 지구촌에 회자되는 것이리라. 이 책은 스스로 그런 힐링을 위해 애써왔던 나의 지나온 여정을, 그 과정에서 느낀 편안함과 즐거움을 담고자 한 것이다.

나는 어떤 삶이 좋은 것이고 행복한 것인가에 대해 명확한 정의나 방법을 제시하지는 못한다. 더욱이 나의 삶이 최선이었다고 주장할만한 근거나 생활태도도 없다. 늘 힐링해야겠다고 생각하던 것을 실천에 옮겼으며 그러한 실천이 습관이 되어 이윽고 스스로 힐링의 기쁨을 느끼게 되었다는 것을 들려주려고 한다.

우리가 건강한 몸과 마음으로 주변과 잘 어울려 노후를 즐길 수 있다면 좋지 않겠는가? 최고는 아니더라도 최선을 다하여 최소한 불행한 노후를 예방하기 위해 무엇을 해야 할 것인지에 대해서는 누구라도 관심을 가지고 있다. 안타깝게도 많은 사람들은 힐링이 중요하다는 걸 잘 알고 그 필요성을 절감하면서도, 힐링의 기초라 할 수 있는 균형 잡힌 생활을 잘 하지 못하고 있음을 본다.

최근 한국기업들의 Hardware는 세계에서 최고인데 반해 Software가 부족하여 앞으로 나아가지 못하는 것에서 보듯이, 사람들도 신체단련이나 외모에 치중하면서 평화로운 마음, 정신적인 안정감 확보에는 소홀하다는 느낌을 받는다.

사士 자는 사회가 인정하는 부류이다. 그런데 요즘 '박사', '의사', '율사'보다는 '밥사'가 더 호평을 받는다는 우스갯소리가 있다. 친구가 사는 밥처럼 부담없고 맛있는 것이 어디 있을까? 밥을 사는 사람도 좋은 분위기와 그 기뻐하는 모습에서 행복감과 성취감을 얻게 된다. '감사'와 '봉사'는 그보다 한 단계 더 높은 평가를 받는다고 한다. 남에게 베푸는 것과 '덕택에'라는 낮은 자세로의 생활은 자신의 가치를 높이는 필요한 행동이라 할 수 있겠다.

어느 유명한 의사는, "나보다 더 유명한 의사는 '음식, 수면, 운동'이란 3명의 의사이고, 거기다가 '사랑, 긍정적 사고, 웃음'을 곁들이게 되면 병원이 문을 닫게 된다."라고 하였다. 의사들에게는 다행인지, 필요로하는 Software를 개발하고 실천하는 사람들이 많지 않다. 더구나 습관화하기는 더욱 어렵다.

필자의 경험으로는 우선 '감사, 미소'를 생활의 지침으로 삼고 그것을 실천하는 것부터 시작하였는데 상당한 효과가 있었다. "감사합니다. 사랑합니다. 미안합니다. 소중합니다."라는 네 마디의 말을 입에 달고 생활함으로써 스스로 마음의 힐링이 됨을 느낄 수 있었던 것이다.

세상사의 이치는 '뿌린 대로 거두는 법'이라고 하였다. 물론 이 말은 대단히 부정적인 의미로 '뿌린 죄는 반드시 되갚음을 당한다.'로 보통 쓰여 진다. 웰빙과 힐링에도 이 말은 적용된다. 몸을 잘 다스리면 건강한 힐링이 되지만 잘못 관리하면 힐링은 커녕 몸과 마음이 모두 망가질 수도 있을 것이다.

건강한 자연에서 건강한 생명이 자라고, 훼손되거나 가공된 자연에서는 재앙이 피어날 수밖에 없을 것이다. 건강한 곳으로의 여행은 그래서 몸은 물론 그 과정에서 느끼는 행복으로 마음까지 힐링을 꾀할 수 있다고 보는 것이다. 때론 아파트나 도심을 벗어나 자연과 하나가 되는 전원생활은 에코-힐링(Eco-healing)이 될 것이다.

복잡한 현대를 살아가면서 필연적으로 쌓이게 되는 스트레스는 약

물만으로는 치유되지 못한다. 이유 없이 아프다거나 불면증, 만성 우울증, 정서불안 등의 경우는 더더욱 그러하다. 이런 것들은 소위 말하는 자연치유인 힐링을 통해서만 해소할 수 있다는 것이 오늘날 인식이다. 힐링을 특별한 방법으로 정의할 수는 없을 것이다. 어쩌면 많은 사람들이 실천을 통해 터득한 것을 나의 능력 안에서 실천

해 보는 것이 가장 좋은 방법이 아닐까 싶다.

댄스를 하면 마음이 안정되어 기쁨을 느끼게 된다는 사람도 있고, 음악(힐링 뮤직)을 들으면 마음의 평안을 찾을 수 있다는 사람도 있다. 마음 맞는 사람과 등산을 하거나 따뜻한 차 한 잔 마시는 것만으로도 힐링이 된다는 사람들도 많다. 모든 것은 내가 그 일로 해서 얼마나 감동받고 깨닫는가 하는데 있다고 본다.

호르몬 다이돌핀Didorphin은 엔돌핀보다 400배의 효과가 있다고 한다. 이 호르몬은 즐거움과 감동을 느낄 때에 생성된다고 한다.

변변치 못한 책입니다만 여러분께 즐거움과 웃음을 드려 작은 감동이나마 느끼시게 되면 좋겠다. 그래서 다이돌핀이 생성되어 모두의 마음과 몸이 힐링이 되었으면 하는 바람이다. 이 졸저를 쓰고 그런 기대를 한다는 것이 무지몽매한 일임을 잘 안다. 다만 이 책을 통해 힐링으로 가는 길이 무엇인지, 그 길을 알 수 있는 작은 건강의 나침반이 되기를 바라는 마음에서 욕심을 부렸다. 여러분들의 넓고 깊은 이해를 구하오며 밝아오는 을미년엔 더욱 건강하시고 행복하시기를 바랍니다.

2014년 한해를 보내면서

## 가끔은 힐링하면서 살아갑시다.

김광호

세상을 살아가는 방법은 수없이 많을 것이다. 그중 뚜렷한 목표를 정하고 차근차근 준비해가면서 하나씩 이루어가는 분을 보면 존경스런 마음이 든다. 사람들은 누구나 건강하고 즐겁게 살아가고 싶은 꿈을 가지고 있다. 전자사랑모임의 조병오 회원은 퇴임 후에 회사를 창립하여 견실한 중견기업으로 일궈낸 유능한 CEO이자 평소에도 꾸준하게 글을 써서 지인들에게 보내주면서 정말 세상을 즐겁게 사는 분이로구나 생각하고 있다.

40년 전 내가 삼성전자 수원사업장에 근무할 때 그가 신입사원으로 들어와 부지런히 돌아다니면서 일하던 젊을 때의 그의 모습을 기억하고 있는데 그도 벌써 60대 중반을 넘어 같이 늙어가고 있다고 생각하니 세월이 정말 빠른 것 같다. 그는 5년 전에도 에세이집을 발간해서 내게 보내주었기에 대단하다고 느꼈는데, 이번에 에세이2집을 펴낸다고 한다. 원고를 살펴보니 그가 전자사랑모임 국내문화탐방위원장으로 봉사하면서 회원들에게 전국 방방곡곡의 볼거리들을 안내하면서 많은 즐거움을 주고 계신 분이라서 그런지 국내문화탐방에 관한 글이 많이 포함되어 있어 더욱 친근하게 느껴진다. 그동안 탐방 일을 책임감 있게 하는 모습을 보며 대단한 후배로구나 생각해왔고 그런 그가 있다면 앞으로도 전자사랑모임의 국내문화탐방은 기대해도 좋을 것 같다는 생각이 들어서 마음 든든하다.

누구든 나이가 들면 기억이 가물거린다. 어디에다가 메모를 해놓지 않으면 돌아서면 금방 잊어버린다. 그동안 우리가 살아온 삶의 궤적도 마찬가지다. 아무리 열심히 살아왔다고 하지만 지나가면 그중 대부분은 잊어버리게 된다. 그러나 그때에 일어났던 일을 자세하게 기록해 두고 사진으로 남겨놓는다면 그 기억은 영원히 살아남게 된다. 그래서 글을 쓰시는 분이나 사진작가들은 추억을 살려내는 분이라고 생각되어 대단하다고 생각하는 것이다.

그가 이번에 펴낸 에세이2집 『내 마음의 힐링!』을 꼭 한 번 읽어보시기를 권해드린다. 책 제목에서 느껴지는 것처럼 이 책은 중년 이후의 사람들이 즐겁게 살아가기 위한 모습을 고스란히 담고 있으며, 전국을 찾아다니면서 작가 자신만의 독특한 시각으로 기술하고 멋진 사진을 남겨 정리하였으며 또한 자신의 생활의 일부를 솔직하고 진솔하게 살펴봄으로써 힐링의 삶이 무엇인가를 제시하는 모습이 보여, 쉽게 읽히면서도 읽고 나면 무언가를 배울 게 있는 것 같은 그런 책이다. 이렇게 정성들여 자료를 수집해서 글을 쓰는 그의 모습에서 편안함과 진지함이 함께 풍겨져 나온다. 독자들도 이 책을 읽어보신다면 금방 힐링이 되는 그런 느낌이 드실 것이다.

골치 아프고 복잡하고 어려운 삶 속에서 이런 종류의 책을 읽는 즐거움이 삶의 스트레스를 없애는 청량제가 되리라고 생각한다. 앞으로도 계속해서 유익하고  따뜻한 글을 써서 제3, 제4의 책이 발간되어 사람들의 마음에 좋은 위로와 양식이 되기를 간절히 바란다.

전자사랑모임 회장 · 前 삼성전자 대표이사 부회장

## 이 책은 영혼의 보고서

구본홍

그는 공학도이다. 그래서인지 대체로 공학도들에게 흔히 느끼는 각진 체취가 그에게서도 가끔 묻어나온다. 게다가 오랜 기업의 임원으로서 그리고 CEO로서 다져진 경륜의 관록도 짙게 베어 나온다. 어찌 보면 함께 있어도 애써 건네는 대화들이 느닷없이 꼬리가 싹둑 잘릴 듯 보인다.

그에 대한 이런 첫 인상이 얼마나 무책임하고 오만한 편견이며, 명예훼손인지를 이 두툼한 정체불명의 책 한권이 외치고 있다.

이 책은 장르가 애매모호하다. 4부로 나누어 글을 실었지만 1부는 국내기행, 2부는 해외여행, 3부는 인간탐구, 4부는 저자의 삶이라 할까, 그런 정도로 이해할 수 있을 뿐이지 딱히 어느 장르로 편입할 수 없는 내용이다. 그의 연륜으로 볼 때, 흔히 열심히 자신의 삶을 살아온 성공한 사람들이 펴내는 자전적 에세이인가 싶지만 그것도 아니다. 요즘 흔한 자기 계발서는 더더욱 아니다.

그래서 읽는 글이라고 해두자. 그러나 이 책은 장르가 없어 보이지만 그렇게 편하게 읽어가다 보면, 그의 글 행간에서 배면에서 아우성치며 외치는 소리를 듣게 된다. 들려오는 외침으로 아! 이 책은 "조병오의 '영혼의 보고서'이구나!" 하고 깨닫게 된다.

그의 글은 담백하다. 어디에도 은유가 없으며, 미사여구가 절제된 직설체로 그의 마음과 영혼의 얘기를 써내려갔다. 참으로 희한한 것은 이 담백한 글이 나에게 속삭이고 있는 것이다. 마치 그가 내 곁에서 꽤 오랜 그의 삶의 여정을 쉬라즈 와인 향을 풍기며 잔잔하게 그리고 소상하게 얘기해 주고 있는 것이다. 나는 그의 얘기에 순간 몰입되어 밤이 지새는 줄도 모르고 듣고 또 들었다.

어떤 주제든, 대상이든 할 것 없이 더 이상 설명할 필요가 없을 만큼 샅샅이 해부되었으며, 이 나라 좁은 땅들이 어쩌면 그렇게 넓고 깊은 사연들을 안고 있는지, 그냥 단순히 유명 관광지로만 여겼던 저 바다 건너 땅들이 너무나 다정한, 마치 우리 이웃인 것처럼 다가오는지, 우리가 사랑하는 김연아의 연기를 어찌 그리 아름답고 우아하게 묘사할 수 있는지 경이롭다.

이래도 조병오를 기계음이 베인 공학도라 할 것인가. 우리의 첫인상이 얼마나 오만과 편견인지를 이 책은 웅변한다. 때론 감동하면서 때론 공감하면서 그가 이 긴 여정과 방황을 통해 결국 얻은 것이 무엇일까를 생각해보게 된다. 공학도가 굳이 전문서적이 아닌 이런 보고서를 쓰게 된 것은 결국 비로소 삶의 참뜻을 깨달았음을 보고하려는 것이 아닐까 싶다. 그 깨달음은 이제 다 내려놓을 수 있을 만큼 평온해졌음을 뜻한다.

그가 이 책의 타이틀을 '내 마음의 힐링!'이라고 명명한 것은 그의 마음과 영혼이 긴 여정과 방황을 통해 이제 잠잠해져, 모든 게 치유된 힐링이었음을 말하고 싶었던 것이다.

마음과 몸을 치유한 이 힐링의 흔적들을 독자들에게 추적해보기를 권한다. "여보세요, 여기 힐링이 있습니다." 라고.

고려대 언론대학원 초빙교수 · 前 YTN · CTSTV 사장

차례

## 제2부 넓은 세상



## 제3부 우리들의 영웅

## 제4부 나의 삶

# 제1부
# 아름다운 우리 강산

신비의 섬

# 울릉도 · 독도

## 신비의 섬
# 울릉도 · 독도

동쪽 먼 심해선深海線 밖의 한 점 섬, 그곳에 신비의 섬 울릉도와 독도가 있다.

동쪽 먼 심해선深海線 밖의 한 점 섬, 그곳에 신비의 섬 울릉도와 독도가 있다. 대학동기 5명과 울릉도와 독도를 다녀왔다. 본래 2박3일의 일정이 풍랑으로 하루 연기가 되는 불편이 있었으나 그것이 추가 하루의 여유와 긴장을 갖게 하였다. 왜 내가 이제야 왔을까. 어떻게 표현하여도 설명이 안 되는 절경과 그에 대한 감흥은 환상의 여행이라 할 수밖에 없다.

울릉도는 제주도의 약 1/22의 면적이긴 하나 제주도의 모든 장점을 갖추고 있다. 제주도의 볼만한 곳을 어느 정도 돌아보려면 20일은 걸리지 않을까. 그런데 울릉도의 경우에는 이와 버금가는 관광지를 단 3일 내에 섭렵할 수 있게 된다. 비행기가 없다는 점과 섬 여행에 대한 준비가 두루 필요하다는 것 외에는 장점이 많은 곳이다. 최대의 장점으로는 민족과 역사의식을 고취시킬 수 있는 독도가 곁에 있어서 감동과 감흥을 배가시켜 주기도 한다.

물가가 비싸다거나, 서비스가 신통치 못하다고 불평하는 인터넷의 글들이나 여행객들의 말을 듣기도 하였지만 그것은 그들의 기대치가 너무 높아 발생한 것이라고 생각된다. 자급자족이 안 되어 온갖 물품을 육지에 의존해야 하기 때문이라든지, 현지의 지형이나 인프라 부족에서 비롯된 것은 한 발 양보하고 바라보면 그냥 저냥 넘어갈 문제가 아니겠는가.

### 제주도에 3무無 3다多, 울릉도에는 3무無 5다多

제주도에는 '도둑'과 '거지'와 '대문'이 없다고 하고, '돌'과 '바람'과 '여자'가 많다고 한다. 울릉도에도 '도둑', '공해', '뱀'이 없으며, '물'과 '미인'과 '돌'과 '바람', '향나무'의 다섯 가지가 많다는 이야기가 있다. 그만큼 울릉도는 천연보호구역답게 아직까지 자연이 잘 보존되어 있다는 의미일 것이다.

울릉도의 미인과 관련된 말이 있다. 우리 동해바다의 해류는 동러시아 해변에서 풍랑을 만나면 배가 표류하다가 울릉도에 안착하게 된다고 한다. 러시아인들의 큰 체구와 하얀 피부가 현지인들과 섞여서 울릉도의 여인들은 늘씬하고 이목구비가 뚜렷한 것이란다.

울릉도 도동항 기암절벽 위에는 한국의 최고령 수목이자 세계에서 가장 오래된 2,500년 묵은 향나무가 있다. 울릉도 산봉우리에는 향나무가 많으며, 7~8부 능선에는 소나무가 많았다고 한다. 그런데 섬 전체에 많이 자생하던 향나무들이 큰 산불 때문에 대부분 소실되었으며, 이제는 산봉우리 등 특정지역에만 남아있게 되었다고 한다. 이때의 산불은 석 달 열흘 동안이나 계속되어, 향나무 타는 냄새가 육지까지 풍겨 울릉도에 큰 불이 났음을 알았다고 한다. 지금은 소방헬기 등 장비를 잘 갖추고 있으며, 주기적으로 종합산불진화훈련을 하고 있고, 산불방지 취수댐을 준공하여 산불에 대비하고 있다고 한다.

### 인구 만 명에 차량 6천 대

울릉도에는 10,673명(2012.12.31 기준 : 남자 5,641명, 여자 5,032명)이 산다고 한다. 그중 외국인도 124명이 포함되어 있다. 인구 만 명밖에 되지 않는 울릉도에 차량은 6천여 대가 있다고 하니 놀랍다. 이제 많은 사람들이 울릉도를 관광지로 선호하고 있다는 증거이기도 하다. 울릉도의 관광객은 성수기 일일 최고 3,347명이며, 작년 한 해 235,860명이 다녀가서 약 700억 정도의 관광수입을 올렸다고 한다.(울릉도의 일 년 예산 1,100억) 그럼에도 불구하고 외국인 관광객 수는 불과 386명밖에 되지 않아, 아직까지 외국인들에게는 잘 알려지지 않은 곳이기도 하거니와, 비행기가 없어서 가기 어려운 섬으로 인식되고 있는 듯하다.

10.26 지방선거에서 군수 후보로 무소속만 7명이 나오는 기이한 현상을 보았다. (선거 결과는 최수일 후보 당선) 이곳은 본래 ○○○당의 텃밭으로 그동안의 군수는 ○○○당 출신이었으나 그들은 모두 부적절한 처신으로 법의 심판대에 섰다고 한다.

2,500살 향나무

## 울릉도의 지형, 특이 동식물의 낙원

울릉군은 본도인 울릉도를 비롯해 죽도, 관음도, 독도 등 섬으로 이루어져 있다. 주 섬인 울릉도를 기준으로, 포항에서 217km, 동해(묵호)에서 169km, 강릉에서176km 떨어져 있으며, 육지에서 가장 가까운 곳은 울진군 죽변항으로 130km이다. 휴전선과는 불과 118km 떨어져 있다.

위도는 37도 25분이고, 동경 130도 46분과 130도 52분 사이에 있으며, 직선거리로 동서는 10km, 남북은 9.5km인 불규칙한 5각형으로 생겼다. 해안선은 56.5km, 면적은 72.82km²로 우리나라 군 중에서 가장 적은 인구이지만 면적으로는 8번째로 크다고 한다.

울릉 본도는 신생대 제3기와 4기 사이 즉 지금으로부터 약 250만 년 전, 화산활동에 의해 생성되었으며, 암반층은 주상절리가 잘 발달되어 있고, 최고봉은 성인봉(984m)이다. 그 외 말잔등(967m), 미륵봉(900m) 등 산악지역으로 구성되어 있다.

기후는 바람이 세고, 비와 눈이 많이 내리며, 여름에는 서늘하고 겨울에는 따뜻한 온난습윤기후구에 속한다. 연평균 기온은 12.3도이며 강수량은 1,236mm로 비교적 풍부한 편이다. 섬 둘레에 난류가 흐르고 있어 우리나라에서는 보기 드물게 해양성기후를 나타내기도 한다.

울릉도의 면적이 국토의 0.05% 정도이면서 식물의 종류는 650여 종으로 15% 정도에 이르며 한국 특산식물만 31종이 자생한다. 그 중 고산식물인 회솔나무와 만병초가 자라는 등 특이한 현상을 보여 종 다양성의 보고이기도 하다. 또한 어류는 74종, 새는 흑비

둘기 등 85종, 곤충은 841종에 이르며, 포유류는 6종이 서식하고 있는 것으로 알려지고 있다.

### 울릉오미 鬱陵五味

울릉도는 자연환경뿐만 아니라 자생식물까지 다른 곳에서 찾아볼 수 없는 것이 많다. 따라서 자연히 그곳만의 별미가 있는데 이른바 울

릉오미이다. 바로 울릉약소, 홍합밥, 산채비빔밥, 오징어, 호박엿이다.

울릉약소는 1883년에 첫 개척민과 함께 울릉도에 암수 1쌍이 들어와서 그 동안 늘어난 것인데 현재 약 750마리가 사육되고 있다고 한다. 육지의 소보다 훨씬 높은 값에 거래되고 있지만, 자체수요를 충당하기에도 급급할 정도로 인기가 높다고 한다. 섬 전체에 지천으로 피어있는 약초들을 먹고 자란다 하여 약소라는 명칭이 붙여졌다고 한다. 약

소가 가장 좋아하는 먹이는 울릉도의 자생식물인 섬바디(미나리과)다. 위암, 대장암 등의 암세포 확산을 억제하는데 효과가 있는 약초란다. 울릉약소의 맛과 품질을 탁월하게 만드는 조건 중 또 하나는 바로 물이다. 천혜의 자연이 만들어낸 울릉도의 물은 무미 · 무색 · 무취의 완벽한 천연 미네랄워터다. 이 울릉약소는 1998년 상표등록을 마친 브랜드이기도 하다.

## 나리분지

성인봉 북쪽의 칼데라화구가 함몰되어 형성된 화구원인 나리분지는 울릉도의 지붕이자 울릉도 유일의 넓은 평야지대이다.(여의도의 절반 수준 : 나리분지 1.5km$^2$ / 여의도 2.95km$^2$) 이곳에서 머금은 빗물은 숲속 곳곳으로 흘러 계곡을 이루고, 크고 작은 폭포들을 만들기도 한다.

기반암은 현무암과 조면암이며 그 위에 화산재 등 분출물이 쌓여 이루어진 곳으로 집중호우 때에는 물이 외부로 흘러나가지 못하고 일시적인 호수를 형성하기도 한다. 나리분지는 대부분 밭으로 이용되고 있으며, 우리나라에서 가장 눈이 많은 지역으로 3m 이상 쌓인다고 한다. 온 사방이 산으로 둘러싸여 있고, 유일하게 북쪽 낮은 곳에 길을 만들어 90년대 중반부터 자동차(대중교통) 통행이 가능하다.

울릉도가 대부분 산악과 비탈로 이루어져 있어 농사나 축산업은 힘들고 어업이 중심이란다. 유일한 평야지대인 나리분지를 잘 활용하고 아름답게 가꾼 것을 보면서 울릉도 주민들의 끈질긴 개척정신을 엿볼 수 있었다.

울릉도의 날씨는 변덕스러우며 해가 쨍쨍한 날이 1년에 60일 정도밖에 되지 않는다고 한다. 그러나 일 년 내내 강수량이 일정한 특징을 가지고 있다. 겨울철에는 북동풍이 불어 동해상에서 형성된 습기가 울릉도 산지에 부딪쳐 눈을 뿌리게 된다. 눈이 많이 내리는 바람에 울릉도에는 '우데기'라는 독특한 가옥구조가 생겨났는데, 방설, 방우, 방풍 등을 위해 본채의 벽 바깥쪽에 기둥을 세우고 옥수숫대 등을 엮어서 2중 외벽을 설치하여 집안의 환기와 온도를 조절했다고 한다.

### 독도의 감흥

독도는 울릉도로부터 남동쪽 87.4km 정도 떨어진 곳에 있으며 면적은 동도가 73,297$m^2$, 서도가 88,74$m^2$로 서도가 약간 크다. 높이는 동도가 98.6m이고 서도는 168.5m이다. 동도와 서도는 150m 간격으로 마주보고 있다. 평균수심은 10m. 현재 배가 접안이 되며 경찰이 근무하고 있는 곳은 동도다. 이외에 헬기장과 유인 등대가 있으며, 서도에는 어업인 숙소가 시설물의 전부다.

독도에서 브라보

경비대 막사로 오르는 길에 '독도 의용수비대원'이 새겨둔 '韓國領' 이라는 표석이 있다는데(TV에 자주 등장) 선착장에서는 안보여 다소 아쉬웠으나, '우리 땅 동쪽 끝'과 '이사부길'의 표지가 일행을 반갑게 맞아 주었다. 독도에 첫발을 디딘 설렘은 맑은 날씨의 홍복이었다. 독도의 접안은 3대가 덕을 쌓은 사람들에게만 기회가 온다 하던데……. 당일의 관광객들은 복도 많았다.

독도는 관광객들의 이동이 제한적이다. 선착장 부근에서 주변을 돌아볼 수 있을 뿐이다. 선착장에서 바라보이는 부채바위, 숫돌바위, 촛대바위는 원시자연의 아름다움을 한껏 뽐낸다.

최초의 동도 주민은 고故 최종덕 씨이고, 현재 독도 주민은 독도호 선장 김성도 씨 내외이다. 그들이 서도에 거주하며 그 외 독도 등대원 2명이 더 거주하고 있다. 독도에 머무를 수 있는 시간은 20여 분 정도 밖에 되지 않는다. 그러나 그 짧은 시간에 받은 감동은 그 어느 곳보다 훨씬 컸다고 생각된다.

독도의 최고의 관광 시즌은 봄(4~5월)이란다. 이유인 즉 괭이갈매기 때문이란다. 독도의 텃새로 매년 봄철에 독도 섬 전체에 자리 잡으며 장관을 이룬다. 독도는 그야말로 섬 전체가 천연보호구역이다.

## 성인봉 정상의 아쉬움

'조만간에 다시 찾아 올 터이니 잘 있거라.' 이것이 우리 일행 모두의 각오였다. 산 정상을 휘감은 구름과 안개비로 산행 시에는 '왜 여기까지 와서 고생하는가?' 불평도 있었지만 성인봉의 표석은 우리를 반갑게 맞아 주었으며 감동을 주기에 충분했다. 아무 것도 안 보이는 전망이 아니라 아름다운 울릉도의 광경을 마음속으로 느낄 수가 있었던 하얀 구름이 아직도 아련하고 그립다.

성인봉에서

## 울릉도와 독도를 기리는 시, 노래, 글

아름답고 신비한 섬 울릉도와 독도를 기리는 많은 시와 노래와 글들이 있다. 그만큼 울릉도와 독도를 보게 되면 감흥이 절로 우러나오기 때문이다.

울릉도

청마 유치환

동쪽 먼 심해선深海線 밖의
……
한 점 섬 울릉도로 갈거나

금수錦繡로 굽이쳐 내리던
장백의 멧부리 방울 튀어
애달픈 국토의 막내
너의 호젓한 모습이 되었으리니

망망茫茫한 물굽이에
금시에 지워질 듯 근심스레 떠 있기에
동해 쪽빛 바람에
항시 사념思念의 머리 곱게 씻기우고
지나새나 뭍으로 뭍으로만
향하는 그리운 마음에
쉴 새 없이 출렁이는 풍랑 따라
밀리어 밀리어 오는 듯도 하건만

멀리 조국의 사직社稷의
어지러운 소식이 들려 올 적마다
어린 마음의 미칠 수 없음이
아아~ 이렇게 간절함이여

동쪽 먼 심해선 밖의
……
한 점 섬 울릉도로 갈거나

가곡으로는 〈해 돋는 섬 독도〉가 있는데, 독도박물관에서 소개하는 동영상물의 배경음악으로 들어가 있는 듀엣곡이다. 대중가요로는 백년설의 노래 〈고향설〉, 우리에게 잘 알려진 〈독도는 우리 땅〉, '울렁울렁 울렁대는 가슴 안고 연락선을 타고가면 울릉도라 뱃머리도 신이 나서 트위스트 아름다운 울릉도'라고 시작되는 〈울릉도 트위스트〉가 있다. 민요로는 〈망향가〉, 〈희망가〉, 〈비애가〉, 〈울릉도 아리랑〉 등이 있다.

### 울릉도 8경景

1. 도동우범道洞雨帆 : 비 내리는 도동항에서 출어하는 모습
2. 저동어화苧洞漁火 : 저동 야간 오징어잡이배의 불빛
3. 장흥망월長興望月 : 사동 하늘에 뜨는 달
4. 추산용수錐山湧水 : 추산에 용솟음치는 물의 힘찬 생명력
5. 나리금수羅里錦繡 : 나리동의 비단 같은 단풍
6. 알봉낙엽卵峰落葉 : 알봉의 붉은 단풍
7. 태하낙조台霞落照 : 태하의 저녁 해지는 모습
8. 남양야설南陽夜雪 : 겨울철 달밤 남양의 설경

울릉도 8경을 안내 책자에서 발췌했지만, 나의 경우 독도의 감흥, 성인봉의 신비함(그리움), 도동~저동의 해안 산책길, 어느 곳이든 사진 촬영하기 좋은 배경과 전망, 울릉오미의 담백한 맛을 아직도 잊을 수 없다.

### 이장희와 울릉도

〈그건 너〉, 〈한 잔의 추억〉이라는 노래를 불러 장년층 세대에게 잘 알려진 가수 이장희 씨는 오랜 미국생활을 접고 5년 전부터 울릉도에 정착하여 더덕농사를 짓고 있다. 가수, 작사, 작곡가, 음반제작

이장희 선생 집터에서 기념촬영

자, 패션매장 주인, 카페, 라디오방송국 사장, 여행사 대표, 그리고 농부……. 그 숱한 직업으로도 규정하기 힘든 남자 이장희 씨는 '물 맑고 공기 좋은 곳에서 농사나 지으며 살고 싶다'며 많은 이들이 꾸는 꿈들을 일상으로 실천하며 살고 있다. 그는 그 비결을 '나를 위해 살고 늘 모험을 추구하기 때문'이라고 했다. '내게 주어진 시간을 낭비하지 말고 좋은 일이건 나쁜 일이건 내 자유 의지대로 살자' 라는 것이다. 시간이 맞지 않아 이장희 씨가 살고 있는 곳을 다녀오진 못했지만 그의 울릉도 전원생활이 은근히 부러워지기도 하였다.

2년 후 울릉도 재방문 시에 이장희 선생집을 방문하여 담소를 나누고 그의 인생관과 생활태도를 엿볼 수 있어서 1차 방문에서의 면담 불발의 한을 풀었다.

해안길의 절경

## 독도박물관과 이종학 관장

독도박물관은 1995년 광복 50주년을 맞아 울릉군이 대지를 제공하고, 삼성문화재단이 건축한 건물에 이종학 초대 관장이 30여 년 동안 수집, 기증한 자료를 전시하고 있다. 또한 故 홍순칠 대장의 유품 및 독도의용수비대 동지회와 푸른 독도 가꾸기 모임 등의 자료를 추가, 1997년 8월 8일 국내유일의 영토박물관으로 개관되었으며, 시대별 전시실과 자연생태 영상실, 야외 독도박물원으로 구성되어 있다.

제1전시실은 삼국시대부터 1894년 청일전쟁으로 일본 제국주의가 본격적인 한국병탄 야욕을 드러내기 이전까지의 시기에, 독도를 우리 영토로 표기 혹은 기록하고 있는 국내외 지도와 전적들 및 조선후기 숙종조대 안용복安龍福의 활동과 그 결과를 반영한 조선과 일본의 자료를 전시하고 있다. 제2전시실은 청일전쟁 이후 1946년까지 독도가 우리 땅이라는 국내외 지도와 전적류를 전시하고 있다. 제3전시실은 독도의용수비대의 독도사수 활약상 및 푸른 울릉 독도 가꾸기 모임의 활동상을 전시하고 있다. 자연생태 영상실에서는 독도의 식물과 조류, 동물, 어류 등 독도의 생태를 사진으로 게시하고, 9대의 대형 영상으로 독도의 자연을 상영하는 영상코너를 마련하고 있다.

또한 야외 독도박물원은 독도박물관 개관 1주년 및 이순신 장군 순국 400주년을 맞아 이루어진 독도박물관 표석의 제막을 출발점으로, 이종학 초대관장의 사비로 건립되기 시작했다고 한다.

도동항

## 억척스런 쌍둥이 가이드

울릉도 사람들은 열성적이고 신바람이 많은 듯하다. 회사 다닐 때 '나의 고향이 울릉도'라고 자랑(?)하던 후배가 있었는데 그는 지금 S전자 사장으로 우리의 TV를 세계 일등으로 만들었다. 또 택시 기사의 울릉도 사랑 이야기는 감동을 받기에 충분했다. 그는 젊었을 때 육지로 나갔으나 고향 울릉도를 잊지 못하고 결혼 후 색시를 데리고 귀향했단다. 색시도 여기 생활에 크게 만족한단다.

우리는, 자매이며 이름도 예쁜 두 처녀 나리, 도리가 운영하는 '(주)울릉씨투어'의 안내로 관광을 하게 되었다. 두 처녀는 한 치의 빈틈도 없이 일정을 운영함은 물론이고, 먹거리에 대한 소개, 잠자리에 대한 장・단점을 설명하고, 풍랑으로 많은 관광객들이 우왕좌왕할 때 질서를 잡아가면서 처리하는 수완이 보통이 아니었다.

배편 부족 시 승객의 우선순위는 어떻게 정할까? 입도순위가 답이다. 항공권의 경우 해당 항공기 예약자가 우선인 것과는 차이가 있다. 혹시 풍랑을 만나 출항이 연기되더라도 걱정할 필요가 없다. 입도순위가 잘 정리되어 있어 기다리면 연락이 온다. 이 순서와는 관계없이 남보다 먼저 육지로 갈려면 '큰 사고를 당해라. 그러면 헬리콥터를 이용하게 된다.'라는 우스갯소리를 전해주었다.

호반의 도시

# 춘천

춘천은 나와는 인연이 많은 도시이다. 지금까지 용인 · 수원 · 서울만을 오가며 살았지만 나는 군 생활을 춘천과 화천에서 했으며, 집사람이 처녀 시절과 결혼 후 큰아이가 생길 때까지 이곳에서 교사를 했고, 사위 집안의 고향이 이곳이니 춘천과의 인연이 남다를 수밖에 없지 않겠는가?

## 호반의 도시 춘천

역시 춘천이로구나!
춘천의 깊이가 이런 것이다.

춘천은 예부터 서울과 가까운 쾌적한 여행지로 알려져 많은 사람들이 쉽게 찾는 곳이다. 더욱이 최근 교통이 좋아지고 복잡한 수도권을 피해 더 많은 분들이 찾는 최고의 명소가 되었다. 그러나 '춘천' 하면 호반도시, 댐, 물 등을 떠올리게 되어 흔한 관광지 정도로 생각할 수도 있겠지만 이번의 여행에서는 춘천의 속살을 보게 되었다. 우리들(e-CLUB 회원) 75명은 두 대의 버스로 춘천 여행을 다녀왔다. 그동안 수차례 다녀 온 곳이지만 '역시 춘천이로구나!', '춘천의 깊이가 이런 것이다.' 등 새롭고 더 세밀하게 제대로 본 춘천을 소개하고자 한다.

춘천은 강원도청 소재지이며 상징물은 산까치, 개나리, 은행나무이다. 태백산맥의 서쪽에 위치하고 있으며 영서지방의 거점도시이다. 영서와 영동은 구분되어 서로 교류가 잘 안 되어왔고 지금까지도 라이벌 의식이 있다고 한다. 춘천(28만)에 비해 인구가 많은 원주(33만) 사람들이 도청이 춘천에 있다는 게 불만인 모양이다. 춘천은 강원도청이 있어서 원주보다 문화공간은 물론이고 학교, 체육시설 등 여러모로 발달되었다.

춘천은 원래 고대에 규모가 큰 원시부족국가였던 맥국貊國의 터로, 삼국시대에 백제 · 고구려 · 신라의 지배를 차례로 받은 뒤 조선 태종 13년부터 춘천으로 불렸다고 한다. 강원도라는 이름이 지어지게 된 강릉과 원주에 밀려 한적한 고을이었던 춘천이 하나의 전환기를 맞은 것은 1888년이다. 그때 춘천은 유도부留都府로 승격되어 경기도에 속해 있었다.

서울에 난리가 일어나 조정이 위험해질 경우를 대비하여 임금과 신하가 피난할 궁궐(경희궁 2궁)을 지금의 강원도 도청 자리에 짓게 하였다. 궁궐이 들어선 뒤로 춘천은 강원도의 행정 중심지가 되어갔고 결국 1895년에는 영서지방을 통괄하는 관청인 관찰부가 들어섰다. 이듬해에 전국을 13도로 나누는 과정에서 영동지방, 즉 강원도 전체를 다스리는 관찰사를 이곳에 두게 되었다. 춘천은 그때부터 강원도의 중심지가 되었으며 1910년에는 관찰부를 도청으로 바꾸었다.

춘천의 관광은 도심권, 강촌권, 소양강권, 의암호권의 4개 지역으로 분리하고 있으며 넓은 춘천분지에 자리한 시가는 호수 가운데 발달하여 수향도시를 이루며, 시의 중앙부에는 춘천의 진산인 봉의산鳳儀山(301m)이 솟아 있다. 봉의산의 제대로 된 모습은 남춘천 IC로 들어가서 춘천 시외버스터미널을 지나면서 바라보면 된다. 영락없는 봉황의 모습이다. 가운데가 솟아 봉황의 머리 모양이고 양쪽 날개를 파닥이는 모습이다.

봉의산은 춘천의 태조산, 대룡산에서 이어진 지맥이다. 대룡산과 봉의산, 용과 봉황은 신성한 힘을 가진 상서로운 상상의 동물이다. 봉의산 아래에는 세종호텔, 강원도청, 춘천시청, 춘천향교, 한림대학교 등 춘천의 주요기관들이 위치하며 봉의산 전면에 춘천 시가지가 형성되어 있다. 용과 봉황의 기운을 받는 봉의산, 고려시대와 조선시대에

춘천의 상징 봉의산

관아가 있던 곳이며, 일제 강점기에는 이곳에다 신사를 설치하기도 했다. 6.25가 발발하자 이곳에서 치열한 전투가 벌어졌으며 여기서 며칠을 버텼기 때문에 수도 서울이 지켜지고 다시 국토 회복의 기회가 마련되었다고 하여 아주 중요한 국면에서 승리한 전투라고 평가받고 있다.

봉의산을 등지고 북한강과 소양강이 합류하는 충적지에 곡구시장 취락으로 발달하기 시작하여 현재의 도심을 이루었다. 소양호 · 춘천호 · 의암호 등 호수가 많아 하류의 홍수 조절과 관광지 및 내륙수로 역할을 한다. 전방부대 병력 공급지인 103보와 전방부대의 지원 업무의 거점 도시이니 군사적으로도 중요한 지역이다.

봉의산에서 가장 주목할 곳은 세종호텔이다. 세종호텔이 위치한 곳은 봉의산 정상 아래 가장 명당자리에 위치한다. 그래서인가 이곳은 우리나라 대통령들이 묵고 가는 곳으로도 유명하다. 박정희 대통령이 춘천에 시찰을 해야 하는데 대통령 일행이 묵을만한 숙소가 없어서 지은 호텔이 바로 이 세종호텔이라 하며, 한옥식 출입문이 인상적이다.

역대 대통령 중 박정희 이후의 대통령들은 모두 이곳에서 묵었으며 기념사진이 전시되어 있다. 아마도 대통령들이 이 호텔에서 명당의 기를 받기 위해서 그런 것이 아니었나 하는 생각이 든다. 박정희 대통령과 전두환, 노태우, 김영삼, 김대중, 노무현, 박근혜 대통령도 이곳을 다녀갔다. 박정희 대통령이 머물렀던 방(207호실)은 지금 누구나 예약하고 머물 수 있는데 여기서 보는 춘천 시내의 전경과 춘천의 아름다움이 한 눈에 들어온다. 이곳에 들러 호텔의 이력도 들어보고 주변을 산책하는 것도 춘천 여행의 즐거움이 될 듯하다. 원래 호텔 뒤에 불상이 있었는데 기독교 재단인 세종호텔 이사장이 불상을 철거하자 계속 좋지 않은 일이 발생하여 더 이상 손대지 않고 불상을 다시 세웠다고 한다. 춘천에도 효자동 이발사가 있었다고 한다. 종로구 효자동은 대통령의 이발사로 잘 알려진 곳인데 세종호텔에 묵었던 대통령들께서 이곳 효자동 이발사를 불러서 나온 이야기가 아닌가 생각된다. 춘천은 의암호 · 춘천호 · 소양호로 인해 호반도시로 널리 알려져 해마다 많은 관광객이 찾아오는데, 관광시설도 잘 갖추어져 있고 각종 교통도 편해 관광객이 연간 1,000만 명에 달해 관광

세종호텔 정문

소양강처녀 동상

수입도 많다. 호수 외에 공지천유원지 · 고산소금강 · 추곡약수 · 등선폭포 · 구곡폭포 등의 경승지가 있다. 그 밖에 춘천 호반에는 중도 선사유적지를 비롯해 남이섬, 청평사 등의 관광지가 있으며 춘천향교春川鄕校, 춘천인형극장, 한국 유일의 춘천애니메이션박물관 등이 있다. 춘천의 문화와 미래를 펼치기 위해 애니메이션산업을 주력산업으로 선정하여 육성하고는 있지만 춘천시의 생각만큼 발전이 제대로 잘 될 것인지는 현재 상태로 판단하기가 어려울 것 같다.

## 소양강댐과 소양강 처녀

'춘천' 하면 1970년대의 유행가 〈소양강 처녀〉를 떠올리게 된다. 소양강에는 소양강 처녀의 동상이 세워져 있고, 강둑에는 〈소양강 처녀〉 노래비가 세워져 있다. 노래비 설명판 아래에 있는 버튼을 누르면 노래도 들을 수 있다. 이번 춘천 여행에서 알게 되었는데 '소양강 처녀'는 실존인물이라고 한다. 현재 63세인 윤기순 씨가 그 주인공인데 동생들 뒷바라지를 하느라 시집도 가지 않고 지금도 노모를 모시고 살고 있다고 한다. 또 소양강, 하면 쏘가리가 유명한데 소양강에는 대형 쏘가리 형상물도 서 있다.

소양강댐은 북한강의 지류인 소양강 하류를 막아 세운 다목적댐으로 제2차 경제개발5개년계획 사업과 4대강 유역 종합개발사업의 일환으로 한강의 수자원을 다목적으로 개발하기 위해 건설되었다. 한국수자원개발공사에 의해 1967년 착공되어 1973년 10월에 완공되었다. 높이 123m, 길이 530m인 한국 최초의 중앙차수벽식 사력댐(Zone fill dam)으로, 중앙에 진흙으로 심지를 박고 그 양쪽을 모래와 자갈만으로 쌓아 올렸다. 댐으로 조성된 소양호는 만수위 때의 수면면적 70㎢, 총저수량 29억t, 유역면적 2,703㎢에 이른다.

이 댐은 세계 4위의 규모로서 동양 최대이며, 댐 건설을 통해 축척된 기술은 한국의 해외건설 진출의 밑거름이 되기도 했다. 댐의 우안右岸 하류 측인 춘천시 신북읍 천전리에는 1973년 발전을 시작한 소양강 수력발전소가 있다. 연간 3억 5,300만kwh의 전력을 생산하고 있다. 생산된 전력은 154kw 송전선로를 통해 원주 · 제천 변전소로 보내져 영동지역으로 공급된다. 완공 당시의 발전용량은 한국 총 수력발전용량 62만kw의 1/3에 해당되어, 세계적인 에너지 파동으로 곤란을 겪었을 때 국내 전력난 해소에 큰 도움을 주었다. 홍수예보설비, 관개용수설비, 전산시스템 등이 갖추어져 있다. 이 댐에서 발전에 사용된 용수는 하류에 있는 의암 · 청평 · 팔당 발전소에서도 이용되어 연간 6,100만 kwh의 발전량을 증가시키는 효과를 내고 있다.

춘천시 · 양구군 · 인제군에 걸쳐 있는 남한 최대의 인공호인 소양호는, 춘천시 북산면을 중심으로 6개면 38개 동리의 4,600세대가 수몰되어 조성되었다. 댐의 건설로 대규모의 전력 생산뿐만 아니라 수도권을 포함한 한강 하류권의 홍수조절 능력이 5억 톤으로, 계획홍수량의 52%를 조절할 수 있다. 또한 농업 · 공업 및 생활용수 공급능력 12억 1,300만 톤과 내수어족의 양식업 및 국민관광지로도 큰 몫을 하는 등 다목적으로 이용되고 있다.

소양호는 민물고기의 박물관이라 불릴 정도로 어종이 다양하여 낚시터로도 널리 알려져 있다. 호반의 북쪽에는 청평사회전문(보물 제164호) · 3층석탑 · 부도 등이 남아 있는 청평사지, 고려정원터, 구성폭포 등이 있으며, 청평사 계곡을 통한 오봉산 등산로는 1일 등반 코스로 인기가 있다.

소양호 선착장에서 양구를 잇는 정기여객선이 운항되고 있어 설악산국립공원과 연결되는 관광적인 가치뿐만 아니라 내륙지방 중요 교통로 역할을 하고 있다. 금강산에 인접한 중동부전선의 안보관광권이 개발된다면 소양호 · 양구 · 인제 지역은 세계적 관광지로 발전할 것으로 기대된다.

의암호 둘레로는 기가 막힌 자동차 드라이브 코스와 자전거 도로가 정비되어 있다. 의암호 둘레길은 1코스 '실레 이야기길'에서부터 4코스 '의암호 나들이길'에 이르기까지 총57.7km로서 도보로는 15시간 정도 걸린다고 한다. 삼악산의 수려한 산세와 의암호의 맑은 물이 잘 어우러진 그야말로 환상적인 풍경을 자아낸다.

## 문화 축제의 도시, 춘천

문화축제로는 매년 4월 김유정 문학제가 열리고 있으며 춘천마임

축제(5월), 춘천아트페스티벌(7월), 춘천인형극제(8월), 춘천국제연극제(9월), 춘천국제애니타운페스티벌(9월) 등이 열리고 있다. 그 외에도 널리 알려진 먹거리인 춘천닭갈비막국수축제(8월), 소양강문화제(9월) 등이 있으며 레저스포츠 축제로는 〈조선일보〉 춘천마라톤대회(10월) 등이 매년 열리고 있다.

소양댐이 만들어지고 나서부터 송어양식이 시작되었다고 한다. 송어양식은 '찬 물'과 '흐르는 물', '깨끗한 물'의 세 가지 조건이 충족되어야 한다고 하는데 소양댐이 만들어지면서 이를 모두 만족시키는 최적의 장소가 형성되었다고 한다. 소양댐 완공 이후에 댐 아래 지역은 수온이 낮아서 농사가 안 되었다고 한다. 그래서 수온을 높이기 위해 만든 저수지를 운영하고 난 다음부터는 잘 되고 있다고 한다.

김유정 문학촌 생가

'김유정 문학촌'에 다녀왔다. '문학관'이라 하지 않고 '문학촌'이라고 명명한 것은 동네 전체가 김유정의 유적지라서 그렇단다. 그 밖에도 김유정 이름을 붙인 것들이 많이 있다. 도로, 우체국, 음식점 등등, 도로명은 '박지성로', '황영조로' 등 유명한 사람의 이름을 붙인 것들이 많이 있으나 전국 3천여 개의 역 이름 중에서 사람 이름을 붙인 역은 '김유정역'이 유일하다.

이 마을 촌장인 소설가 전상국 선생의 설명을 들으면서 김유정 문학촌과 생가를 돌아보았다. 전상국 선생은 1970년대 한국문학, 특히 분단문학에서 확고한 자리를 차지했으며, 험난한 세월의 상처를 화해의 삶으로 체현한 작가로 평가 받는 분이다. 황순원 선생에게 배웠으며 강원대 국문과 교수로 재직했고 2003년부터 김유정문학촌장을 맡고 있다. 현대문학상, 대한민국문학상, 동인문학상, 윤동주문학상, 김유정문학상 등을 수상했다.

김유정(1908~1937)은 1930년대 농촌생활을 투박한 토속어로 해학 넘치게 그린 소설가다. 고향 실레마을을 배경으로 우직한 사람들의 진솔한 이야기를 담아 삶의 희망을 전해주고 있다. 그는 말더듬이였다고 하며 스물아홉 살의 젊은 나이로 요절했다. 그러면서도 그는 「봄봄」, 「동백꽃」, 「소낙비」 등 불후의 명작을 많이 남겼다.

소설 「동백꽃」에 나오는 '동백꽃'은 동백나무꽃이 아니라 생강나무꽃이라고 한다. 그의 생가 앞뜰에 있는 생강나무를 보면서 젊은 소설가 김유정과 소설 「동백꽃」을 생각해보았다. 김유정의 작품들은 80여 년 전의 작품인데 요즘 젊은이들도 「동백꽃」, 「봄봄」 등 그의 대표작들을 많이 읽고 있다고 하니 그의 작품 세계가 얼마나 대단한지를 느끼게 된다.

김유정의 본관은 '청풍'이고 어렸을 때 이름은 '멱설이'라고 한다. 주로 자신의 생활이나 주변 인물을 소재로 한 단편소설을 발표했으며 토속어 · 비속어를 많이 썼다. 아버지 춘식春植과 어머니 청송 심 씨青松沈氏 사이의 8남매 가운데 막내로 태어났으며 어려서 부모를 여의고 고독과 빈곤 속에서 우울하게 자랐다. 고향을 떠나 12살 때 서울로 가서 1923년 휘문고등보통학교에 들어가 안회남과 친하게 지냈다. 1927년 연희전문학교 문과에 입학했으나 이듬해 그만두었고, 1929년 고향 실레마을로 돌아왔다.

1930년 늑막염을 앓기 시작한 이래로 평생을 가난과 병마에 시달렸다. 한때 금광에 손대기도 하고 무질서한 생활을 보내기도 하였으나 1932년 마음을 고쳐 잡았다. 실레마을에 금병의숙錦屛義塾을 세워 불우한 아이들에게 글을 가르쳤는데, 심훈의 소설 『상록수』에서 소개된 것보다 4~5년 전에 야학을 만들어 가르쳤다고 한다. 돈을 벌면 떠나야 한다고 하는 실레마을, 동네의 모양이 시루 모양이다. 시루는 밑바닥이 뚫려서 돈을 벌면 새어나가기 때문에 그 전에 떠나야 돈을 유지할 수 있다고 한다.

1935년 '구인회'에 가담해 김문집 · 이상 등과 사귀었다. 1935~37년까지 2년 동안 단편 30여 편과 장편 1편(미완), 번역소설 1편을 남겼다. 29세 때 누나 집에서 결핵과 늑막염으로 죽었다. 1968년 춘천 의암호 옷바위 위에 시비가 세워졌다.

실레마을에 있는 김유정 생가는 'ㅁ'자 형의 초가집인데 마당에 굴뚝이 세워져 있는 독특한 구조다. 물론 집밖에도 굴뚝이 있긴 하지만 집안에 굴뚝이 있는 형태는 특이하며 방충기능을 했다고 한다. 생가주변에는 현재 문학마을 조성을 위해 한창 공사 중이었다. '김유정의 실레 이야기 길'은 일반에게도 잘 알려져서 단체 등산객들이 많이 찾는 곳이기도 하다.

## 호반길, 박사마을, 춘천의 풍수지리

춘천여행에서 빼 놓을 수 없는 곳이 춘천의 호반길이다. 의암댐으로 연결되는 박사마을에 가면 '박사선양탑'이 있는데 박사마을이 위치한 이곳은 아침 일찍 햇볕이 드는 따뜻한 곳이다. 춘천 시내를 바라보지만 강이 있어 비가 오면 학교에 가지도 못하는 지형이다. 이러한 어려운 환경에서도 140여명의 박사들이 배출되어 우리나라 대표적 박사마을로 알려졌다.

춘천시 서면은 1,600세대 4천여 명 정도 밖에 되지 않는 작은 면인데 1963년 송병덕 의학박사로부터 한승수 전 국무총리를 비롯한 141명(여자 29명 포함)의 박사가 배출되었다. 인구 수로 환산해 보면 15가구당 박사 1명이 배출된 셈이다. 이 마을 남자 박사의 아들은 타지에서

박사마을 박사선양탑

태어나도 박사가 되면 선양탑에 이름을 올릴 수 있으나 이 마을 여성 박사는 당대는 이름을 올릴 수 있으나 시집가서 타지에서 낳은 자식은 올릴 수 없단다.

수많은 풍수지리가들은 왜 유독 이곳에서 많은 박사들이 배출되었는지 밝히기 위해 노력하고 있다. 1950~60년대 서면은 육지 속의 섬으로 춘천 시내가 바라보여 도심지역인 동쪽을 동경하였다고 한다. 당시 동쪽으로 가는 유일한 수단인 나룻배를 통해 이 고을 밭작물을 팔러나가는 어머니들과 등교하는 학생들이 한데 모이다 보니 공부 잘하는 학생들을 존경하게 되었고 이들을 닮아가려고 노력했기 때문이 아니었나 하는 추측을 하고 있다. 특히 자식들 공부 뒷바라지를 하기 위해 아침 일찍 나룻배에 오르면서 고생하던 부모의 모습을 보고 자라면서 자연스럽게 공부에 열중했기 때문이 아닌가 하는 설도 있다.

이 외에도 풍수적으로 이곳의 지세가 좋은 것을 이유로 들기도 한다. 근처에 방동리 고구려고분이나 고려 개국공신 장절공 신숭겸 장군의 묘소, 조선 현종의 장인인 청풍부원군 묘소 등 유명 인사들의 묘역이 많은 명당자리다.

장절공 신숭겸은 고려 초기의 무신으로 『고려사』에 의하면 광해주(光海州, 지금의 춘천) 출신이며, 체격이 장대하고 용맹하였다고 한다. 태봉 말기에 홍유 · 배현경 · 복지겸 등과 함께 기병대장으로 궁예를 몰아내고 왕건을 추대하여 918년에 고려를 개국하는데 공을 세웠다. 그 공으로 개국공신 1등에 봉해지고 대장군이 되었다. 927년(태조10) 견훤이 이끄는 후백제군과 전투가 벌어졌을 때 대장군으로 군사를 이끌고 참여했다. 견훤의 군대가 왕건을 포위하여 형세가 매우 위급해지자, 원보, 김락과 더불어 싸우다가 전사했으며 그 덕분에 왕건은 간신히 피신했다. 태조 왕건은 신숭겸의 동생과 아들을 등용하고 지묘사智

妙寺를 창건하여 그의 명복을 빌게 했다. 994년(성종13) 태사太師로 추증되어 개국장절공開國壯節公으로 태조 묘정에 배향되었다. 1120년(예종15) 신숭겸과 김락을 추도하여 예종이 「도이장가悼二將歌」라는 향가를 지었다.

특히 1968년 의암댐이 생겨나고 물이 만수위에 가까워오면서 박사가 많이 배출되었다고 하는데 의암댐이 생기면서 풍수에 변화가 온 것이 아닐까 하는 설도 있다. 이런 근거는 춘천 서면 박사마을 외에도 영양군 주실마을, 임실군 삼계면 박사골 마을을 합해 3대 박사마을이라고 부르는데서 찾아볼 수 있다.

또한 동면과 서면 중간에 학교가 있었는데 동면 아이들은 해를 등지고 등하교를 했던데 반해 서면 아이들은 해를 받으면서 등하교를 해서 유독 서면에서 박사가 많이 배출되었다고 하는 설도 있다.

이곳이 이렇게 유명해지다 보니 신혼부부들이 좋은 기운을 받기 위해 이곳에서 신혼밤을 보내는 경우도 생겨나고 있다고 한다. 풍수지리적으로 박사는 많이 배출되었지만 큰 부자는 없다고 하며 그래도 큰 호수인 의암호로 인해 가난하고 못 사는 사람은 없다는 곳이다.

산이 좋아야 인물이 나고 물이 좋아야 재물이 난다고 한다. 춘천은 대룡산의 정기를 받아 봉의산이 솟았으며 소양강이 봉의산을 감싸주며 생기를 북돋아준다. 부디 춘천의 산과 물길을 잘 보존해 강원도 발전의 중추적 역할을 담당해주기를 바란다. 도시를 확장하고 도로를 개설함에 있어서 자연을 보호하고 산과 물이 잘 어우러지는 친환경 도시를 설계해 우리나라 전통적인 풍수사상이 잘 반영되길 바란다.

## 추억, 춘천의 별미들

강원도는 감자와 옥수수로 상징되던 도이며 춘천은 한우와 닭갈비,

매운탕, 메밀음식이 일품이다. 춘천의 지명은 우두산牛頭山-소머리에서 시작한 도시라서 그런지 닭갈비로 더 유명한 동네가 되었다. 춘천의 닭갈비는 야채와 함께 버무리는 즉석요리이다. 웰빙음식을 찾는 요즘 안성맞춤이다. 신북읍 천전리에 가면 통나무집 닭갈비집이 있는데 유독 이곳으로 사람들이 몰려든다. 주말이면 사람들이 번호판을 들고 기다리는데 옆에 다른 식당이 있음에도 여기에서 기다리면서 순번을 받는다. 이 집에서 닭갈비, 전병, 막국수, 춘천막걸리를 시켜 먹으면 다른 곳에 가지 않아도 될 만큼 만족스럽다.

가볼 곳은 많은데 하루 일정으로는 짧다고 한다. 여기도 가보고 싶고 저기도 가보고 싶다. 이것도 먹어 보고 싶고 저것도 먹어보고 싶다. 강원도는 청정지역이라 의암호, 소양호의 쏘가리도 일품이고 강원도에서 나는 산나물, 도토리묵, 강원도 한우고기도 유명한다. 그래도 춘천의 대표음식은 역시 닭갈비와 막국수이다.

그러면 왜 춘천의 닭갈비가 유명하게 되었는가? 돼지고기가 귀하여 돼지고기 대신 닭갈비를 돼지고기 양념하듯 한데서 유행되었다고 한다. 냄비나 솥을 이용한 찜 형태의 홍천닭갈비, 연탄과 석쇠를 이용한 구이형태의 연탄닭갈비, 숯과 석쇠를 이용한 구이형태의 숯불닭갈비, 무쇠판을 이용한 볶음형태로 진화된 지금의 춘천닭갈비가 탄생하였다. 야채와 닭을 양념으로 버무려서 현장에서 즉석요리한다.

한편 춘천의 대표음식인 춘천닭갈비와 춘천막국수는 전국에서 유명한 음식 중 하나가 되었다. 닭갈비에 대한 유래가 고사에 다음과 같이 실려 있다.

촉나라의 제갈공명은 위나라 조조의 대군을 한중漢中에서 맞아 싸웠다. 조조의 부대는 너무 지루한 원정에 보급도 시원치 않아서 천하의 조조인들 어찌할 도리가 없다고 판단하였다. 그래서 대군 앞에서 호령하기를 "계륵鷄肋"이라고 하였다. 어느 누구도 그 뜻을 몰라서 서성대고 있는데, 주부 벼슬인 양수가 알아듣고 철수 준비를 서둘렀다. 무슨 뜻이냐고 다른 사람이 묻자 "닭의 갈비는 뜯어먹자니 하찮고 버리자니 아깝다. 한중 땅도 닭갈비 같은 것이니, 철수의 의향을 그렇게 구령으로 나타낸 것이다"라고 대답하였다.

예로부터 별로 대수로운 것은 아니지만 버릴 수 없는 사물이나 사리를 빗대는 말로 '계륵(닭의 갈비)'이란 단어를 사용하였다. 선조들은 자신의 글재주를 겸손하게 여겨서 문집 이름도 『계륵집鷄肋集』이라고 많이 붙였다. 이 고사에서 '계륵인심鷄肋人心'이란 말도 나왔다. 그렇게 하찮게 여겼던 닭갈비를 세계적인 상품으로 만들어낸 곳이 춘천이다. 오늘날엔 중국이나 일본 등 외국인 관광객들도 많이 찾아온다.

# 삼척을
새롭게 보다

## 삼척을 새롭게 보다

고려의 끝과 조선의 시작이 있는 곳이란 삼척의 역사적 사실

우리나라 어느 곳이든 안 좋은 곳이 없지만, 삼척 여행에서 교통의 오지로만 느끼고 강원도 귀퉁이에 무슨 특별한 것이 있을까라고 다소 얕보았다가 큰코를 다친 기분이다. 이번 여행으로 교통의 오지라는 약점을 동해남부고속도로와 연장선상의 지방도로를 잘 다듬어 극복하고 지역 특징을 감안하여 새롭게 태어나고 있는 모습을 보게 되었다.

과거 광산(시멘트)으로 풍성했던 산골짜기에서 석회동굴을 찾아 잘 개발해 놓았으며, 동해안의 절경을 활용한 레일바이크는 한국 최고의 레일바이크로 평가받기에 충분하며, 이사부 장군의 활약상이나 덕배와 애랑의 전설에서 남성을 사실화한 모습은 큰 구경꺼리가 되어 어느 곳 못지않게 좋은 관광지라고 칭찬을 받기에 손색이 없었다.

또한 '고려의 끝과 조선의 시작이 있는 곳'이란 삼척의 역사적 사실을 알게 되었다. 고려의 마지막 공양왕이 유배를 와 이곳에서 죽임을 당하였고 (공양왕의 묘지는 이곳과 고양시에 이중으로 있다) 조선을 개국한 이성계의 선조들께서 고향 전주를 떠나와 여기에서 조선의 시작(?)을 준비하고 함경도에서 힘을 길렀기에 조선의 건국이 가능했다고 생각된다.

삼척은 과거 인구가 이십만 이상 되다가 지금은 9만 여명으로 감소되었으며 주 소득원인 광공업의 퇴조로(동양시멘트의 법정관리 등) 어려움을 겪고 있단다. 90%가 산지이며 해안 고기잡이도 옛날만 못해 확실한 소득원으로 관광산업을 집중육성 중이다.

금번 삼척 여행은 최근의 사회적 이슈 두 가지(세월호 사망자의 명복과 실종자의 생환, 이건희 회장의 병세)가 모두 잘 해결되기를 바란다는 기원의 묵념으로 시작되었다. 여기서 한 가지 더 삼척의 관광사업이 잘 되어 삼척시의 경제가 활성화되기를 기원한다.

삼척 앞바다

## 삼척의 역사

삼척은 강원도 동해안 최남단에 있으며, 동해시 · 태백시 · 울진군과 접하고 있다. 일찍부터 석탄산업이 발달했으며 석회암층이 풍부하고 철도 및 항만시설이 발달해 우리나라 시멘트공업의 중심지를 이루었다. 삼척시의 시화市花는 철쭉이고 시조市鳥는 갈매기, 시목市木은 느티나무다.

삼척의 조선 건국의 역사를 조금 더 알아보자. 이성계의 선조 이안사는 관기를 둘러싸고 산성별감山城別監의 비위를 거스르게 되어 전주를 떠나 일족을 이끌고 삼척 · 의주 지역 등으로 이동하다 원에 투항한다. 이것이 바로 조선왕조 개국의 시발점이다. 당시 이안사는 쌍성총관부의 천호, 다루가치達魯花赤가 됐고 이 직책은 계속 세습되어 증손자인 이자춘까지 이어진다. 이 99년간 이성계 일가는 전형적인 친원파로 살다가 원의 세력이 약화되었을 때 이자춘이 동북면의 지배권을 보장받는다는 조건으로 고려에 투항한다. 이 배경으로 이성계라는 이름이 역사에 등장한다.

고려의 시각으로 보자면 처리대상이었으나 쉽지 않았으니 이성계가 이끄는 군대 때문이었다. 무인정권 시대부터 200여 년의 세월 동안 이성계 집안에 충성했던 이성계 일족의 '사병私兵'(가별초)들은 수천 명 이상의 병력을 자랑했다. 평시에는 이성계에게 역을 바치는 농민들이었으나, 유사시에는 이성계를 위해 칼을 드는 병농일치의 집단이었으며, 계속 이성계 일족 휘하에서 생활하여 그 충성도는 여타 절제사들의 사병과는 달랐다. 정도전은 '이 정도의 군대라면 무슨 일인들 성공시키지 못하겠습니까?'란 말로 이성계의 개국을 설득했다.

### 죽서루竹西樓

죽서루는 삼척시에 위치한 누각으로(보물 213호) '관동팔경' 중의 하나다. 다른 관동팔경의 누, 정이 바다를 끼고 있는 것과는 달리 죽서루만이 유일하게 강을 끼고 있다. 자연석 위에 길이가 서로 다른 17개의 기둥을 세워 지은 정자로 관동팔경의 정자 중 가장 크다. 죽서루란 이름은 누의 동쪽에 대나무 숲이 있었고, 그 죽림 안에 죽장사란 절이 있었다는 이유로 죽서루로 명명되었다.

죽서루

죽서루에서 바라보이는 오십천은 강원도 삼척시를 관통해 동해로 흘러드는 강으로 죽서루와 어울려 그 경치가 일품이다. 강의 명칭에 관한 유래는 『동국여지승람』에 '오십천은 삼척도호부에서 물의 근원까지(한강 검룡소, 낙동강 황지연못의 발원지와 비슷한 태백시 근처) 47번을 건너야 하므로 대충 헤아려서 오십천이라 한다.'고 기록되어 있다. 오십천 중류 유역에는 석회암 층이 분포하고 있어 카르스트 지형이 발달했으며, 환선굴, 관음굴, 제암풍혈, 양터목세굴, 큰재세굴, 덕발세굴 등 석회동굴의 밀집지역으로 되어 있다.

연어의 회귀천으로 유명한 오십천에는 은어, 숭어, 버들개, 검정망둑을 비롯한 11종의 담수어가 서식하고 있는데, 공업화 · 도시화로 인한 하천 오염에 따라 그 수가 줄어들고 있다. 유역 내에 실직군왕릉悉

直郡王陵(강원도 기념물 제15호), 삼척척주동해비 및 평수토찬비, 삼척향교 三陟鄕校 등이 있다.

## 이사부 사자공원

이사부 사자공원은 동해 최고의 해맞이로 유명한 추암 해변에서 해안로 산책길로 이어져 쉽게 오갈 수 있다. 동해안을 조망하는 전망 타워와 어린이 놀이터, 천국의 계단, 사계절 썰매장, 야외공연장 및 산책로 등을 두루 갖춘 해양관광공원이다.

이 공원은 신라 내물왕의 4세손이었던 이사부 장군을 기리기 위해 조성한 것으로 독도가 우리나라 영토임을 알리는 공간으로도 상징적인 의미를 주고 있다. 이사부 장군은 우산국(울릉도)과 독도를 신라의

이사부 사자공원

영토로 편입시킨 인물로 용맹하고 지략이 뛰어난 장군으로 삼국사기에 기록되어 있다.

원래 우산국은 지리적인 이유로 신라에 귀속되지 않고 있었으나 주민들이 사나워서 힘으로는 정복할 수가 없었다. 이에 이사부는 계교로써 항복받을 수 있다고 생각하여 나무로 사자獅子를 많이 만들어 전선에 가득 싣고 그 나라 해안을 내왕하면서 항복하지 않으면 맹수를 풀어 밟아 죽이겠다고 위협하니 그들이 마침내 항복하고 말았다.

## 대금굴

삼척에서 30분 정도 가면 입구가 박쥐 모양으로 되어 있는 대금굴이 있다. 대금굴은 2003년 2월에 발견되었는데 5~6년 동안 자연 친화적으로 개발하였다고 한다. 이곳의 지형은 5억3천만 년 전 하부 고생대의 퇴적암류를 분포하고 있다고 한다. 열대 심해의 바다 속에 퇴적한 산호초 등의 지형이 지각변동을 하고, 오랜 세월동안 침식되어 동굴이 형성된 것이라고 한다. 근처에 한국 최고의 동굴인 환선굴이 있으나 최근 개방되어 입장 인원을 제한하는 대금굴은 보는 이들의 탄성을 자아내는 데 손색이 없었다.

대금굴大金窟의 '대금'은 '엄청난 금'을 뜻하는데 길이 1.6㎞(개방 구간 790여m)의 동굴 안을 가득 채운 황금빛에서 유래했다. 천장은 팝콘, 꽈배기, 양배추, 장미 등 온갖 모양의 '석회벽지'가 수를 놓았다. '커튼 광장'에서는 알로에 모양의 종유석이 아래로 자라고 있다. 반질반질한 석회암 위로 물이 흐르는 '휴석소'를 지나면 국내 최장 길이의 막대형 석순(지름 5㎝, 높이 3.5m)이 있다. 석순은 100년에 1㎜씩 자란다고 한다.

여성 성기 모양의 석순인 '생명의 문'을 지나면 '용소부잔교'가 나온다. 비가 와서 동굴에 물이 차면 다리 높이가 2m쯤 올라간다. 굴의 마

대금굴

대금굴 입구

지막 비경은 백두산 꼭대기를 닮았다는 '천지연'(수심 7m)이다. 옥빛의 못은 태고의 신비를 간직한 채 말이 없다. 시퍼런 저 물밑에 용이 한 마리 살 것만 같다.

## 금강송 군락지

금강송 군락지인 강원도 두타산과 덕홍산 사이 깊은 계곡에 터를 잡은 준경묘濬慶墓 일대는 울진에 버금가는 금강송 군락지가 있다. 준경묘는 조선 태조 이성계의 5대조이며 목조穆祖의 아버지인 이양무李陽茂 장군의 묘로 주차장에서 산 쪽으로 숲길을 걷다 보면 이내 시야가 확 트이고 빼곡하게 들어선 금강송이 하늘을 찌를 듯한 자태를 뽐내고 있다. 한 곳 휨 없이 곧게 치솟은 나무는 고개를 올려 봐도 끝이 보이지 않는다.

금강송의 유명세는 조선시대부터 명성이 자자했다. 당시 경복궁을 중수할 때 이곳의 금상송을 재목으로 썼으며, 얼마 전에 속리산 정이품송과 혼례(교배)를 치룬 정부인송도 터를 잡고 있다. 높이 320m, 둘레 2.1m의 혼례나무는 충북 보은군의 정이품송을 신랑으로 맞아들여 한국 기네스북에 올라 명물이 되었다. 따라서 보은군과 삼척시는 사돈이 되었다.

예로부터 우리 조상들은 소나무로 지어진 집에서 살았고, 아이가 태어나면 솔가지를 꺾어 금줄을 쳤으며, 소나무 가지를 떼어서 밥을 짓고 농기구를 만들어 사용하였을 뿐만 아니라 소나무 관을 짜서 최후를 맞이할 때 같이 했을 정도로 밀접한 관계를 가지고 있는 나무이다.

준경묘 일대의 금강송 군락지가 모습을 유지하고 있는 것은, 조선시대엔 왕실 소유였고 현재는 이 씨 문중림으로 관리되어 남벌과 도벌을 피했다. 이곳에 지름 80cm 이상의 금강송이 50여 그루, 지름 60cm

준경묘에서

이상인 것은 1,000여 그루가 넘는다. 최근 화재로 전소된 숭례문 복구를 위해 이곳의 금강송이 사용되기도 했다. 궁궐의 보수 등으로 금강송을 자를 때에는 '어명이요!'라고 크게 외치고서는 벌목한단다.

금강송은 잘 안 썩고 단단하여 왕실용 명품 소나무로 불린다. 소나무는 크게 육송과 해송 두 가지이다. 대부분 바닷가에서 자라는 해송은 수피가 검은 색을 띠어 흑송으로 불린다. 주로 내륙지방에 분포하는 육송은 상단부가 붉은 색을 띠어 적송이라고 하는데 금강송이 이에 속한다. 국내 금강송 군락지는 강원도 대관령, 삼척, 경북 울진, 봉화, 영양, 영덕 등이 대표적이다.

금강송의 원래 명칭은 황장목黃腸木이다. 황장목은 임금의 관을 만드는데 쓰던 질 좋은 소나무로 나무 중심부가 황갈색을 띠고 있으며 잘

썩지 않고 보통 소나무와 같은 굵기라도 수령은 세배나 많아 재질이 단단하다. 또 껍질은 얇고 위로 갈수록 붉은 색을 띠며 거북이 등 모양으로 갈라지는 것이 특징이다.

### 레일바이크

국내에서 레일바이크를 경험할 수 있는 곳은 정선, 문경, 곡성, 양평, 삼척 등이 있다. 삼척 해양레일바이크 코스는 왕복 약 11km의 거리로 2개의 출발지(궁촌역, 용화역)와 전망대가 있는 휴게소, 그리고 해양 도시만이 가지고 있는 해양터널을 가지고 있다. 해양터널은 각종 레이저쇼 및 바다의 생태를 감상할 수 있으므로 많은 해양볼거리를 제공한다. 추천천 → 해송길(원평해수욕장) → 억새군락지 → 황영조 기념

레일바이크

관 → 초곡 1, 2, 3 터널 용화해수욕장으로 연결하는 노선으로 왕복에 2시간 정도 걸린다.

## 남근숭배 신앙

7번 국도를 타고 경북 울진 방향으로 내려가면 삼척어촌민속전시관이 나온다. 이는 관광객들에게 해신당성민속공원으로 더 알려졌다. 공원이 있는 원덕읍 갈남리는 동해 쪽 마을에서 유일하게 남근 숭배신앙이 전해져 내려온다.

전설에 애랑이와 혼례를 약속한 덕배가 해초를 따려는 애랑을 마을 앞 바위섬에 데려다 주었다. 하지만 애랑은 바위에서 풍랑에 휩쓸려 죽고 만다. 애랑의 저주였을까? 이후 마을 사람들의 고깃배는 항시 빈 배였다. 어느 날 한 젊은 어부가 바다 쪽으로 오줌을 누자, 다음날 만선을 했고 이후 이 행동을 따라했다. 그 뒤로 마을에서는 나무를 남근 모양으로 깎아 매년 정월 대보름과 10월 초에 제사를 지낸다.

2002년 7월 해신당을 중심으로 남근조각공원을 조성하여 해신당공원을 열었다. 남근조각공원에는 남근조각 경연대회를 통하여 제작된 작품 등 국내외 조각가들의 작품 65점이 전시되어 있다. 2002년 10월 개관한 삼척어촌민속전시관은 첨단 IT기술을 접목한 대형 영상수족관, 동해안 어민의 생활문화자료, 시뮬레이터를 이용한 배 체험 코너, 세계 각국의 성 민속 등을 전시하는 5개의 전시실과 전망대 등을 갖추고 있다.

## 무릉계곡

강원도 동해시 삼화동, 두타산의 무릉계곡은 삼화사 서쪽에 금란정이라는 정자 부근에 수백 평의 넓은 암반이 있고 군데군데 맑은 못을

무릉계곡

무릉계곡에서

이루어 절경을 이룬다. 호암소에서 용추폭포까지 이르는 약 4㎞에 달하는 계곡을 가리켜 '무릉계곡'이라 부른다.

조선 선조 때 삼척부사 김효원이 이름을 붙였다고 전해지며 신선이 노닐었다는 전설에 따라 '무릉도원'이라 불리기도 한다. 두타산頭陀山과 청옥산靑玉山을 배경으로 하는 이 계곡은 기암괴석과 무릉반석, 푸른 못 등으로 유명하다. 고려시대에는 이승휴가 머물며 『제왕운기』를 집필하였고, 이곳을 찾았던 많은 시인, 묵객들의 기념 각명刻名이 무릉반석에 새겨져 있다.

호랑이가 건너뛰다 빠져 죽은 소沼라는 전설이 있는 호암소가 계곡 입구에 있고, 한말 유림들의 뜻을 기리기 위해 건립한 금란정이 있다. 용추폭포龍湫瀑布와 쌍폭雙瀑이 장관을 이룬다. 1977년 국민관광지로 지정되었으며 2008년 2월5일 명승 제37호로 지정되었다.

### 촛대바위

촛대바위의 일출은 애국가 동영상 첫 소절의 배경화면으로 나오는 곳이다. 옛날에 한 어부가 살았는데, 그 어부의 부인은 얼굴이 밉상이었는지 마음이 고약했는지는 모르겠으나 어부는 천하일색의 첩을 들였다고 한다. 그런데 밥만 먹으면 처첩이 서로 아웅다웅 싸워 종래는 하늘도 그 꼴을 보지 못하고 그 두 여인을 데리고 갔단다. 그러자 홀로 남은 어부는 하늘로 떠난 두 여인을 그리며 바닷가 그 자리에 하염없이 서 있다가 망부석처럼 바위가 되었는데, 그 바위가 지금의 촛대바위라고 한다. 촛대바위 자리에는 원래 돌기둥이 세 개가 있었으나 작은 기둥 2개가 벼락을 맞아서 부러졌는데, 그것을 두고 민가에서 야담으로 꾸민 이야기가 구전으로 내려오는 이야기라고 전한다.

남한강에서 비상하는

# 여주

## 남한강에서 비상하는 여주

남한강에서 비상의 날개를 펼치고 힘차게 날아오르기 시작한 여주!

여주驪州를 다녀왔다. 여주는 가까이 있지만 집중해서 다녀보기를 소홀히 했던 곳이다. 지난해 시로 승격된 경사와 함께 한강 3개보를 모두 여주에 보유하고 있는 4대강 사업의 최대 수혜자로서, 전통적 관광지는 더욱 잘 다듬어져 찾는 여행객을 맞이하고 있다. 이밖에 명품 아울렛 매장이 2007년에 개장되어 항상 쇼핑객들로 붐빈다.

다음은 여주시 홈페이지에 나오는 여주 시장의 인사말이다.

"남한강에서 비상의 날개를 펼치고 힘차게 날아오르기 시작한 여주! 넘실대는 남한강 물결 따라 낭만과 추억 여행을 떠나고 싶은 곳. 네티즌이 선정한 가장 아름다운 이포보는 연인들의 프러포즈 장소로 제격이며, 세종대왕의 얼이 서린 여주보, 강촌보 전망대에 올라 광활한 강변을 바라보면 속이 뻥 뚫리는 기분을 느끼게 됩니다. 오랜 역사의 흔적 국보4호 고달사지승탑高達寺址僧塔을 품에 안고, 민족의 성군 세종대왕과 북벌의 칼을 갈던 효종대왕을 모시고 있으며, 남한강가 천년고찰 신륵사, 불후의 민족혼을 간직한 명성황후 생가 등 뛰어난 문화유적은 여주를 더욱 빛내고 있습니다. 풍부한 볼거리와 함께 천년 도자기의 고장인 여주가 영양과 맛으로 가득한 쌀, 고구마, 땅콩 등 농특산품 웰빙 먹거리로 찾아오시는 여러분들을 반갑게 맞이해 드릴 것입니다. 편안한 쉼터로 느낌이 좋고 생각이 맑아지는 휴양의 고장, 도시와 농촌이 공존하고, 문화와 관광이 활짝 피어나고 있는 행복 여주로 오세요!"

## 쌀과 도자기의 위용

여주는 명품 쌀의 고장이다. 이천과 여주는 서로 자기 고장의 쌀이 더 맛있다고 자랑하면서 경쟁 중이다. 그래서 쌀의 브랜드도 '임금님표 이천쌀'과 '대왕님표 여주쌀'로 명품 이미지를 부각하고 있다. 여주 · 이천 지역에서 쌀, 고구마, 땅콩 등의 농산물이 유명하게 된 것은 기본적으로 양질의 토양 덕이다. 편마암과 화강암은 물 빠짐이 유리하고, 곡식 뿌리에 통기성이 좋아 유기물 분해 · 촉진이 잘 되는데다가, 사질양토가 풍부하여 농산물의 생육에 좋다고 한다. 이와 같은 곡식은 조선시대 한강수로를 통해 임금님께 진상되었다고 한다. 지금도 팔당수원으로 보호 지정된 덕분에 청정지역을 유지하여, 땅과 물이 좋은 곳에서 수확되는 농산물은 최고의 대우를 받고 있다.

여주와 이천은 도자기의 명산지로도 이름을 떨치고 있다. 도자기를 만드는데 필요한 흙과, 그것을 굽기 위한 땔나무, 도자기 색을 내는 유약(보통 장석, 규석, 석회석 등의 광물)을 쉽게 구할 수 있었을 뿐만 아니라, 가장 큰 시장인 한양과 가까워서 그렇게 되었다고 한다. 특히 전통도자기를 재현하고자 노력한 도공들의 장인정신이 무엇보다 중요한 요인이었다. 여주는 이천, 광주와 함께 세계도자비엔날레를 열어 우리 도자기를 세계에 알리고 있다.

전국 도자기 생산업체의 70% 정도가 여주 · 이천 · 광주에 집중되어 있다. 3개 지역 중 여주에 도자기 생산업체가 더 많다고 한다. 그러나 타 지역이 전통도자기를 계승하고 있는 반면 여주는 산업화되어 있는 생산업체들이 많다. 그래서 여주가 도자기에서 2등의 이미지를 벗어나지 못하고 있는 게 아닌가 하는 생각이 든다. 70년대 초까지 수려선水麗線이란 협괘철도가 있었다. 일제가 여주 이천의 좋은 농산물과 도자기를 수탈하려는 목적 하에 만들어진 것으로 알려져 있다.

## 4대강 사업의 수혜

이어서 4대강 사업의 실태를 한눈에 볼 수 있는 강천보를 비롯하여 여주가 전통 관광지로 자랑하는 신륵사, 영(英, 寧)릉, 명성황후 생가 등을 둘러보았다. 이명박 정부가 한국형 녹색 뉴딜을 내세워 '4대강 살리기 사업'이라고 이름 붙인 4대강 사업은 2008년 12월 낙동강지구 착공식을 시작으로 하여, 2012년 4월까지 22조원의 예산을 투입해 추진한 대 하천 정비사업이다. 한반도 대운하사업의 기초 공사라는 평가도 있었지만, 임기 내 치적을 위해 서두르다가 부실공사와 참여 업체들의 담합을 불러와 말도 많았던 사업이다. 현지 실체를 보고 주민의 목소리를 들어보니 이해가 되는 부분이 많았다.

이 사업은 4대강(한강, 낙동강, 금강, 영산강)을 준설하고, 친환경 보洑를

강천보

설치해, 하천의 저수량을 대폭 늘려서 하천 생태계를 복원한다는 것이 주된 사업 명분이었다. 그 밖에 노후 제방 보강과 중소 규모의 댐 및 홍수 조절지의 건설, 하천 주변 자전거길 조성 등을 부수적 사업내용으로 하였다. 4대강 사업의 보는 총 16개가 있는데 낙동강에 8개, 금강, 한강에 각 3개, 영산강에 2개가 설치되어 있다. 그 중 한강에 있는 3개보(강천보, 여주보, 이포보)는 모두 여주에 있다. 강천보에 설치된 '한강문화관'은 한강을 기반으로 피어난 문화와 역사를 다양한 체험매체를 통해 보고 듣고 느낄 수 있도록 구성하였다. 희망나눔존, 새물결꿈존, 물길여행존, 사람사랑존, 감통소통존의 5개 테마존으로 구성되어 있다. 차세대 미디어 아티스트로 각광 받고 있는 독일의 '율리어스 포프'가 설계하였다.

### 남한강과 신륵사

보통 '절' 하면 산과 계곡이 연상된다. 그러나 신륵사神勒寺는 봉미산鳳尾山을 뒤로 하고 있으나 그 산은 언덕에 불과하고, 남한강을 앞으로 하고 있어 우리나라에서는 강가에 있는 유일한 절이라 할 수 있다. 신라 진평왕 때 원효元曉가 창건하였다는 설이 있으며, 절 이름을 '신륵神勒'이라고 한데는 미륵彌勒, 또는 왕사 나옹懶翁이 신기한 굴레로 용마龍馬를 막았다는 전설에 의한 것이라 한다. 이 절이 대찰을 이루게 된 것은 나옹이 이곳에서 갖가지 이적을 보이며 입적하였기 때문이다. 나옹이 입적할 때 오색구름이 산마루를 덮고, 마른하늘에서 비가 내렸으며, 수많은 사리가 나왔고, 용龍이 호상護喪(초상 치르는 모든 일을 주장하여 보살피는 것)을 했던 일들이 그것이다. 어린 시절을 용인에서 지낸 나는 동네 어르신들의 '여주 벽절로 관광 간다.' 라는 말을 들은 기억이 있다. 이는 신륵사의 명품 다층전탑 전체를 벽돌塼로 쌓아 올린 데서 유래한 것이다. 우리나라의 탑은 대부분 화강암을 재료로 하였으며 벽돌 탑은

신륵사 앞으로 흐르는 남한강

세종대왕릉에서

중국 탑, 일본은 목탑의 특징이 있다고 한다.

### 영릉, 세종과 효종

왕릉은 도성으로부터 100리 안에 모신다는 원칙이 있지만 여주는 180리길이나 떨어져 있었다. 이곳의 명당을 놓치기 싫은 세조로서는 남한강 뱃길의 편리성이 있으니 육로의 2배까지는 괜찮다는 유권 해석을 내려 모시게 되었다고 한다. 세종대왕릉은 꽃부리 영英자, 효종대왕릉은 편안할 영寧자로 이름대로 해석하면 세종대왕릉은 꽃봉오리 모양이요, 효종대왕릉은 편안한 자리이다

영릉英陵은 하나의 봉분 아래 조선 제4대 세종과 소헌왕후 심 씨를 합장한 동봉이실의 합장릉이다. 1446년(세종28년) 세종의 비 소헌왕후가 죽자 당시 광주廣州(현재의 서울시 서초구 내곡동) 헌릉(태종과 원경왕후 민 씨의 무덤)의 서쪽 산줄기에 쌍실을 갖춘 능이 조성되었다. 동쪽 방은 왕후의 무덤, 서쪽 방은 세종이 생시 미리 마련하여 1450년 세종이 승하하자 합장하였다. 세조 때 내곡동 터가 좋지 않다 하여 능을 옮기자는 주장이 나왔고, 예종1년 현 위치로 옮겼다. 옛 영릉英陵에 있던 상석 · 장명등 · 망주석 · 신도비들은 그 자리에 묻었으나 1973년 발굴하여 세종대왕기념관에 보존하였다. 영릉英陵에는 병풍석이 없고 난간석만 설치되었으며, 봉분 내부는 석실이 아니라 회격灰隔(관을 구덩이 속에 내려놓고 그 사이를 석회로 메워서 다짐) 형식으로 되어 있다. 혼유석 2좌를 마련하여 합장릉임을 표시하였으며, 난간석에 12지신상을 조각하는 대신 12지를 문자로 표현하여 방위를 표시하였다.

영릉寧陵은 조선 제17대 왕 효종과 부인 인선왕후仁宣王后 장 씨의 능이다. 왕릉과 왕비릉을 좌우로 나란히 배치한 것이 아니라 아래위로 배치한 쌍릉 형식이다. 풍수지리에 의한 쌍릉 형식은 조선 왕릉 중 최

초의 형태이다. 의릉懿陵(경종+선의왕후)도 이런 형태를 띠고 있다. 처음엔 동구릉東九陵의 태조 무덤인 건원릉健元陵 서쪽에 있었으나, 석물에 틈이 생겨 봉분 안으로 빗물이 샐 염려가 있다 하여 1673년(현종 14) 세종의 무덤인 영릉英陵 동쪽으로 능을 옮겼다.

## 여주 출신, 명성왕후

여주驪州는 고려조 이래 9명의 왕비를 배출한 훌륭한 여인이 많은 지역이다. 그중 한 분이신 조선 제26대 고종의 비 명성황후 생가 터는 6대조 할아버지를 모시던 묘막 터였다. 여덟 살의 어린나이에 부모를 여의고 혈혈단신으로 자랐다. 소녀시절부터 집안일을 돌보며 틈틈이 『춘추春秋』를 읽을 정도로 총명하였다. 흥선대원군의 부인 민 씨의 천거로 왕비로 간택되어 고종3년, 한 살 아래인 고종의 비로 입궁하였다. 민비가 왕비로 간택된 것은 외척의 득세를 싫어한 흥선대원군의 정치적 계산에 의해서였다.

그러나 수완이 능란한 황후는 입궁한지 몇 년이 지나자 왕실정치에 관여하기 시작해서 일생을 두고 시아버지와 정치적으로 대립하였다. 황후의 지원군 노론老論 세력과 새로 들어온 남인南人과 북인北人 중심 세력 간의 정치적 갈등이 있었다. 황후는 최익현의 대원군 규탄 상소를 계기로 대원군을 하야시켜 양주楊州 곧은 골(直谷)에 은퇴시켰다.

1895년 8월, 일본 군대와 정치낭인政治浪人들이 일부 친일 정객과 짜고 왕궁을 습격해 황후를 시해한 뒤 정권을 탈취하는 을미사변의 만행을 저질렀다. 황후는 나이 45세에 살해되어 시체가 불살라지는 불행한 최후를 마쳤다. 세계사 어디에서도 국모가 다른 나라의 깡패들에게 시해 당하는 역사는 없었다. 우리는 일본인의 나쁜 근성을 잊어서는 안 되고 지금도 계속되고 있는 일본의 만행은 반드시 단죄되어야 할 것이다.

명성황후 생가에서

명성황후는 시아버지 대원군과의 트러블, 다국적 외교(러시아 중시정책)로 문제의 여인이란 이미지가 있는데 이것은 일본사관에 의한 것이다. 실제로는 일본의 탐욕을 일찍부터 간파하고 조정을 확실히 장악한 정치력이 있었고, 외세의 균형을 잘 유지하려고 한 외교의 달인이자 여걸로 평가되고 있으며, 쓰러져가는 나라를 구하려 했던 신념이 매우 강한 여인이었다.

북한산
둘레길

# 북한산 둘레길

북한산 자락을 완만하게 걸을 수 있도록 조성한 저지대 수평산책로

천만 명이 넘는 대도시 근교에, 도시 대중교통의 끝자락에 북한산이라는 보물이 있다. 북한산은 자체가 잘 생긴 것은 물론이고 우리들 곁에 있어서 우리를 행복하게 한다. 거기다가 둘레길이 생겨 지난해 9월에 개방되었다고 해서 친구들과 네 번에 걸쳐 다녀왔다. 하루에 10~13km를 4~5시간에 걸려 이동하였는데 적당히 운동이 되며 크게 힘들지 않았다.

## 북한산 둘레길 개황

북한산 둘레길은 국립공원 관리공단에서 기존의 샛길을 연결하고 다듬어서 북한산 자락을 완만하게 걸을 수 있도록 조성한 저지대 수평산책로다. 1구간(소나무길)부터 13구간(우이령길)까지 총13개 테마별로 나눠져 있다.

국립공원 입상료 폐지(2007.1.1) 후 최근 웰빙형 대규모 주거단지가 공원 경계부에 조성됨에 따라 급격한 탐방객의 증가로 자연자원 훼손에 대한 방지대책 마련이 시급한 실정이 되었다. 그래서 공원 내의 중요자원 보호를 위해 저지대 자락길로 탐방객을 분산유도하고 그간 이용에 어려움이 있었던 어린이, 노인, 장애우 등 사회적 약자 층에게 공원 이용편의성을 제공코자 '역사, 문화 그리고 자연과 인간이 살아 숨 쉬는 자연스럽고 편안한 길', 북한산 둘레길을 만들게 되었다고 한다. 2010년 9월 7일 개통식을 갖고 시민들에게 개방하게 되었다고 하는데 전체 길이 63.2km(도봉산 포함) 중 우선 북한산 둘레길 44km만 개통하였다고 한다.

그 중 우이령길은 유일하게 사전 예약으로 인원을 통제하는 곳으로, 남(우이동)과 북(교현리) 양쪽에 통제소가 설치되어 있고 각 방향에서 하루 500명으로 입산을 제한하고 있다. 아직은 사람이 많지 않으며, 통제만 하는 게 아니라 좋은 서비스로 나그네를 편안하게 해준다.

## 전국 둘레길의 태동

제주도에서 한 여성이 혼자 길을 만들기 시작해서 가장 먼저 걸었던 제주 올레길을 한 명 두 명 따라 걷더니 이젠 온 국민이 따라서 걷고 있다. 이 길 하나로 인해 전국에는 수많은 올레길, 둘레길들이 생겨나게 되

었고, 전 국민의 의식까지도 바꾸어 놓은 '서명숙' 사단법인 제주올레 이사장은 속도 지상주의 시대에 미련스럽게도 '느림'을 설파하고 있다.

'올레'는 집 대문에서 마을길까지 이어지는 아주 좁은 골목을 뜻하는 제주도 말인데, 문을 뜻하는 순 우리말 '오래'가 제주에서 '올레'로 굳어진 것으로 보인다. 현무암으로 쌓은 골목 '올레'는 집과 마을을, 나와 세상을 이어주는 길이며 구불구불 이어지는 제주 돌담길의 미학을 보여주는 것이다.

서명숙 씨는 욕심이 과하고 톡톡 튀는 사람이며 독특한 삶을 산 사람이라 제일 먼저 올레길 만들기를 실천한 것으로 보인다. 서명숙 화이팅!이다.

북한산 둘레길

### 북한산의 명승지

둘레길에서 바라본 북한산은 어디에서 바라보아도 아름답지만 동쪽에서 보이는 삼각산(백운대, 인수봉, 만경대)은 물론 정릉에서 바라본 대성문 주변, 평창동에서 바라본 보현봉, 불광동 쪽, 구기터널 위에서 바라본 서부능선(족두리봉~문수봉), 북서쪽에서 바라보는 삼각산 뒤편 모습이 무엇보다 훌륭하다. 계절에 따라 특색이 다르겠지만 겨울의 북한산은 여전히 아름답고 산을 좋아하는 사람들의 마음을 설레게 하는 자태였다. 그동안 힘들게 등산했던 봉우리들은(웬만한 곳은 모두 등정했다) 우리를 부르는 듯했다. 케이블카를 만든다 하여 반대하는 현수막이 가끔 보이는데 나도 현수막 내용에 찬성이다.

### 오봉의 아름다움

북한산, 도봉산에서 가장 아름다운 곳 중 하나인 오봉의 특이한 경관은 어디에서 보아도 일품이다. 마을의 다섯 총각들이 원님의 외동딸 사랑을 쟁취하기 위한 경기에서 생긴 봉우리라고 한다. 그 중에는 여성봉도 있다. 왜? 여성봉이라 했는가를 금세 알아 볼 수 있었다. 주변의 아름다운 경관에 흠뻑 취해 낙오되어 밑에서 기다리고 있는 한 친구를 잠시 잊게 하였다.

### 구천폭포와 개연폭포

북한산 자락의 수유동 통일교육원을 지나 아카데미 탐방지원센터를 오를 때, 탐방지원센터 입구를 지나면서 계곡의 물소리가 시원스레 들리게 되며 10여분 오르면 우측의 식당을 지나 체육시설이 있는 곳이 나온다. 다시 우측의 작은 지류를 건너면 구천계곡의 폭포지대가 웅장한 화강암을 드러내면서 구천폭포가 시작된다. 바위에는 '9개의 은빛 폭포들이 하늘을 향해 줄지어 서있다'라는 의미로 구천은폭九天銀瀑이라 음각되어 있다.

북한산 좌측 계곡은 주변에 원효봉과 백운대, 노적봉 등을 두고 있어서 사계절 내내 수려함과 청정함을 유지하고 있다. 개연폭포 주위에는 폭포와 소와 담이 즐비하게 늘어서 있어 북한산에서 가장 아름답고 청정한 계곡미를 자랑하고 있다.

여성봉 ·

### 북한산의 절

우리나라에 22,000여개의 절이 있고 북한산에만 400여개의 절이 있다고 한다. 그 중에서 가보시기를 권유하고 싶은 곳은 도선사, 화계사, 문수사, 승가사, 진관사, 삼천사, 태고사, 길상사다. 둘레길 근처에는 작은 절과 수도원, 암자 등이 많이 있다.

그 중 화계사華溪寺는 대한불교조계종 직할교구 본사인 조계사曹溪寺의 말사로서, 1523년(중종17년)에 신월信月이 창건하였다고 한다. 백운대 · 만경봉 · 동장대가 위치한 삼각산에 자리하고 있어서 도심에 있지만 산수가 수려하고 산기슭의 울창한 숲에 감싸여 있어 시내의 번잡함을 잊게 하는 고요함을 간직하고 있는 곳이다. 세계일화世界一花를 주창하신 숭산崇山스님의 원력으로 세계 120여 개국에 선원이 개설되었고, 한국 불교를 배우고자 하는 외국수행자들이 모여 수행정진하고 있는 참선수행과 국제포교의 중심사찰이기도 하다.

진관사津寬寺는 신라 진덕왕 때 원효가 창건하여 신혈사神穴寺라 했는데, 고려 현종이 어릴 적에 자신을 왕태후의 암살기도로부터 구해준 신혈사 진관스님의 은혜에 보답하고자, 신혈사 자리에 대가람을 세우고 진관사라 했다고 한다. 조선시대에는 수륙재水陸齋의 근본 도량이었다고 한다. 수륙재는 물과 육지에서 헤매는 외로운 영혼과 아귀 등의 혼령들에게 불법을 강설하고 음식을 베풀어 그들을 구제하기 위해 매 윤년 윤달에 열린다고 한다. 동쪽의 불암사, 서쪽의 진관사, 남쪽의 삼막사, 북쪽의 승가사와 함께 예로부터 서울 근교의 4대 명찰로 손꼽힌 이름난 사찰이다.

서기661년(문무왕1년) 원효元曉대사가 창건했다고 알려져 있는 삼천사三千寺는 1481년(성종12년)에 편찬된『동국여지승람』과『북한지』에 따르면 3,000여명이 수도할 정도로 번창했다고 한다. 사찰 이름도 이

숫자에서 유래된 것으로 추측되는데, 1592년(선조25년) 임진왜란 때에는 승병들의 집결지로 활용되었다고 한다.

### 둘레길 주변은 역사의 현장

북한산이 명산이라 그런지 많은 애국선열들이 이곳에 묻히시길 바라셨나보다. 유난히 선열의 묘소들이 많다. 독립운동가로 손병희 선생, 김창숙 선생, 독립운동 순국 17위 합동묘가 있고, 정치인 조병옥, 신익희, 김도연 선생, 초대 대법원장 김병로 선생, 김동리 선생의 형인 한학자 김범부 선생의 묘, 4.19 묘지 등이 둘레길 주변에 있다.

조선시대에는 내시와 궁녀의 역할과 권력이 대단하지 않았을까. 둘레길에는 내시, 궁녀의 묘소도 있다. 하지만 지금은 그들의 묘지가 관리되지 않아 버림받은 것이 되었으니 세상사의 무상함이 느껴졌고 이래서 사람들은 후손번창을 위해 노력하는 모양이라는 생각이 든다

중학교 다닐 때 불렀던 '바위고개'란 가곡이 있었다. 가곡 '바위고개'의 언덕이 바로 우이령이다. 우이령 근처는 넓은 터를 만들어 문화공간으로 이용되고 있었다. 작사, 작곡가이신 이흥렬님께서는 이 바위고개를 우리 민초들의 마음속에 있는 고개라고 했다는데 과연 그럴까 하는 생각이 들기도 한다.

## 둘레길 근처의 지명들

사기막골은 사기그릇을 굽는 움막이 있던 곳을 말한다. 내 고향 근처에도 사기막골이 있는데 전국적으로 천여 곳에 이런 지명이 있다고 한다.

홍제弘濟동은 인조가 병자호란 후에 청나라에서 돌아오는 환향녀還

진관사 경내

鄕女들에게 '홍제원의 냇물에 목욕하고 한양에 입성 시켜 정조문제를 사하였다' 즉 '널리 구제한다.'는 뜻에서 생긴 말이라고 한다. 이 여인들과 함께 온 자식들을 호로胡虜자식이라 했는데, 이후 화냥년과 호로자식은 심한 욕으로 사용되었다. 나는 그동안 인조에 대해 저평가를 했었는데 이와 같은 조치는 매우 훌륭한 일이었다고 생각된다.

또 갈현葛峴동은 칡뿌리가 많아 칡고개라 불리던 동네이고, 응암鷹岩동은 임금이 매를 사냥하던 곳의 매바위가 있었던 곳이다. 효자동은 전국적으로 수도 없이 찾아 볼 수 있는데 대표적인 것으로는 서울 종로, 전주, 춘천, 고양시 등이 있다.

우이령길은 한국전쟁 당시 미 공병대가 좁은 산길을 군 작전도로로 확장한 후, 68년도 1.21사태 후 2009년 7월까지 민간인을 통제해 왔다. 지금도 우이령길은 사전 예약을 해야 하고 신분증을 지참해야 한다.

### 양극화의 현실

잘 다듬어진 부자촌과 서민동네가 지척거리에 공존하고 있다. 평창동 부잣집-말로만 들었던 곳-은 개인저택들의 전시장 같았다. 건축가들의 현장 실습터라고 하는데, 앞으로 좋은 개인주택을 지으려는 사람들은 여기서 참고하면 된다고 한다. 성북동, 평창동에 비교되는 불광동, 연신내의 서민동네의 모습과 외곽인 은평 뉴타운지역의 건설 붐으로 만들어진 깨끗하고 아늑하게 잘 만들어진 아파트, 각각의 동네는 나름의 특징이 있었으며, 삶의 질이 비교되는 모습이었다.

기자촌, 평창동은 어떻게 시작된 마을일까. 공통적으로 그린벨트

지역을 허가내어 기자들과 청와대 경호실 직원들의 특혜지역으로, 특히 평창동은 청와대 보호를 명분으로 경호실 직원들 동네로 시작되었다고 한다. 이 지역의 웅장하고 화려함은 그 당시 경호실의 위세를 감안하면 당연하다고 생각된다.

서울 쪽의 많은 인가를 접하고 있는 곳은 주민을 위한 편의시설과 산책길이 잘 정비되어있는 반면, 고양이나, 양주 쪽은 군부대의 주둔과 개발제한구역으로 옛 모습을 갖추고 있다. 무엇이 좋은 것인지는 좀 더 두고 볼 일이다.

## 북한산 둘레길 탐방 소감

우이령길을 마지막으로 북한산 둘레길 모두를 돌아보았다. 4일에 걸쳐 44km를 완주한 기분이 그런대로 괜찮았다. 마지막 12~13구간은 하루꺼리로는 짧아 평소에 접하기가 어려운 '여성봉'을 추가하여 이 날도 충분한 체력테스트를 하게 되었다.

북한산 둘레길은 한마디로 마을과 산의 중간, 즉 속세와 깨끗한 세상을 넘나드는 분위기가 있다는 생각이 들었다. 부지런한 주민들의 삶, 힘든 생활에 찌든 모습 등이 보이는가 하면 맑고 아름다운 샘물, 계곡은 물론 잘 가꾸어진 솔밭이나 좋은 꽃들, 세상의 좋은 말들을 판넬로 잘 정리하여 소개가 되고 있어서, 앞으로의 삶에 대한 가르침을 받게 되었다.

각 길이 특색이 있어서 훌륭한 선현들을 만나기도 하고 역사공부를 하기도 한다. 그런가 하면 잘 조성된 하이킹 코스와 생태공원들은 마음을 가볍게 해주고 신선함을 느끼게 해준다. 한마디로 좋은 친구들, 가족들 간의 대화를 촉진하고, 삶을 되돌아보게 하는 아름답고 의미 있는 길이라 생각된다.

## 둘레길의 개선점

둘레길은 큰 대로가 둘레길의 연장으로 사용되는 곳이 많았다. 또한 계곡의 불법 건물이 아직도 많았고, 계곡이 생각보다 지저분했다. 특히 계곡의 인위적으로 다듬어진 곳(시멘트 방조대 등)은 자연적 모습으로 환원이 필요하다고 생각된다. 외국인 편리를 위한 안내판과 적당한 구간별로 화장실이 더 필요하다고 보여진다.

## 둘레길 걸을 때 주의사항

둘레길 주변에는 농작물이나 건조물, 사육되고 있는 동물 등 사유재산이 많이 있는데, 이것을 슬쩍하거나 쓰레기를 버리는 행위, 숲길 훼손, 설치된 표지판을 망가뜨리는 행위 모두가 범법행위로 처벌을 받게 된다.

북한산 둘레길 13구간 중 마지막 13구간(우이령길)은 사전예약을 해야 탐방이 가능하다. 아래 싸이트에서 인터넷으로 간단하게 예약할 수 있다. 탐방 당일에는 반드시 신분증을 지참해야한다.

http://www.knps.or.kr/knpshp/visit/reservation/uir.jsp

수도 600년의

# 한양성곽 · 북악산성곽

## 수도 600년의
# 한양성곽 북악산성곽

이성계는 즉위한지 한 달도 못되어 한양 천도계획을 천명하고 무학대사가 점지한 이곳에 도읍지를 건설하기로

추석 다음 날, 그야말로 청명한 가을 날씨였다. 대학동기 일곱 명이 북악산성곽길을 찾았다. 북악산성곽(말바위 쉼터부터 창의문까지)은 2007년 4월, 40여 년 만에 일반인에게 공개되었다. 그동안 나는 서울시민이면서도 서울의 아름다움을 별로 느끼지 못했으며 가 본 곳이 별로 없을 정도로 무관심했고, 주로 타 지역으로만 돌아다녔다. 그러나 많은 도시전문가들은 서울의 아름다움을 극찬하고 있다. 전 세계적으로 1,000만 이상의 인구를 가진 대도시 중에 산과 물(강)과 들녘이 이만큼 조화롭게 어우러진 아름다운 도시는 본 일이 없지 않은가.

이 한양성곽을 보수하기 위해 지금도 작업을 계속하고 있는데 무거운 돌들을 운반하기 위해 산위에까지 모노레일을 설치해 놓았고 산 위에는 군데군데 크레인들을 올려서 작업하고 있었다.

### 한양성곽과 태조 이성계

1392년 조선왕조를 개국한 태조 이성계는 즉위한지 한 달도 못되어 한양 천도계획을 천명하고 무학대사가 점지한 이곳에 도읍지를 건설하기로 하여 북악산을 주산으로, 남산을 안산案山으로, 낙산을 좌청룡, 인왕산을 우백호로 삼아서 정도전이 수립한 도성 축조계획에 따라 농한기를 이용하여 지은 것이다. 연인

원 20만 명을 동원하였고, 세종대왕 시절에 대대적인 보수 · 확장사업을 벌여 완성한 성곽으로 북악산(342m), 낙산(125m), 남산(262m), 인왕산(338m)을 잇는 총 길이 18.2km였지만 현재는 평지를 잇는 성곽이 철거되어 10.5km만 남게 되었다고 한다.

태조는 원래 등극하기 전 고려조의 신하로 있을 때 함경도 설봉산 토굴에서 수도하고 있던 무학대사를 찾아가서 꿈 해몽을 해달라고 하였다. 그 꿈이란 '헌집에 들어갔다가 집이 무너져서 석가래 세 개를 짊어지고 나온 것, 또 거울이 깨어진 것, 꽃이 떨어진 것'이었다. 그러자 무학대사는 '몸에 석가래 세 개를 짊어지고 나온 것은 임금 왕王자요, 거울이 깨어졌으니 어찌 소리가 없겠는가, 그리고 또 꽃이 떨어지면

한양성곽

반드시 열매가 맺는 법이니 이 꿈은 그대가 머지않아 반드시 군왕이 될 꿈이로다. 함부로 이 말을 입 밖에 내지 말고 신중히 처신하여 때를 기다리라.'고 답했다.

이 태조가 서울을 옮기기 위해 무학대사에게 도읍터를 구해달라고 부탁하였다. 무학대사가 한양 땅을 도읍터로 정한 뒤 대궐을 지

으려고 여러 번 시도하였으나 번번이 허물어지고 말았다. 상심한 무학이 어느 곳을 지나는데, 노인이 소를 나무라며, '이랴, 이 무학이보다 미련한 놈의 소!'라고 하였다. 놀란 무학이 노인에게 까닭을 물었더니, '한양 땅이 학鶴 터인데 등에 무거운 짐을 실었으니 학이 날개를 칠 것 아니냐, 그러니까 궁궐이 무너진다. 성부터 쌓으면 학의 날개가 눌려져 꼼짝 못하므로 대궐이 무너지지 않는다.'라고 하였다. 무학대사가 그 노인의 말대로 하니 대궐이 완성되었다. 그 노인은 삼각산 산신령이라고 한다.

근래에 한국은 점점 노년인구가 증가하여 노인국으로 되어 가고 있다고 한다. 지하철을 타고 조금만 나가면 서울 근접거리에 돈 안들이고 노인들의 놀이터이자 국민의 건강을 지켜주는 좋은 산들이 얼마든지 있다. 우리나라 사람들의 평균수명이 빠르게 늘어나고 있는 한 가지 이유도 될 것 같다. 조선 태조 이성계와 무학대사가 오늘날의 노인들을 어여삐 여겨 이곳을 수도로 정한 선견지명에 감탄하게 된다. 우리나라가 세계에서 주목받는 나라로 우뚝 서게 된 것도 이런 명당자리에 수도를 잡은 것이 밑거름이 된 게 아닌가 생각해본다.

### 와룡공원臥龍公園

와룡공원은 1984년에 개원된 공원으로 '용이 누워있는 형상을 한 지역'이라 하여 붙여진 이름이다. 이 지역은 토심土深이 얕아 수목생육이 어려우나 주민들이 생명의 나무 1,000만 그루 심기 행사에 참여하여 이젠 나무와 꽃들이 잘 어우러진 공원으로 바뀌었다. 산책로 변에는 왕벚나무를 심어서 봄에는 아름다운 벚꽃 길을 연출하여 시민들의 사랑을 받고 있다. 전직 대통령 중 한분이 명륜동 사저에 살던 시절에 이 와룡공원을 자주 산책하고 배드민턴도 쳤다고 한다.

### 숙정문肅靖門

남대문인 숭례문崇禮門이 '예를 숭상한다.'는 뜻이 있는데 대비하여 북대문인 숙정문肅靖門은 '엄숙하게 다스린다.'는 의미라고 한다. 숙정문은 본래 사람들의 출입을 위해 지은 것이 아니라 서울성곽 동서남북에 4대문의 격식을 갖추고 비상 시 사용할 목적으로 지었기 때문에 평소에는 굳게 닫아두어 숙정문을 통과하는 큰 길은 형성되어 있지 않았다고 한다. 이 문 뒤쪽이 산으로 되어 있어서 활용도가 적어 통행자가 없었기도 했겠지만 궁터의 보안유지 차원에서 폐쇄되었던 것이 주요 원인이 된 것 같다. 숙정문은 음향오행 가운데 물을 상징하는 음陰에 해당하는 까닭에 나라에 가뭄이 들 때는 기우祈雨를 위해 열고, 비가 많이 오면 닫았다고 한다.

### 곡장曲墻

무덤을 둘러싸고 있는 담장 위에 기와를 얹어놓은 것을 말한다고 한다. 이 곡장은 신분이 높은 사람만이 만들 수 있었으며 높이는 보통 1m라고 한다. 지형에 따라 성곽 일부분에 오메가 문자 모양으로 튀어나오게 한 이 곡장은 일종의 관측소 역할을 했던 곳으로 전해진다.

### 경복궁景福宮

경복궁을 좋은 궁터로 만들고 있는 이유는 촛대바위, 경복궁문(광화문), 숭례문, 관악산이 일직선상에 있기 때문이란다. 이 선상에 있는 관악산이 풍수적으로 불을 상징하기 때문에 그 화기를 누르기 위해 광화문 양쪽에 해태 상을 세웠다고 하며, 해태상은 일종의 소방시설이었던 셈인데 숭례문 화재 후 문화재관리국은 해태상이 그동안 광화문 공사로 인한 칸막이로 가려져 있었음을 뒤늦게 알고 이를 화재진압 실패의 주요 원인으로 인식하여 허겁지겁 해태 상 앞부분 칸막이를 허물고 성긴 철망으로 대체하였다. 소 잃고 외양간 고친 격이랄까. 화재의 원흉(?)이 방화자가 아니라 바로 문화재관리국이라는 풍문이 돌기도 했단다.

경복궁

### 북악산北岳山

북악산의 원이름은 백악산이라고 한다. 북악산에 올라가면 서울이 훤히 내려다보여 전망이 정말 환상적이다. 종로구 청운동에 있는 산으로 서울 4대산과 함께 서울분지를 둘러싸고 있으며, 서울 북쪽 경복궁의 진산이다. 1395년(태조5) 시축한 한양성곽의 기점으로서 4대산의 능선을 따라 쌓았는데 정도전이 성저城底를 측정한 뒤 천자문의 글자 순서에 따라 97구역으로 나누고 북악산의 정상에서부터 동쪽으로 순서대로 번호를 붙여 나가면서 97번째 글자인 조弔자에서 다시 북악산에 이르도록 했다고 한다. 2007년 개방된 이래 지금도 시간을 지정하여 개방하고 있으며 군인들이 상주하여 관리하고 있어서 신고한 후에야 들어갈 수가 있는데 반드시 신분증을 지참해야 입장이 가능하다.

북악산에서

우리 일행 7명 중 2명이 신분증을 가져오지 않아 사정해봤지만 들어갈 수 없어서 2명은 따로 자하문 쪽으로 돌아서 만날 수밖에 없었다.

## 김신조 루트

1968년 북한 124군 부대 무장공비 31명이 서울로 진입하여 우리 경찰과 군과의 총격전으로 최규식 종로경찰서장과 이익수 연대장 등 아군 9명이 전사하고 30명이 부상을 당한 사건이 있었다. 김신조 루트는 그동안 김신조 씨의 증언에 의하면 개성에서 출발하여 임진강을 거쳐 북한산을 통해 법원리 뒷산과 노고산을 거쳐 진관사, 사모바위, 승가사를 거쳐 세검정, 자하문 길로 내려오다 청와대 코앞에서 총격전이 벌어졌다고 한다. 김신조 체포 이후 심문과정에서 대통령의 침실, 경비운영 상황 등을 소상히 알고 있어서 가히 충격적이었다고 한다. 이 사건으로 인해 향토예비군 설치법 시행령이 통과되고, 군복무 연한도 늘었으며, 잠입루트인 북한산 등산로를 폐쇄하고 곳곳에 군부대를 설치하는 결과를 낳았다. 김신조 루트를 따라 산행하다가 큰 소나무를 만나게 되었는데 김신조 일당이 도망가면서 총격전이 벌어져 소나무에 총알이 박혀 있어서 그 날짜를 기려 '1.21 소나무'라 불린다고 한다.

## 창의문彰義門

서울성곽 4대문大門 사이에 4소문小門을 두었는데 창의문은 서대문과 북대문 사이의 북소문北小門으로 '올바른 것을 드러나게 한다.'는 의미를 지니고 있다고 한다. 그러나 창의문이 북소문이라고 불린 적은 없었고 이곳 계곡의 이름을 빌어 자하문紫霞門이라는 별칭으로 불려왔다. 조선조 풍수학자 최양선이 '창의문과 숙정문은 경복궁의 양팔과 같으므로 길을 내어 지맥을 상하게 해서는 안 된다.'고 건의한 것이 받아들여져 두 문을 닫고 소나무를 심어 통행을 금지하였다고 한다.

### 석파정石坡亭

이 정자는 고종 대의 중신 김홍근이 지은 별장이었다고 하는데 흥선대원군이 김홍근에게 이 정자를 팔기를 청했으나 거절하자 아들 고종과 함께 묵었는데 김홍근이 '임금이 묵고 가신 곳에 신하가 살 수 없다.'고 헌납하였다는 이야기가 전해온다.

대원군이 집권한 이후에는 대원군의 별장으로 사용하였다고 한다. 정자의 앞산이 모두 바위라 대원군이 '석파정石坡亭'이라 이름을 지었으며 커다란 바위와 바위산에서 흐르는 시냇물, 뜰에 서 있는 소나무를 배경으로 한 석파정은 작은 계곡물과 거암, 장송을 배경으로 하여 국내 정자 가운데 가장 아름답다고 하며 한국전쟁 후 고아원 · 병원 등으로 사용되어 왔다고 한다.

### 인왕산仁王山

산 전체에 화강암으로 된 암반이 노출되어 있으며, 기묘한 형상의 바위들이 곳곳에 솟아있어 조선시대부터 명산으로 알려져 왔다. 산의 서쪽 기슭에 있는, 중이 장삼을 입은 듯한 선바위는 예로부터 이곳에서 소원을 빌면 그 소원이 잘 이루어졌다고 하여 유명하다. 일제강점기에 남산에 있던 무신당인 국사당을 선바위 옆으로 옮긴 뒤부터 무속신앙과 더욱 밀착되었으며, 주위에 많은 무신당이 생겨 지금도 굿이 성행하고 있다.

일제강점기 풍수지리에 밝은 일본인들이 가장 경계한 곳이 바로 인왕산이라고 한다. 화강암에서 뿜어져 나오는 정기와 경복궁을 감싸고 있는 산세 때문이었는지 인왕산 곳곳에 일본인들이 두껍고 긴 쇠말뚝을 박아놓았다. '김신조 사건' 이후 민간인 통제구역이던 인왕산의 출입이 허용되면서 잔인하게 바위 깊이 박혀있던 쇠말뚝들도 하나둘씩 뽑혀졌다.

'인왕산 호랑이'라는 말에서의 인왕산은 서울의 인왕산이 아니라 원래 황해도에 있는 인왕산을 지칭하는 것이라고 한다. 일제시대 때에 왕王을 왕旺이라 썼다고 하는데 실제로는 왕王이 맞다. 이것 또한 한민족의 정기를 말살시키고 일본의 융성을 기원하기 위해 일본이 만든 책략 중의 하나로 보여 진다.

## 윤동주 시비

창의문에서 부암동 주민센터 방향으로 가다 오른쪽으로 돌면 T자 길이 나오는데, 거기서 왼쪽으로 가면 북악스카이웨이고 오른쪽으로 가면

윤동주 시비

인왕산길이다. 초입에는 예전 청운아파트를 공원화한 청운공원과 윤동주 시인의 언덕이 나온다. 그 곳에 세워진 윤동주 시비에는 대표작「서시」가 새겨져 있다. '죽는 날까지 하늘을 우러러 한 점 부끄럼이 없기를……' 젊은 시절에 좋아했던 그 시를 가만히 읊조리게 된다. 윤동주는 연희전문학교 재학시절 누상동에서 자취를 했다고 하며 자취집에서 가까운 인왕산 자락의 청운공원 주변을 거닐며 대표작인「서시」,「별 헤는 밤」 등의 시상을 가다듬은 것으로 알려져 있다.

가수 윤형주가 윤동주의 사촌이라고 한다. 윤형주의 아버지도 윤동주처럼 시인이었다고 하니 이 집안은 대대로 문학과 예술의 피가 흐르는 게 아닌가 생각된다. 시인들은 자신의 시를 노래가사로 쓰는 걸 싫어한다고 한다. 윤형주가 윤동주와 자기 아버지의 시로 작곡하여 가요로 만들고 싶어 했으나 아버지가 못하게 금했다고 한다.

### 기차바위

약 30m 길이의 바위능선으로 사람들이 늘어서서 올라간다고 해서 그런 이름이 붙여진 것일까? 이곳의 조망은 상상을 초월한다. 북쪽으로 보현봉~문수봉~비봉~족두리봉으로 이어진 북한산 비봉능선이 하늘의 성채처럼 웅장하고, 그 품으로 구기동, 평창동이 젖먹이 아이처럼 안겨있다. 동쪽으로는 북악산 자락이 미끄러지면서 도심으로 이어지다 남산이 봉긋하고, 서쪽으로는 안산과 홍제동, 그리고 멀리 한강이 넘실거린다. 그 풍경을 물끄러미 바라보고 있으면 '아~ 서울이 이렇게 멋진 곳이었구나!' 하는 감탄이 절로 터져 나온다.

### 홍난파 가옥

돈의문(서대문)이 있던 자리에서 강북삼성병원~서울시 교육청을 지

홍난파 옛집

나 복지재단을 끼고 오른쪽 길을 따라 올라가면 서울성곽을 끼고 아담한 집 한 채가 나온다. 집 앞에는 홍난파 선생의 흉상이 문패처럼 세워져 있다. 1930년대 독일 선교사가 지은 붉은 벽돌로 지어진 서양식 건물을 작곡가 홍난파 선생이 인수하여 살던 곳이다. 홍난파 선생의 대표곡들이 작곡된 곳이고, 1930년대 주택 특성이 잘 보존되어 있어 가치가 있다고 하며 2004년 서울시가 매입한 뒤에 수리해놓았다. 홍난파는 식민지 시대에 심금을 울렸던 〈봉선화〉, 〈성불사의 밤〉 등을 작곡한 이로 친숙한 이름이지만 친일활동으로 또 다른 평가를 받기도 한다.

### 경교장京橋莊

김구 선생의 사저로 이화장 · 삼청장과 함께 대한민국 정부 수립 이

전 건국 활동의 3대 명소 중 하나로 불린다. 광화문과 서대문 사이에 있던 동양극장 건너편에 위치하고 있었는데, 지금의 강북삼성병원 자리이다. 금광을 통해 부자가 된 친일파인 최창학 소유의 별장이었던 이 집은 1938년 완공 당시에는 죽첨장竹添莊이라 하였으나, 최창학이 친일행위를 뉘우치는 뜻에서 김구에게 넘긴 이후에는 김구가 경교장이라 개칭하였다고 한다. 1945년 11월 임시정부 국무위원들과 함께 귀국한 김구는 1949년 6월 26일 경교장 집무실에서 육군 소위 안두희에게 암살되기까지 이곳에서 생활하면서 건국활동 및 반탁, 통일운동을 이끌었다.

당초 2001년에 서울특별시 유형문화재로 지정되었으나 한국 근 · 현대사에서의 동 건물의 중요성 등이 재평가되면서 2005년 국가 지정문화재로 지정되었다. 현재 건물 2층 서쪽에 위치하고 있는 김구 선생의 옛 집무실이 원형대로 복원되어 김구 선생 기념실로 운영되고 있다.

### 덕수궁 돌담길

풍치가 좋다고 연인들이 같이 돌게 되면 헤어지게 된다는 속설이 있다고 한다. 요즘 젊은이들은 이런 속설을 모르기 때문에 분위기만 보고 가고 싶어 하는데, 절대로 가면 안 된다고 한다. 그러나 부부가 가면 오히려 사랑이 깊어진다고 한다.

우리들은 시청 앞에서 해산하여 지하철을 타고 귀가했다. 인왕산 쪽 성곽은 아직 정비를 하고 있는 중이라 성곽둘레길 전체를 돌아볼 수는 없었지만 3시간 정도의 성곽길 탐방을 통해서도 서울의 아름다움을 느낄 수 있었다. 6백여 년 전 이곳을 도읍으로 정한 풍수의 신비가 느껴지는 여행이었다.

생거 진천의
과거와 미래

# 생거 진천의 과거와 미래

수해와 한해가 없는 천혜의 자연환경과 비옥한 농토, 후덕한 인심

'생거진천生居鎭川 사거용인死居龍仁'이란 말이 있다. 얼마나 살기 좋은 고장이기에 남의 고장의 부정적인 이미지를 곁들여 표현하는 것일까? 또한 김유신 장군은 왜? 경주나 김해가 아닌 신라시대의 변방인 진천에서 태어나고 여기서 어린 시절을 보냈을까? 김유신이 진천에서 태어나서 삼국통일이 가능했다고 주장하는 진천사람들이 이해가 될까? 등, 궁금했던 사안들이 금번 여행으로 모두 해결되었다. 그 밖에 전국 유일의 종鐘박물관, 농다리籠橋, 초평호반草坪湖畔 등 많은 볼거리들과 맛 좋은 쌀로 준비된 한정식은 꿀맛이었다.

진천은 수해와 한해가 없는 천혜의 자연환경과 비옥한 농토, 후덕한 인심 등으로 생거진천生居鎭川이라 불리어왔다. 자연의 순리를 지켜 사계절의 특징이 뚜렷하면서도 오염되지 않은 산하는 계절별 아름다움을 만끽할 수 있는 최적의 고장으로 진천을 꼽는데 주저함이 없게 한다. 언제 어느 때라도 순수하고 아름다운 자연으로 맞아주는 곳, 이곳이 바로 진천이다.

농본사회의 생거진천을 유지하면서 요즈음은 혁신도시, 학교, 기업 유치 등으로 시대흐름에 맞게 한 번 더 발돋움하는 미래의 생거진천을 살펴보았다. 이제 진천의 소박함, 역사적 사실과 관광 요소를 살펴보고 종鐘박물관 방문을 계기로 종과 관련된 내용을 정리해 보고자 한다.

## 길상사吉祥祠

충청북도 기념물 제1호인 길상사는 진천 도당산에 있으며 삼국통일의 위업을 완수한 흥무대왕 김유신의 영정을 봉안한 사당이다. 신라 때부터 장군의 태가 묻힌 태령산 아래 사당을 건립하고 국행제를 지내오다가 조선 태종 8년부터 관행제로 바꾸어 지냈다.

길상사 흥무전

본전 흥무전에 영정을 모시고 있으며, 바깥 뜰에는 '흥무대왕신성비'(이선근 글, 김만희 씀)와 안뜰에는 '김유신장군사적비'(이은상 글, 김충현 씀), 그리고 입구에는 같은 해에 세운 '길상사중건사적비'(조건상 글, 이상복 씀)가 있다.

김유신(595년~673년)은 만로군 태수 김서현의 아들로 진천에서 출생하여 진평왕 31년에 화랑이 되고 낭비성 싸움에서 공을 세워 압량주

군주가 되었다. 선덕여왕 때 상장군이 되었고 진덕여왕 때는 백제 12성을 함락하여 상주행군대총관에 오른다. 무열왕 7년 상대등으로 당군과 연합하여 백제를 멸망시키고 나당 연합군의 대총관이 되어 고구려를 정벌하고 태대각간이 되었으며, 한수 이북의 고구려 땅을 수복하여 삼국통일의 위업을 완수하였고, 흥덕왕 때에는 흥무대왕으로 추봉되었다.

신라의 삼국통일은 당시 삼국의 격전지였던 지금의 충북지역을 장악하는 것으로 시작된다. 이곳에서 힘을 기르고 군사를 정비한 신라는 백제, 고구려를 차례로 이기게 된다. 이곳 진천 사람들(청주 근교 포함)은 김유신 장군이 이곳 출신으로 어린 시절을 여기서 보낸 것이 결정적 이유라고 주장하고 있다. 이 주장은 결코 과장이 아니고 산맥으로 가로막힌 영남의 지원은 많은 한계가 있었을 것이며, 풍요롭고 인력이 풍부한 이 고장을 근거지로 해서 출병을 자유롭게 할 수 있었다고 생각된다.

### 김유신 생가

상계리 태령산 아래 담안밭에 위치한 탄생지는 1983년 정화되어 생가를 복원해 놓았다. 거북대좌 위에 오석 비신을 세우고 이수를 얹었으며, 비제는 '흥무대왕김유신적허비'로 비문은 육당 최남선이 짓고 글씨는 시암 배길기가 써서 1983년에 세웠다. 김유신은 이곳에서 부친 김서현과 모친 만명부인 사이에서 임신 20개월 만에 태어났다고 하며, 그의 태를 태령산 정상에 묻었다고 한다. 주위에는 이곳이 만노군의 치소임을 알려줄만한 석축 등이 여러 곳에 남아 있으며, 특히 당시에 우물로 사용했다는 연보정蓮寶井은 거의 원형 그대로 남아 있고, 주위에는 김유신이 말을 타고 훈련했다는 치마대馳馬坮가 있다.

보탑사

## 보탑사寶塔寺

보탑사는 충청북도 진천군 연곡리 보련산寶蓮山 자락에 있는 사찰이다. 연곡리는 주변이 둥글게 산들이 감싸주고 봉우리와 봉우리가 연결되어 풍수적으로 연꽃형으로 부르는 곳이다. 고려시대 절터로 전해지는 곳에 비구니스님인 지광 · 묘순 · 능현 스님이 창건하였다. 대목수 신영훈을 비롯한 여러 부문의 장인들이 불사를 시작하여 3층목탑을 완공했고, 지장전 · 영산전 · 산신각 등을 건립하여 2003년 불사를 마쳤다.

황룡사 9층 목탑을 모델로 만든 이 3층 목탑의 높이는 42.71m로 상륜부(9.99m)까지 더하면 총 높이가 무려 52.7m에 이르는데, 이는 14층 아파트와 맞먹는 높이다. 백팔번뇌의 의미로 높이 108척 규모로 지었고 강원도산 소나무를 자재로 하여 금속 못은 하나도 쓰지 않고 전통기법대로 모두 목재를 짜맞추어 3년에 걸쳐 지었는데 목탑을 떠받치고 있는 기둥은 모두 29개이다.

쌍봉사 대웅전이나 법주사 팔상전은 겉에서 보면 다층이지만 안쪽은 탁 트인 통층구조이다. 새로 지은 보탑사 목탑은 1층에서 3층까지 사람이 계단으로 오르내릴 수 있게 되어 있다. 즉 겉모습은 탑이지만 내부는 각 층마다 법당인 다층집으로, 황룡사 9층 목탑 이래 1,300년 만에 사람이 오르내릴 수 있게 지어진 목탑이다.

중국을 전탑의 나라, 일본을 목탑의 나라라고 부르는데 우리나라 탑의 주류는 석탑이다. 그러나 우리나라에 불교가 처음 전래되던 4세기에서 6세기까지 약 200년 동안은 누각 형식의 다층 목탑들이 지어졌다. 경주 황룡사 9층 목탑과 화순 쌍봉사 대웅전이나 보은 법주사 팔상전을 들 수 있다.

종박물관

## 진천 종鐘박물관

한국 종의 연구 · 수집 · 전시 · 보존 및 교육 등을 통해 세계적으로 가치를 인정받은 한국 종의 예술적 가치와 우수성을 알리고자 충북 진천군 진천읍 장관리에 설립된 박물관이다. 진천 종鐘박물관은 고대 제철로가 발견된 국내 최대 철 생산 유적지에 2005년 9월 건립되었다. 중요무형문화재 주철장鑄鐵匠 원광식은 자신이 수집 · 제작한 범종 150여 점을 기증함으로써 박물관 설립에 크게 기여했다. 미얀마 · 타이 · 중국 · 스위스 등 세계 여러 나라의 종이 전시되어 있으며 제1전시실 앞에는 한국 종을 대표하는 성덕대왕신종의 모형이 놓여 있고, 안으로 들어가면 삼국시대부터 조선시대에 이르기까지 한국 범종을 시대별로 전시하고 있다. 일본에 있는 한국종의 소재지 및 특징을 소개하고,

한 · 중 · 일 3개국 범종을 비교해 볼 수 있다. 제2전시실은 범종의 제작기술 · 제작과정 · 설계 · 재료 · 소리 등을 자세히 설명해 놓은 공간이다. 옥외에는 타종 체험의 장이 마련되어 있는데, 한국에서 가장 오래된 상원사종과 가장 큰 종인 성덕대왕신종을 1.5분의 1로 축소한 범종을 직접 타종해볼 수 있다.

### 농다리籠橋

사력암질의 붉은 돌을 쌓아 만들어진 다리로 우리나라에서 가장 오래되고 긴 돌다리이다. 당초 28칸의 교각이었으나 현재는 25칸만 남아 있다. 길이는 93.6m, 폭 3.6m, 교각 1.2m 정도이며, 교각 사이의 내폭은 80cm 내외이다. 석회 등을 바르지 않고 쌓았는데도 견고하여 장마에도 유실됨이 없이 원형을 유지하고 있다. 이 농다리에는 두 개의 전설이 전해진다.

농다리

* 첫 번째 전설 : 고려 고종 때의 권신인 임연 장군이 놓았다.

임 장군은 매일 아침 세금천에서 세수를 하였는데, 어느 추운 겨울날 세금천 건너편에서 한 젊은 부인이 내를 건너려하자 이상하게 생각되어 물으니, 여인이 말하기를 "아버지가 돌아가셨다는 말을 듣고 친정에 가는 길입니다." 하니 장군은 여인의 효성이 지극함과 그 정경이 딱하여 잠깐만 기다리라고 하고는 용마를 타고 돌을 실어 날라 하루아침에 다리를 놓아 부인이 무사히 건너도록 하였다. 그 때 용마는 너무 힘에 겨워서 그 자리에 쓰러져 죽었다고 한다. 용마의 바끈이 끊어져 떨어진 돌을 그대로 두었는데 이것이 용바위라고 전해지고 있다. 나라 안에 변고가 일어날 때는 이 다리가 며칠을 두고 운다고 하는데, 한일합방과 한국전쟁 당시에 이 다리가 며칠 동안 울었기 때문에 부락민이 밤잠을 이루지 못했다는 전설이 전해져오고 있다.

* 두 번째 전설 : 임연 오누이간 힘내기

옛날 굴티 임씨네 집안에 남매를 두었는데 둘 다 대단한 장사라 서로 죽고 사는 내기를 했다. 아들(임 장군)은 굽 높은 나무신을 신고 목매기 송아지를 끌고 서울로 갔다 오기로 했고, 딸은 농다리를 놓기로 하여 시합이 시작되었다. 딸은 치마로 돌을 날라 다리를 놓기 시작했다. 그런데 어머니가 지켜보니 아들은 올 기미가 없고 딸은 거의 마무리가 되어가는 것이다. 그래서 어머니는 아들을 살릴 묘책을 내어 딸에게는 뜨거운 팥죽 등 먹을 것을 해다 주며 일을 늦추게 하였다. 결국 아들이 먼저 돌아왔다. 화가 난 딸은 치마에 있던 돌을 내리쳤다. 아직까지도 그 돌이 그대로 박혀있다. 약속한대로 딸은 죽게 되었고, 딸이 놓지 못한 나머지 한 칸을 일반인이 놓았다고 한다. 역사적으로 장마가 지면 여장사가 놓은 다리는 그대로인데 일반인이 놓은 다리는 떠내려간다고 한다.

### 초평호草坪湖

전국 최고의 낚시터로 유명하다. 얼음낚시와 붕어낚시로 잘 알려져 있으며, 주변에 진천 향토음식인 붕어찜마을이 형성되어 있어서 별미를 맛볼 수 있다. 초평호에 위치하고 있는 진천군청소년수련원에서 구름다리와 수변데크가 조성되어 있어서 진천의 명소인 농다리까지 연결된다. 두타산 중심봉 전 삼형제봉에서 초평호를 조망하면 한반도 지형과 만주벌, 제주도의 형상을 볼 수 있다.

진천은 철광석이 많이 나는 지역으로 전통적으로 철제 농기구 등 철 제품을 생산하기 위해 철 광산이 있었다. 철의 역사적 유산인 종 박물관을 만들어 철 생산지로서의 명예를 유지하고자 수년 전 종 박물관을 개관했다. 넓은 백곡호반 주위에 준비된 박물관은 여행객들의 호기

초평호

심을 불러일으키기에 충분하였다. 이제 종 박물관을 방문한 기념으로 종鐘에 대한 고급상식을 정리하여 본다.

### 종鐘에 대한 고급상식

* 종이란 무엇인가?

종의 용도는 악기, 부장품, 의식구, 신호도구, 권력의 표징, 도량형기로까지 다양하다. 예로부터 종은 인류의 삶 속 깊이 녹아든 위대한 발명품 중의 하나였다. 종은 금속으로 빚은 최초의 소리도구이자 인류문명의 탄생과 진화의 이기였던 것이다. 예나 지금이나 종을 사용하지 않는 민족은 드물다. 사찰의 종각에서, 교회의 종탑에서, 도시의 공원에서 흔히 만날 수 있는 것이 바로 종이다. 그러나 지구의 어느 곳에서도 타종식 같은 성대한 행사로 새해를 맞이하는 민족은 드물다. 그만큼 우리 민족은 오래 전부터 타종의식에 심오한 의미를 부여해 왔다. 오늘날 전세계적으로 종을 가장 많이 만드는 제종製鐘강국의 원동력이 바로 여기 있는 것이다.

* 종의 용도와 종류

종은 지리적으로 널리 분포되어 있으며 뚜렷한 문화적 특징을 가지고 있다. 따라서 종을 둘러싼 전설도 많고 특별한 힘이 있다고도 알려져 왔다.

비를 내리게 하거나 폭풍과 구름을 없애는 힘. 액막이로 달고 다니거나 동물 · 건물 · 수송기관에 설치하여 악마를 막아내는 힘. 저주를 일으키거나 마법을 없애는 힘이 있다는 믿음을 주기도 한다.

종은 각종 의식에 사용되며 대중을 모으거나 긴급한 사항을 알리는 신호용으로 사용된다. 절에서 쓰는 종을 범종이라 하는데 범梵은 깨끗하다는 뜻으로 맑고 깨끗한 불교 일에 쓰인다. 절에서 많은 사람들을 모이도록 하거나, 모든 이들에게 때를 알려 주는 것이 종이다. 종은 또한 애국의 상징과 전쟁기념물로서 귀중하게 여겨졌는데, 침략자들은 가장 생생한 저항의 상징을 없애기 위해 피정복자들의 종을 신속히 제거했다. 고대 중국인은 처음으로 일련의 종을 음악에 사용했는데, 그것을 편종編鐘이라고 한다. 서양에서는 9세기 이래 고정적으로 매달려 있고 보통 온음계(7음계)의 음조를 가지고 있는 일련의 작은 종(차임)이 일반적으로 쓰였다.

범종은 동양종과 서양종으로 크게 나눌 수 있다. 동양종은 종 몸체가 항아리를 거꾸로 한 형상이고, 서양종은 나팔꽃을 거꾸로 한 형상이다. 동양종은 사찰에서, 서양종은 주로 교회에서 쓰였다. 종 치는 방법도 동양종은 바깥쪽에서 치도록 되어있고 서양종은 안쪽에서 치도록 되어 있다. 동양의 종소리가 종교적인 이유에서 출발해 은근하고 여운이 길어 엄숙함과 장중함을 느끼게 하는 반면, 서양의 종소리는 위험을 알리는 용도에서 출발했기 때문에 소리가 높고 급하다.

같은 동양종이면서도 나라마다 나름대로의 특징이 있다. 우리 종의 가장 큰 특징은 음관이다. 음관은 종 윗부분에 있는 파이프와 같은 관이다. 이는 소리를 정화시키는 필터라 할 수 있다. 둘째 특징은 종의 아래 부분이 약간 안으로 들어간다. 소리가 금방 빠지지 않고 다시 안으로 들어가 맥놀이를 일으켜 장중한 울림을 오랫동안 유지시켜 준다.

* 한 · 중 · 일 3국의 종鐘 비교

한국 종만이 단룡單龍으로 제작된 이유는, '통일신라시대는 오로지 한 명의 임금이 존재할 뿐이다.' 라는 의지를 표현한 것이라고 한다.

| 구분 | | 한국종 | 중국종 | 일본종 |
|---|---|---|---|---|
| 종 고리 | 용 | 단룡 | 쌍룡 | 쌍룡 |
| | 음통 | 유 | 무 | 무 |
| 천판 | 형태 | 弧형 | 半球형 | 弧형 |
| | 천공 | 무 | 유 | 무 |
| 종신의 외형 | | 역항아리형 | 팔자형 | 역물잔형 |
| 유곽 | 유곽문양대 | 유 | 무 | 무 |
| | 유두 | 36개 | 무 | 100~140개 |
| 종신 | 종횡구획선 | 무 | 유, 袈裟형 | 유, 十字형 |
| | 비천 | 유 | 유 | 무 |
| | 당좌 | 유 | 유 | 무 |
| 종구 입면 형상 | | 수평 | 팔릉, 파곡형 | 수평 |

* 시대별로 대표적인 한국의 종鐘

신라 : 상원사동종, 성덕대왕신종, 청주운전동출토동종,
선림원동종, 실상사동종이 있다.

고려 : 천흥사동종, 청녕4년명동종, 용주사동종, 정풍2년명동종,
내소사동종, 탑산사동종, 죽장사기축명동종

조선 : 봉은사홍무25년명범종, 해인사대적광전홍치4년명범종,
갑사만력갑신12년명범종, 보신각성화4년명범종

* 타종打鐘 의식

타종의 대표적 의미는 새해 첫날이 밝는 자정에 서울 보신각에서 울리는 제야의 종이다. 제야의 종은 조선시대에 이른 새벽 사대문 개방과 통행금지 해제를 알리는 타종 즉, 파루를 33번 치는데서 유래되어 33번 타종되고 있다. 세계평화의 종도 역시 33번 타종될 예정인데, 평화의 종 타종의 의미는 세계 각국의 평화와 갈등과 분쟁이 없는 세상

이 만들어지길 기원하는 의미를 담고 있다. 범세계 평화기원 타종행사(Peace. Ringing. Worlds)는 오스트리아 인스부르크에 있는 종 제조회사인 그라스마이어사가 창립 400주년을 맞아 전 세계 각국이 같은 날 같은 시각에 종을 울려서 문화와 종교, 나라, 대륙을 평화의 고리로 엮자는 뜻에서 기획되었다.

### 종鐘의 전설

* 성덕대왕신종-에밀레종

신라의 제35대 경덕왕은 봉덕사에다 부왕인 성덕대왕을 위해 큰 종을 만들라고 명령했다. 신하들은 종을 잘 만들기로 이름난 '일전'이라는 사람을 찾아가서 그 일을 부탁했다. '일전'은 공들여서 종을 만들고 용이 구름을 타고 나는 무늬도 그려 넣었다. 종이 완성되자 경덕왕은 몸소 종을 보러 나왔고 봉덕사의 스님 한 분이 힘껏 종을 쳤다. 그런데 어찌된 일인지 종에서는 소리가 나질 않았다. 경덕왕이 직접 종을 쳐도 마찬가지였다. "아무래도 정성이 부족하여 부처님께서 노하신 것 같소. 그러니 경들은 다시 시주를 거두어서 더욱 정성을 들여 만들도록 하시오." 봉덕사의 스님들은 전국을 다니며 시주를 받기에 바빴다. 그러는 동안 경덕왕은 세상을 떠났지만 종 만드는 일은 계속되었다.

하루는 봉덕사 주지스님이 꿈속에서 이상한 소리를 들었다. "며칠 전에 시주를 받으러 갔다가 그냥 돌아온 집의 아이를 데려오너라. 그 아이가 들어가야 되느니라." 잠에서 깬 주지스님은 '그 아이란 시주할 게 아무것도 없다던 그 집 아이를 말하는 것이구나. 부처님의 뜻이니 서둘러야겠다.' 날이 밝자 스님은 그 집으로 찾아가서 꿈 얘기를 했다. "스님의 뜻은 알겠습니다만 어떻게 내 속으로 낳은 자식을 끓는 물에 넣도록 내버려 둘 수 있겠습니까?" 그러다가 결국 그녀는 아기를 내

놓고 말았다. 주지 스님이 데려온 아기는 펄펄 끓는 쇳물 속에 넣어지고 종은 다시 만들어졌다. 그런데 맑은 종소리 속에서 '에밀레~~~' 하는 아기의 울음소리가 섞여나왔다. 그 소리는 마치 아기가 자신의 어머니를 애타게 찾는 듯한 소리였다. 그래서 이 종을 '에밀레종'이라고 불렀다.

에밀레종

'에밀레'란 뜻은 '에미의 탓으로'라는 의미를 갖고 있다. 불교에서는 살상을 금기시하기 때문에 이 이야기는 단지 전설일 뿐일 것이나 당시 신라인들의 불심과, 종 만드는 일에 얼마나 정성을 들였는가를 엿볼 수 있는 이야기이다.

* 치악산 상원사 보은의 종

경상도 의성에 살던 한 나그네가 과거를 보러 적악산을 지나가던 중에 어디선가 꿩의 처절한 비명이 들려 주위를 둘러보니 커다란 구렁이가 꿩을 잡아먹으려는 것을 보고 활을 쏘아 꿩을 구해주고는 길을 재촉하였다. 날은 어두워지고 인가는 나타나지 않아 헤매던 중 멀리 불빛을 보고 찾아가 문을 두드리니 여인이 반가이 맞는지라 나그네는 하룻밤을 지내게 되었는데, 얼마를 자다 보니 잠결에 온몸이 답답하여 눈을 뜨니 커다란 구렁이가 온몸을 감고 "오늘 낮에 내 남편을 죽였으니 보복하겠다." 하므로 나그네는 "살생하는 것을 보고 그냥 지나치느냐." 하고 반문하니 "그러면 이 절 뒤 높은 종루의 종을 세 번만 치면 살려주겠노라." 하였지만 나그네는 몸이 묶여있는 상태에서 어쩔 수 없이 죽기만을 기다리는데 갑자기 종루에서 희미하게 종소리가 세 번 울렸고 몸을 감고 있던 구렁이는 사라졌다. 나그네는 신기하여 날이 밝기를 기다려 종루에 올라가보니 세 마리의 꿩이 피투성이가 된 채 죽어있었다고 한다. 그리하여 이때부터 적악산赤岳山은 치악산雉岳山이라 불리게 되었다고 한다.

상원사종

* 일본 용연龍戀의 종

전설의 섬 에노시마는 유명한 관광지이며 사랑이 이루어지는 용연의 종이 있는 곳이다. 에노시마의 용이 천녀에게 프로포즈해서 받아들여진 것을 기념해서 시어진 것이라고 한다. 옛날 에노시마에 천녀天女가 살았는데 그 천녀에게 청혼한 용의 사랑이 이루어진 곳에 종루가 세워졌고, 그 종을 용연의 종이라 부르는 것이다. 전설대로 사랑이 이루어진다는 뜻으로 이 종이 울리기를 많은 연인들이 기원하고 있다. 이 종의 주위에는 영원한 사랑을 기원하는 연인들이 그들의 사랑을 소중히 간직하고 지킨다는 뜻으로 사랑의 자물쇠를 걸어 놓아 진풍경을 이루고 있다.

* 미얀마의 다마제디종

다마제디 범종은 약 500년 전인 1484년 당시의 다마제디 국왕이 만들어 양곤의 유명한 불교사원인 세다곤 파고다에 설치한 것으로 알려졌다. 높이 540㎝, 너비 360㎝, 무게 300톤에 달하는 이 종은 불심이 깊었던 다마제디 국왕이 헌납한 금 500㎏과 구리 등으로 만들어졌다. 이

종은 1600년대 미얀마에 들어온 포르투갈 상인들이 약탈해 배에 실고 가던 도중 종의 무게를 견디지 못해 침몰한 배와 함께 양곤강에 빠진 것으로 알려졌다. 지난 20여 년 동안 7차례 이 종을 찾기 위한 수색작업이 벌어졌으나 발견되지 않았다.

文思殿

백제의 찬란했던 문화를

재현하는 부여

## 백제의 찬란했던 문화를 재현하는 부여

부여 관광하면 뭐니 뭐니 해도 부소산성의 아름다움으로부터 시작된다.

나는 '부여' 하면 두 가지가 떠오른다. 하나는 한국 50년 정치사에서 영원한 2인자였던 K씨, 또 하나는 의자왕과 삼천궁녀, 낙화암 등과 황산벌의 계백장군이다. 이 두 가지의 이미지는 결코 유쾌하지 않은 생각을 갖게 한다. 특히 두 번째는 백제의 멸망과 관련한 것이어서 어딘가 모르게 서글프고 안쓰럽다.

며칠 전부터 일기예보는 비와 바람이 있겠다고 하여 날씨마저 마음을 무겁게 했다. 여행 날짜가 임박해서 열 사람 정도가 취소를 하게 된 것도 나의 이런 마음과 다르지 않았기 때문이라고 추측된다. 이렇게 시작된 부여 여행은 부여에 도착해 해설사를 만나게 되면서 해소되었다. 부여에 머무는 오늘 낮 동안은 비가 없을 것이라는 것과 잃어버린 1,400년의 역사를 한눈에 볼 수 있게 백제문화단지가 잘 조성되어 있어서, 찬란했던 백제 역사를 느끼게 될 것이라고 했다.

### 부소산성(扶蘇山城 : 사적 제5호, 둘레 2,200m, 면적 74만㎡)의 이모저모

부여 관광하면 뭐니 뭐니 해도 부소산성의 아름다움으로부터 시작된다. 백제의 멸망과 관련된 유적들이 많아 애절하고 안타까운 생각이 있으나 지난 역사의 교훈과 찬란했던 백제문화를 생각하면서 글을 정리해보고자 한다.

부소산성은 부여 서쪽을 반달 모양으로 휘어 감으며 흐르는 백마강에 접해 있는 부소산의 산정을 중심으로 테뫼식(테를 두른 모양)과 포곡식(골짜기 등 원형을 유지) 산성을 축조한 복합식 산성이다.

이곳은 웅진(공주)에서 사비(부여)로 천도하여 멸망할 때까지 123년 동안 국도를 수호한 중심 산성이었다. 영일루와 반월루가 있고 성내에는 동 · 서 · 남문지가 있으며, 북쪽 골짜기에 북문과 수구가 있다. 고란사, 낙화암, 서복사터, 궁녀사 등이 있어 규모는 크지 않으나 한 국가의 수도로서의 기능과 주변 경관과 잘 어울려 조화를 이룬 왕도였다고 생각된다. 부소산성은 주위의 보조 산성인 청산성 · 청마산성과 함께 도성을 방어하는 구실을 했으며, 평시에는 왕과 귀족들이 아름다운 경관을 즐기는 비원으로 활용했을 것으로 보인다.

백화정에서

## 백마강에 서린 백제의 한

반만년의 우리 역사 중에서 지금까지도 사람들의 가슴에 한을 남기고 있는 나라의 멸망이 있다면 그것은 단연 백제일 것이다. 찬란한 문화와 강력한 힘을 지니고 있었음에도 불구하고 내부의 국론을 통일하지 못하고 주변국의 정세 대응을 소홀히 하여 결국은 나당 연합군에 무

백마강

너졌던 백제의 멸망은 우리에게 뼈저린 슬픔을 전하고 있으며, 이 시대에 주는 교훈이 적지 않다. 백제의 수도였던 부여를 중심으로 백제 멸망의 흔적은 한 많은 유적으로 남아 전하고 있는데, 우리들에게 널리 알려진 사비성과 낙화암, 정림사오층탑, 고란사, 자온대, 백마강, 조룡대, 황산벌, 기벌포 등이 그것이다.

신라 천년의 고도인 경주가 화려했던 문화를 유적과 유물로 보여주고 있다면, 백제 멸망의 한을 간직하고 있는 부여의 유적들은 아직도 흐느껴 우는 당시 백제인들의 슬픔을 고스란히 보여주고 있다고 해도 과언이 아니다. 여기서 경주에 비해 부여의 옛 모습에 대한 복원이나 관심이 미진한 이유가 궁금해진다. 승자의 역사, 지역의 차별, 고증의 어려움 등으로 확실한 이유를 찾기가 어려웠다.

백제 멸망에서 가장 중요한 의미를 지니며 지금까지도 슬픔을 간직한 것이 있다면 마땅히 백마강이 될 것이다. 백마강의 원래 이름은 백강白江이었다. 급류 없이 조용히 흐르는데다 비단을 펼쳐놓은 것처럼 흰색을 띠기 때문에 붙여진 이름이었다. 부여에서 서남쪽으로 10km 정도 떨어진 성흥산성에 올라서 동남쪽을 바라보면 강의 이름이 왜 백강인지를 실감할 수 있다고 한다. 또 다른 백마강의 호칭설(소정방이 백마를 미끼로 백제의 수호신 무왕龍을 잡고 사비성을 함락시켰다 : 釣龍臺)이 있으나 기분 나쁜 유래라 동의하기가 싫다.

강의 이름이 지금처럼 백마강이 된 것은 조선후기 우암 송시열에 의해서라고 알려져 있다. 부여를 아끼고 사랑했던 그는 부여의 여러 유적에 새로운 이름을 많이 붙였는데, 자살바위라는 의미를 간직했던 부소산성의 바위절벽인 타사암墮死巖은 예술적 아름다움이 깃든 낙화암으로 바꿨으며, 백강은 백마강으로 바꾸었다고 한다. 금강의 일부인 백마강은 지금도 부여지역만을 가리켜 부르는 호칭으로 백제의 최후를 간직하고 부여를 대표하는 으뜸의 관광지가 되었다.

유행가 중에서 백제의 한을 정말 구구절절하게 노래한 유행가는 '허민'이란 가수가 부른 〈백마강〉이 최고라는 생각이 든다. 무거우면서도 한을 보여 주는 듯한 가락과 가수의 애절한 목소리는 수중고혼이 된 삼천궁녀의 혼백이 일어날 것 같은 착각을 줄 정도다.

백마강에 고요한 달밤아
고란사의 종소리가 들리어오면
구곡간장 찢어지는 백제 꿈이 그립구나.
아~아 달빛 어린 낙화암의 그늘 속에서
불러보자 삼천궁녀를

짧은 노래가사에 백제 멸망의 한이 총망라되어 있다고 해도 과언이 아니다. 앞의 두 줄은 무왕이 호국용이 되어 나라를 지키고 백제의 전성기를 표현한 것으로 생각된다. 그리고 낙화암의 그늘 속이란 몸을 더럽히지 않기 위해 꽃잎처럼 떨어졌던 백제 여인들의 절개를 노래하면서 그들의 혼백을 위로하고 있으니 이야말로 최고의 절조가 아니고 무엇이겠는가!

노래는 여기서 그치지 않고 아픈 역사를 더 거슬러 올라간다. 성충과 홍수 같은 충신들이 당나라 군대는 기벌포에서 막고, 신라의 군대는 탄현에서 막으라는 충고를 무시했던 의자왕은 결국 오천결사대로 황산벌을 지키지만 수적 열세로 패하여 몰살한 사연도 노래한다. 이러한 사연들을 담고 있는 가사가 바로 〈백마강〉 노래의 2절이다.

> 백마강에 고요한 달밤아
> 철갑옷에 맺은 이별 목메어 울면
> 계백장군 삼척검은 님 사랑도 끊었구나.
> 아~아 오천결사 피를 흘린 황산벌에서
> 불러보자 삼천궁녀를

지금의 황산벌은 그냥 버려져 있는 상태다. 백제의 마지막 전쟁터임을 알리는 전적비 하나 세워져 있지 않은데다가, 계백장군의 사령부였던 마을과 군량미를 저장했던 황산성, 몰살한 오천결사대의 시신을

함께 장사지냈다는 시정골 등도 그냥 버려져 있다. 오천결사대의 기념탑이 부여의 궁남지 옆에 있는 것이 보였다. 기왕이면 황산벌에 세워야 할 것인데…….

노래에는 나오지 않지만 황산벌과 함께 대단히 중요한 유적지를 든다면 소정방이 들어온 기벌포를 꼽는다. 백마강의 하류인 이곳은 장암면에 속하는데, 장암이란 바위에 올라가면 서해바다에서 백마강으로 들어오는 것은 개미 한 마리도 그냥 지나갈 수 없는 요충지이다.

여기서 삼천궁녀를 묘사한 의미를 살펴보자. 결론부터 말하면 삼천궁녀란 '많은 백제 여인네들'이라고 보는 게 맞다. 궁녀들뿐만 아니라 많은 백제의 여인들이 나라를 빼앗길 때 겪는 치욕에서 벗어나려고 스스로 목숨을 버렸던 것이다. 조선중기 시인 민제인의 「백마강부」에 '궁녀 수 삼천'이라는 표현이 등장하는데, 그의 문학적 상상력이 오늘날 그대로 전해져오고 있는 것이 아닌지 하는 생각이 들기도 한다.

### 서동요薯童謠

백제에서 신라로 간 서동이 이 노래 향가鄕歌를 퍼뜨려 진평왕의 딸 선화공주善花公主를 차지하게 되었다는 유래가 담겨 있다.

노래의 가사는 "선화공주니믄/남 그스기/얼어두고/서동 방으로 밤에 몰래 안겨가다."로서, 학생시절 공부한 것이지만 "선화공주가 서동과 사랑하여 밤이면 남몰래 서동의 방으로 찾아간다."는 뜻이다. 이로 인해 공주는 신라에서 쫓겨나 백제에서 서동과 결혼하게 되었다. 영호남 화합의 시조였다 생각되며, 이와 같은 정신은 계승발전 시켜야 할 것이다.

서동은 법왕의 시녀였던 여인과 용신 사이에서 태어나 어려운 어린 시절을 보냈다. 이후 서동은 백제왕(무왕)이 되고 진평왕으로부터 인정을 받게 되며, 공주를 위해 미륵사를 세웠다. 또한 연못가에 살던 어머니와 자신의 아버지인 용에 대해 예우를 하듯이 거대하고 아름다운 연못인 궁남지를 만들었다. 이 궁남지는 통일신라와 일본조경의 시초가 되었다고 한다.

조선시대에는 흔히 장인이나 예술가를 천한 직업으로 천대했는데 백제에서는 기술자들이나 예술가가 귀족 가문의 대우를 받았다고 한다. 정원사까지 백제에서만큼은 높은 서열이었다고 한다. 그만큼 백제는 문화대국인만큼 한마디로 생활수준이 매우 높았다고 할 수 있다. 백제인들은 체격이 크고 의복이 깨끗하며 머리털은 길고 아름답게 가꾸었고, 다닐 때는 팔짱을 끼지 않으며 날 음식을 즐겨 먹었다고 한다. 이와 같이 회 문화는 백제인들로부터 시작된 것으로 일본인들에게 전수되어 이제는 그들 음식문화의 주류를 이루고 있다.

흔히 백제를 '잃어버린 왕국'이란 표현을 한다. 그것은 백제 관련 사료들이 신라에 비해 훨씬 적기 때문이다. 가장 부유하고 찬란한 문화를 꽃피운 나라가 이리도 사료가 부족하다니 답답하다. 또 문화의 특징은 신라 것과 다르게 세련되고 우아하며 선진적이다. 창의성과 조형성이 뛰어나고 불교와 도교가 혼합된 종교사상적 복합성까지 보이고 있어 백제시대의 공예와 미술 문화, 종교와 사상, 제조기술까지도 파악하게 해주는 찬란한 백제문화를 느낄 수 있게 해주는 대표적인 유물이 바로 백제금동대향로이다.

### 백제정신과 백제문화단지

문화강국을 지향한 백제인의 진취성과 개방성, 상생과 융화, 창조정신을 백제정신이라 정의할 수 있다. 금강과 평야, 서해바다라는 아름답고 좋은 자연환경 속에서 이루어진 백제문화는 온화하면서도 섬세하며 화려한 듯하지만 격조 높은 조화를 보여주고 있고, 이 같은 조건 속에서 형성된 백제문화가 충청인의 기질형성의 토대가 되었다고 한다. 백제는 중국왕조와 직간접적인 교류를 통해 선진문화를 받아들여 자기화했고 이를 다시 신라와 가야, 일본에 전수해주었으며, 백제의 이러한 개방성과 국제성이 바로 충청지역민들의 개방성의 근원이 되었다고 평가하고 있다. 잃어버린 1,400년 전의 백제(특히 사비성)의 찬란했던 문화를 재연시킨 곳으로 당시 백제가 동북아의 문화중심국가였

능산리사지

던 것을 알게 되었고, 부여에 대한 이미지를 달리하는 계기가 되었다.

이제 백제의 700여년의 역사를 한눈에 보여 주겠다고 '백제문화단지'를 만들어 1년 전부터 개방하고 있다. 비록 옛터에 복원된 것은 아니지만 한 장소에서 2~3시간 만에 백제를 돌아 볼 수 있게 된 것은 다행이라 하겠다.

### 복합단지의 개요

백제가 시작이 되고 웅진으로 천도하기까지 500여 년간의 위례성을 여기에서 볼 수 있다. 문화단지의 위례성은 건국초기의 생활상을 표현한 곳으로 토성, 목책 등의 방어시설과 백제 초기왕궁인 위례궁, 움집, 고성가옥 등의 주거시설과 생활시설을 두루 둘러볼 수 있다. 생활문화마을은 귀족, 중인, 서민에 이르기까지 각 계층별 주거로 이루어져 있다. 국내 유일의 백제사 전문박물관인 백제역사문화관은 백제역사와 문화의 종합전시장 역할을 담당하고 있는데, 백제시대의 중요한 유적이나 역사적 사실을 축소모형으로 보여주거나 그래픽 또는 영상을 이용한 최첨단 기법을 통해 관람객들이 쉽게 이해할 수 있도록 했다.

정부가 지정한 백제문화권 국책사업으로 추진되기 시작한(1993~2010년) 부여군에 조성된 백제 관련 테마파크는 L그룹의 민자 투자를 받아 관광상품으로 발전시켜 왔다. 또한 한국전통문화학교를 단지 내에 만들어 후학 양성에도 힘을 기울이고 있다.

문화재 단지에는 사비에 세워졌던 궁궐, 성왕의 능에 세워졌던 능사, 고분공원, 생활문화마을, 하남 위례성 등이 재현되어 있으며, 그 이외도 백제역사문화관이나 위에서 설명한 한국전통문화학교, L그룹 부여리조트가 들어서 있다. 드라마 〈근초고왕〉과 〈계백〉, 〈대풍수〉의 촬영지였기도 하다.

또한 사비성은 백제 때 도읍 자체의 명칭이기도 하다. 백제 때에는 부여 일대의 평야를 사비원이라 하고, 금강을 사비하라고도 하였다. 백제가 협소한 웅진을 버리고 넓은 들이 있는 곳에 보다 큰 도읍을 건설하기 위해 천도한 것은 538년(성왕16) 봄이다.

이 성은 부소산을 감싸고 있고 양쪽 머리가 낮게 둘러져 백마강을 향해 초승달의 형태를 보이고 있어 반월성半月城이라고도 했다. 신라가 이곳을 차지한 뒤 사비주를 설치하였고, 부여의 명칭은 성왕이 이곳으로 천도할 때 남부여라고 한 데서 유래된다. 이렇게 복원된 사비성은 사비궁, 중궁전, 동궁전, 서궁전, 회랑 등으로 재현된 모습이 장엄하고 정교하여 백제인의 장인정신을 엿보게 된다.

이곳에서 정궁인 사비궁보다 더 눈에 띄는 건물이 능사다. 능사는 1992년 발견된 능산리사지의 줄임말로 부여 능산리 고분군과 나성(사적 제58호) 사이에서 발굴된 절터로서 일반 사찰과 달리 능陵을 수호하고 왕이 제祭를 지내던 특별한 사찰이었던 것으로 학계에서 고증하고 있으며, 백제금동대향로(국보287호), 창왕명석조사리감(국보288호) 등이 출토된 사찰이다. 능사는 사찰의 배치형태 및 규모 등이 잘 보존된 채로 발굴된 백제시대의 대표적 사찰로 발굴된 유구의 규모 그대로 백제역사재현단지에 조성된 것으로 그 중 가장 핵심적인 건물이 5층 목탑이다. 5층 목탑은 가로세로가 같고(7.4m) 높이 37.5m의 초대형 규모로 난이도가 높기로 유명한 백제시대 특유의 하앙양식(일본의 목조건물에 적용하는 양식으로 백제에서 전수된 것임) 공법을 적용했다. 백제시대에는 사찰의 입구에 양쪽으로 연못을 두었다는데 조경 목적도 있었지만 화재를 예방하고 조기 진화하기 위한 목적도 있다. 정림사지에도 똑같은 형태의 연못이 있다.

향로각은 부여읍 능산리 사찰 유적지로 이 건물 내부에서 국보287호인 백제금동대향로가 발굴된 곳이어서 향로각이라고 불렀다.

복원된 백제문화단지를 돌아보면서 어딘지 모르게 일본에(나라, 교토) 와있는 것 같은 느낌이 들었다. 찬란했던 백제문화가 일본에 전수되어 그런 느낌을 받게 된 것은 당연하게 생각된다. 부여박물관을 찾아 온 일본인 관광객들은 금동불상, 삼산관의 금동미륵반가사유상을 보면서 일본문화의 원류로서 백제문화를 확인하게 되는 것이다. 또한 베 짜기, 도자기 만드는 법을 비롯한 문화생활, 서로 필요시 군사력까지 협조한 것을 보게 된다. 요즈음 일본과의 관계가 영 좋지 않은데. 충청정권이라도 생겨야 하는 것 아닌가 농담하여 본다.

### 백제금동대향로의 유래를 알 수 있는 공연

여기서 〈백제금동대향로 ; 천일간의 탄생이야기〉라는 뮤지컬이 공연되고 있었다. '700년 대백제의 꿈'이란 테마 아래 2010년 세계대백제전의 주요 행사장으로서의 역할과 동방의 로마로서 강성했던 찬란한 백제문화를 재조명하고 세계에 알리는 백제문화단지인 이곳에서 만난 특별한 공연 마당극은 백제의 금동대향로에 관한 뮤지컬 내용으로 온 가족이 함께 봐도 좋은 공연이다.

백제금동대향로는 1993년에 부여 능산리고분 근처 절터에서 발견되었다. 공기가 통하지 않는 진흙 속에 파묻혀 있었기 때문에 거의 녹슬지 않았고 원래 모양 그대로 발굴되었다. 크게 몸체와 뚜껑으로 구분되는데, 뚜껑 위에 달린 봉황과 받침대를 포함하면 4부분으로 구성된다. 백제금동대향로는 중국향로의 형식을 바탕으로 하였으나 조형성이나 회화적인 구도는 오히려 중국을 뛰어 넘는 탁월한 예술적 감각과 독창성을 발휘하고 있다. 이 향로는 백제가 부여로 도읍을 옮긴 후 정치적 안정을 되찾은 7세기 초에 백제인들의 정신세계와 예술적 역량이 함축되어 이루어진 백제 공예품의 진수라 할 것이다. 불교와 신선사상이라는 동양인의 사고체계를 형성한 장엄한 두 바퀴가 불꽃처럼 어우러져 성취된 백제인들의 세련된 공예문화요 화생예술인 것이다. 이 금동대향로는 병이 든 선화공주가 목라수 박사에게 부탁하여 만든 것으로 무왕과 백제를 사랑하는 공주의 마음이 잘 표현되어 있다.

능산리 고분군

### 부여 능산리 고분군(사적 제14호)

부여 능산리 고분군은 백제후기 고분들로 사비의 외곽성인 나성 밖에 자리하고 있으며 현재 사적으로 지정된 고분군은 중앙의 전傳 왕릉군 7기이다. 고분의 겉모습은 모두 원형본 토분이고, 내부는 널길이 붙은 굴식돌방무덤으로 뚜껑돌 아래는 모두 지하에 만들어 백제후기 사비시대의 묘제를 살필 수 있는 좋은 자료로서, 위치와 규모로 보아 왕과 왕족이나 상류층의 분묘로 추정된다. 이 무덤들 중 동하총東下塚은 부여지방에서는 유일한 벽화고분이다. 최근에 고분군 서쪽에서 절터가 발굴되었으며 백제금동대향로(국보 제287호)와 백제창왕명석조사리감(국보 제288호)이 출토되었다.

### 의자왕義慈王과 태자 융의 능을 중국 낙양으로부터 이전

'해동증자'로 칭송받던 의자왕은 즉위 후 15년간 동남아에서 위세를 떨치던 왕이었다. 위로는 당과 고구려에 막강한 힘으로 저항했고 신라를 초토화시키면서 국력을 확장하기도 했다. 백제는 바다를 통해 일본과 중국에까지 영향력을 행사한 태평양 서안의 강력한 해상강국이었다. 이런 역사적 사실은 중국 사서에도 명확하게 서술되어 있다. 다만 국제정세의 급격한 변화에 적절히 대응하지 못하고 재위 16년째부터 국정을 게을리하다가 660년 나당연합군에 패하여 당으로 끌려간 비운의 국왕이다. 역사는 패자에게는 냉혹한 승자 위주의 기록이어서인지 의자왕에 대해서는 부정적인 기술이 많은 것이 안타깝다.

『삼국사기』등에 따르면, 그는 태자 효, 왕자 융, 그리고 백성 1만 2000여 명과 함께 당으로 압송된 뒤 그곳에서 병사했다. 중국 낙양시와 자매결연을 맺은 부여시는 여러 차례 발굴 끝에 왕자 부여융의 묘지석을 발견하고(의자왕 무덤은 찾지 못함) 이를 능산리 고분군에 의자왕과 부여융의 묘지를 조성할 때 넣고 제사를 올렸다. 수천 년 간 이국땅을 떠돌던 백제의 마지막 국왕 부자의 원혼을 달랜 것이다.

## 백제왕들의 원래 성씨와 이름은 무엇이었을까?

부여扶餘라는 명칭의 역사적 의의는 무엇일까. 우리 역사에서 왕들의 성씨가 분명하고 혈연으로 계승되어 왔는데, 백제왕들의 성은 무엇이며, 시조 온조의 혈통으로 연결이 된 것인가 궁금하다. 백제시대에는 성씨에 대한 중요도가 없어 보이고 관련된 자료를 파악하기가 쉽지 않았다. 중국 사서들은 대개는 백제왕들을 '여餘' 씨로 기록하고 있으며, 주서周書와 신 · 구당서는 '부여夫餘' 씨로 기록하고 있다. 이후 근近씨, 서署 씨의 성이 거론되곤 한다. 역사학을 하시는 분을 찾아 공부하여 추후라도 보완하고 싶다.

부여는 만주 서북부에 있던 예맥족의 고대국가로 북부여라고도 한다. 부여라는 이름의 유래는 사슴을 뜻하는 만주어 'puhu'와 연결시키는 견해도 있으나, 평야를 의미하는 벌[伐 · 弗 · 火 · 夫里]에서 왔다는 설도 있다. 부여족은 한韓민족의 한 줄기로 우리의 조상이었으며 이렇게 시작된 부여夫餘란 단어는 백제왕들의 성씨로 사용(?)되다가 웅진에서 사비로 천도할 때 백제의 국명이 일명 남부여로 불리다가 통일신라시대에 부여군의 지방 명칭이 오늘에 이르게 된다.

## 불가리아는 부여족이 세운 나라

우리는 헝가리를 훈족과 말갈족이, 터키를 돌궐족이 세운 나라이며, 이들의 언어가 우랄알타이어족과 유사하고, 몽고반점이 있다는 것은 알면서 불가리아 언어가 우리말 순서와 동일하고 몽고반점이 있다는 것은 모르고 있다. 이와 같은 이유로 인해 '불가리아는 부여족이 세운 나라다.'라고 주장하는 학자가 있다. 이런 논리가 맞는지에 대한 의문이 있으나 연관성을 살펴보자.

헝가리, 불가리아의 가리는 우랄알타이어족의 고리와 같은 말이다. 고리는 부여족의 말에서 땅(나라)이라는 뜻이란다. 이후 고리는 고구려와 고려의 원조어가 되었으며 지금의 KOREA를 있게 하는 말이 된다.

부여夫餘는 한국 배달민족倍達民族의 직계 조상 중 하나이다. 신채호는 한때 한국 민족을 '부여족'이라고 부르기조차 하였다. 부여는 고조선의 후국으로서 늦게 잡아도 기원전 5세기부터 기원후 5세기까지 약 1,000여 년간 쑹화강 유역을 중심으로 만주 일대에서 크게 활동했다. 부여는 기원후 4세기 전반기까지 동북아시아 최선진국이었으며 해동성국이었다. 삼국지 위서 동이전 부여조는 '그 나라 사람들은 체격이 크고 성질이 굳세고 용감하며 외국에 나갈 때는 비단옷, 수놓은 옷, 모직 옷을 즐겨 입고, 또 금과 은으로 모자를 장식하였다.'라고 기록했다.

서쪽으로 진출한 일부의 부여족은 5~7세기 초까지 돈강 양안과 북캅카스에 흩어져 정착했다. 서양사에서는 이때부터 부여족이 불가(Bulghar)족으로 기록되어 나온다. '부여(불)의 가加' 족이라는 뜻으로 해석된다. 불가리아 수도 소피아는 소비(백제에서는 사비)가 변한 말이고 정월에 달집놀이, 굿거리 등의 풍습이 불가리아에 전해져 오고 있다.

### 구다라 나이, 사무라이의 유래

구다라 나이라는 말이 있다. 일본말에서 백제는 구다라(くだら)이다. 구다라 나이(くだら ない)라고 하면 시시하다(백제 것이 아니면), 쓸모없다, 재미없다는 뜻으로 쓰고 있다. 그러니까 그때 최신유행은 모두 백제 것이거나 모방하는 것이었다. 구마모토(くまもと) = 일본의 웅진(공주) 규슈지방에 있는 구마모토熊本라는 도시는 백제의 서울을 본 따

서 만들었고 일본의 웅진熊津-공주라는 뜻이 된다.

사무라이라는 말에도 유래가 있다. 일본에서는 사무라이가 지날 때 등이 보이도록 절을 하지 않거나 무슨 잘못이 있을 때는 가차 없이 칼로 베어버리는 엄격한 '사무라이 룰'이 있었다. 일본인은 사무라이에게 베어지지 않기 위해 친절이 몸에 배었다고 한다.

그렇다면 평민들은 어째서 그런 굴종의 역사를 묵묵히 감내하며 오늘에 이르렀을까? 거기에는 또 하나의 묘한 '사무라이 법칙'이라는 게 있었다. 그것은 '사무라이는 명예, 군주는 권력, 상인은 부'를 나눠 가지는 눈에는 안 보이는 분리의 법칙이었다. 결코 권력을 가진 자가 명예와 돈을 집요하게 추구하지 않았으며, 사무라이 역시 칼로써 평민들의 재산을 수탈하지 않았다.

궁남지에서

그렇다면 이 '사무라이侍'라는 말은 어디서 온 것일까? 그것은 두 말할 것도 없이 우리 말 '싸울아비'가 변해서 된 말이다. 우리 말 '싸우다'를 일본어로 표현하면 '다다카우(争う)'라고 하는데, 이는 '다다쿠(叩く)' 즉, '두드리다'에서 파생된 말이다. 따라서 '두드리다'는 때리는 것이고 이는 싸움을 잘 하는 것이며, 그런 아이를 '싸울 아이'라고 하는데 이것이 '싸울 아비 → 사무라이'로 된 것이다. 그런데 이러한 사무라이 정신은 백제의 무사정신과 흡사하다. 백제인들은 문화만을 건네준 것이 아니라 무사정신까지 전수하여 지금의 일본을 있게 한 '사무라이 정신'을 만들게 하였다.

하루 동안의 짧은 부여 여행은 끝이 났다. 이야기에는 '설'로 끝날 말도 있다. 그만큼 백제의 역사는 숨겨져 내려왔다. 부여군에서는 백제의 역사를 재현하려는 노력을 문화재관리청과 같이 힘을 기울이고 있으며 어느 정도 성과를 내고 있는 듯하다.

# 최고의 관광지
# 경주

## 최고의 관광지
# 경주
### 천년 신라의 문화유적

'경주' 하면 천년 신라의 문화유적이다. 우리나라 국민이라면 몇 차례 씩 다녀온 사람도 많을 것이다. 나의 경우에도 여러 차례 다녀온 곳이어서 이번에도 또 경주인가 하는 생각이 들기도 했지만, 이번 여행에서 과거 어느 때보다 다른 특별한 경주의 진면목을 보게 되었다.

조선시대의 명품名品인 최부잣집과 양동마을을 돌아보았으며, 그동안 군의 주둔지로 통제구역이었던 해안선이 1년 반 전 관광지로 개방되면서 많은 사람들에게 좋은 평가를 받고 있는 양남 주상절리 풍경을 관람하게 되었다. 천년 신라문화의 중심이면서 평소에 가보기 어려웠던 남산과 골굴사도 다녀왔다. 즉 경주의 대표적인 관광지인 불국사, 석굴암, 첨성대, 포석정, 왕릉, 박물관 등을 제외하고도 볼거리가 많아 경주는 역시 최고의 관광지구나 하는 것을 느끼게 된 것이다.

경주는 아시다시피 신라의 천년고도이다. 찬란한 문화와 역사가 살아 숨 쉬는 우리 민족문화의 발상지이며, 천혜의 자연환경과 농·축·수산업이 고루 발달된 도·농 복합도시이다. 게다가 요즈음은 미래를 열어가는 첨단과학 도시로 발전해가고 있다.

특히 동북아의 독창적인 문화로 우리 문화사에 가장 황금기였던 통일신라문화의 도도한 향기와 정취가 흔적마다 스며들어 유연한 신비감을 자아내게 하는 세계적으로도 자랑스러운 곳이다. 동양의 그리스라 불러도 손색이 없을 것이다. 통일신라시대 경주 인근의 인구는 백만 정도로 추정되고 있으며, 중국의 장안, 바그다드, 콘스탄티노플, 로

마 등과 함께 문화적으로나 지역의 중심역할 등이 세계 5대도시로 크게 발전했던 곳이라는 해설자의 설명에 이론의 여지가 없겠다.

우리 일행은 경부선을 4시간 반 달려 첫 번째 기착지로 교촌마을을 방문했다. 마을 이름에서부터 교육기관이 있었다는 것을 알 수 있는데, 신라시대에는 요석궁이 있었다가, 조선시대에는 향교와 최부잣집이 있었던 곳이라 하는데, 지금 경주시에서는 교촌마을을 재개발하여 좋은 관광지로 다듬고 있는 중이다.

### 최부잣집은 어떻게 400년간 재산을 유지 발전시켜 왔는가?

경주 최부잣집은 1대 최진립부터 무려 400년간 만석의 재산을 유지했다. 이렇게 대를 이어 부를 유지한 사례는 세계적으로 유례를 찾아보기 힘들다고 한다. 최부잣집은 어떻게 조선시대 내내 부자의 대명사로 인정받을 수 있었을까? 최부잣집 재산을 기록한 『분재기』에 최 씨 가문이 어떻게 재산을 관리했는지가 실려 있다.

수 천 평에 달하는 농지를 그 생산성에 따라 소작인과 하인들에게도 분배해 주었다. 최 씨 집안에서는 옥동과 기별이라고 하는 하인의 제사도 계속 지내고 있다고 한다. 즉, 하인의 공을 인정하고 그들을 존경할 줄 아는 것이 경주 최부잣집의 인격이었다는 것이다.

동서고금을 막론하고 모든 부富의 시작은 '아껴 쓰기'다. 최부잣집 며느리는 시집오면 3년 동안 무명옷만 입어야 했다. 만석꾼 며느리도 일반인과 다름없이 힘든 생활을 겪어봐야 한다는 것이다. 최부잣집은 경주 전체의 모든 계층들을 엮는 네트워크의 중심에 서 있었고, 이것이 바로 그들의 가문이 부를 지속해올 수 있었던 중요한 이유가 된다.

최부잣집 고문서를 보면 노비보다는 토지에 집중적으로 투자했다는 것을 알 수 있다. 부자들은 흉년이나 전란 등 어려운 시기에 값싸게

땅을 구입하는 것이 일반적이다. 1650년대 도적이 많이 나돌던 시기에 모든 것을 잃은 최하위계층의 반란이 있었다. 이 때 최국선은 수많은 고민을 하게 되었고, 정당한 방법으로 부를 축적했다 하더라도 그것이 결국 옳은 것만은 아니라는 것을 깨달았다. 이때부터 최부잣집은 철저히 하층민과 공생하는 방향으로 걷게 된다.

이와 같이 오랜 동안 유지되어 오던 많은 재산이 지금은 어떤 형태로 남아 있을까 궁금해진다. 일제시대 최준 선생께서 독립군 지원 자금으로 사용했으며, 해방 이후에는 대구대학(현재의 영남대학)에 전 재산을 헌납하여 젊은이들을 교육하는데 썼다고 하니 자연스레 머리가 숙여진다. 요즈음 조세 피난처(버진 아일랜드)에 페이퍼-컴퍼니를 만들어 이상한 짓거리를 하는 사회 지도층은 이와 같은 노블레스 오블리주를 본받아야겠다.

경주 최부잣집의 가훈을 살펴보면 오늘날 우리도 본받아야 할 점이 많은 것 같다. 사리사욕을 추구하는 다른 부자들과는 확연히 다른 진정한 부자의 모습을 보여준다. 최 부잣집 생활지침인 「가훈 6訓」과 「처세 6然」을 소개한다.

최부잣집의 내력을 설명하는 후손

* 가훈 6訓(집안을 다스리는 교훈)

무욕 : 과거를 보되 진사 이상의 벼슬은 하지 말라.

공생 : 사방 100리 안에 굶어 죽는 사람이 없게 하라.

도덕 : 흉년에는 땅을 사지 말고 파장 때는 물건을 사지 말라

금욕 : 재산은 만석 이상을 모으지 말라

베품 : 과객은 귀천을 구분하지 말고 후하게 대접하라

절약 : 최씨 가문에 시집 온 며느리들은 3년 동안 무명옷을 입도록 하라

* 처세 6然(자신을 지키는 교훈)

자처초연自處超然 : 스스로는 초연하고,

대인애연對人靄然 : 남에게는 온유하며,

무사징연無事澄然 : 일이 없으면 고요히 머물고,

유사감연有事敢然 : 일이 있을 때면 과감하게 대처하고,

득의담연得意譚然 : 뜻을 얻었을 때는 담담하고,

실의태연失意泰然 : 뜻을 잃었을 때는 태연하라.

## 월정교에 깃든 요석공주와 원효대사의 사랑

월정교의 역사를 알기 위해서는 먼저 요석공주와 원효대사의 전설을 품고 있는 요석궁의 이야기를 알아야 한다. 삼국유사에 이에 대한 기록이 있다. 원효가 "자루 없는 도끼를 빌려주면 하늘을 받칠 기둥을 만들겠다."고 노래하고 다니자, 태종 무열왕은 이 뜻을 눈치 채고 홀로 된 요석공주가 있던 요석궁으로 원효를 유인한다. 요석공주를 짝사랑하던 원효는 일부러 월정교에서 뛰어내려 옷을 다 적셨고, 옷을 말린다는 핑계로 요석궁에 들어서게 되고, 여기에서 신라의 대학자 설총이 태어난다.

왕족이 머물던 월성과 신라의 불국토 남산 사이를 가로지르던 물길

이 문천이고, 그 둘을 잇는 지붕이 있던 최고급 다리가 바로 월정교다. 길이는 약 60m로 추정되며, 교각 사이에 불에 탄 목재편과 기와편이 수습된 것으로 보아, 교각 위가 누각건물 형태로 된 누교樓橋였을 것으로 추측하고 있다. 요석궁은 지금의 경주 향교 자리에 있었으며, 설총이 신문왕 때 국학을 만드는 주도적인 역할을 하면서 집을 국학 자리로 내놓았다. 이후 교육기관은 국학(신라), 향학(고려), 향교(조선)가 되면서 변천되어 왔다.

여기쯤에서 원효대사의 성씨가 무엇인가 궁금해진다. 설총의 아버지이니 당연히 "설" 씨이다. 신라시대에는 왕족 3개성(박, 석, 김) 외에 6개(배, 설, 손, 이, 정, 최)의 귀족성이 있었는데 그중 하나인 설 씨는 학자를 많이 배출했다고 한다. 이 이야기를 해설자에게 듣고 설희순 선배께서 어깨를 으쓱해 하는 모습을 보였다.

## 무덤의 종류

경주에 가면 무덤이 참으로 많다. 또한 무덤의 이름도 가지가지로 불려서 많은 사람들을 헷갈리게 한다. 금번 여행에서 들은 무덤을 정리하여 본다. 무덤 이름으로 능陵, 원園, 묘墓, 총塚, 고분古墳 등이 있다. 이는 왕족과 다른 신분을 구분하기 위해 만든 무덤의 명칭이다. 능과 원은 왕족의 무덤으로 왕의 직계에 사용하며, 묘는 기타 빈과 왕자, 공주, 옹주 등의 왕족과 일반인들의 무덤이다. 왕족이 아닌 일반인들은 지위고하를 막론하고 그 무덤을 묘라 했다. '김유신 묘' 등이 이에 해당된다.

이 외에도 장군총과 무용총, 능산리고분, 안악1호분처럼 총과 분 형태의 무덤도 있다. 총塚은 주인공이 누구인지 모르지만 벽화 등 특징적인 것이 있어 왕릉으로 추정되어 실명이 확인되는 능과는 구분해서 사용하며, 분墳은 주인공도 모르고 특징도 없을 때에 붙이는 무덤의 명칭이다.

## 양동마을

조선시대 경주의 모습을 그대로 간직하고 있는 유서 깊은 양반마을이다. 양동마을은 한국 최대 규모의 대표적인 조선시대 동성취락同姓聚落으로 수많은 조선시대의 상류주택을 포함하여 500년이 넘는 고색창연한 54호의 고와가古瓦家와 이를 에워싸고 있는 110여 호의 초가로 이루어져 있었다. 경주(월성) 손 씨와 여강 이 씨의 양 가문에 의해 형성된 토성마을로 손소와 손중돈, 이언적을 비롯하여 명공名公과 석학을 많이 배출했다. 마을은 안계安溪라는 시내를 경계로 동서로 하촌과 상촌, 남북으로 남촌과 북촌의 4개 영역으로 나뉘어 있다. 양반가옥은 높은 지대에 위치하고 낮은 지대에는 하인들의 집이 양반가옥을 에워싸고 있다.

2010년 7월 안동 하회마을과 함께 '한국의 역사마을 하회와 양동'으

양동마을에서

로 유네스코 세계문화유산으로 등재되었다. 물勿자 형의 지세를 이루고 있는 명당마을로서, 월성 손 씨와 여강 이 씨 두 집안이 서로 협조와 선의의 경쟁을 하며 오랜 역사를 이어온 유서 깊은 전통마을이다. 온갖 귀중한 문화재도 넘쳐난다. 1992년 영국의 찰스 황태자가 방문했으며, 영화 '취화선', '내 마음의 풍금', '혈의 누', '스캔들' 등이 이곳에서 촬영되기도 했다.

손 씨, 이 씨의 선의의 경쟁에 대한 이야기도 있다. 마을 사람들은 수 백 년 간 이웃으로 친하게 지내온 사이지만, 학문에서는 선의의 경쟁을 하여 각 집안에서는 수많은 인재를 배출했다. 조선시대는 물론 최근에도 많은 유명인이 이 지역에서 배출됨으로서 가문의 영광을 지키고 있으며, 풍수지리적으로 좋은 고장임을 증명하고 있다. 이완 사

서백당

장(삼성전기 출신)께서는 여강 이 씨의 후손으로 역시 인품이나 갖춘 학식이 남달라 문중을 대표하는 인물이라고 주손과 종손은 말하고 있다.

### 삼현三賢이 태어날 양동 서백당書百堂

경주(월성) 손 씨가 경주시 강동면 양동리에 위치하는 마을에 입향한 것은 양동민속마을의 입향조라 불리는 조선초기 무인 양민공 손소공 때이다. 서백당은 조성 당시 자리를 잡아준 풍수사가 설창산의 혈맥이 응집된 곳이라 세 명의 위대한 인물이 태어난다고 예언했다고 한다. 그리하여 서백당을 '삼현출생지지三賢出生之地'라고 불렀는데 그 중 두 명의 뛰어난 인물이 서백당에서 태어나게 된다. 서백당을 지은 손소의 아들 우재 손중돈과 회재 이언적이다.

우재는 성종20년에 문과에 급제하여 이조판서, 우참찬 등 40년 동안 요직을 두루 거치며 중종 때 청백리에 녹선된 인물로 경주 동강서원 등에 배향되었다. 회재는 우재의 생질로 성리학의 이기철학理氣哲學을 퇴계 이황에 앞서 최초로 이론체계를 세우고 성리학의 기초를 다진 인물로 해동부자海東夫子라 불리고 동방5현東方五賢 중 한 명으로 추앙받고 있다. 나머지 한 명은 아직 태어나지 않았다고 전해진다. 조선시대에 이곳 출신의 과거 급제자가 총 116명이나 되었다고 하며 전국에서 가장 이름난 양반마을로 확고하게 자리 잡게 되었다.

서백당書百堂은 '하루에 참을 인忍자를 100번 쓴다.'는 의미로 대쪽 같은 선비정신이 오롯이 배어있다. 종손과 종부 역시 몸을 바로세우고 마음을 청렴하게 하는 정신을 이어가고 있다. 풍수가의 예언대로 서백당에서 삼현三賢 가운데 두 명의 큰 인물이 배출되었고, 회재 선생 이후 경주 손 씨 종가인 서백당에서는 한명의 현인을 더 배출할 기회가 남게 되었는데, 이후 남은 한 명의 인물이 손 씨여야 한다며 손 씨 집안에선 며느리가 출산할 때는 방을 내줘도 딸에게는 허락하지 않는다고 한다.

향단, 무첨당 이 씨 집안에서도 타 성씨의 출산을 통제하고 있으며, 앞으로 이곳 출생의 이 씨 선인이 나타날 것으로 기대하고 있으나, 요즈음의 젊은 부부는 이곳에서 아이를 낳지 않는다고 허탈해하고 있단다. 이와 같은 분위기 속에서도 두 성씨는 한 마을에서 서로 존중하고 협력하면서 동거하는 보기 드문 양성兩姓마을이 되었다.

## 향단과 무첨당 방문

이 지역은 일상생활을 하고 있는 거주민들의 불편과 프라이버시 보호 차원에서 보통은 한 번 돌아보는 것으로 만족해야 하나, 이완 사장과의 특별한 인연으로 안내가 되어 각각의 종손과 주손으로부터 환대를 받게 되었다. 우리를 안내해 주기 위해 서울에서 동참하여준 이완 사장 덕에 우리의 여행이 더욱 알차게 되었으니 진행자로서 감사를 드린다. 양동마을을 관광한 후 대부분 사람들의 생각은 조선시대의 집 구경을 잘했으며 다리가 아파 피곤했다는 평이다. 우리 일행은 두 곳의 안 구석까지 안내 받아 조선시대의 사대부집을 잘 돌아보았으며, 정갈하게 차려주신 감주와 전통과자, 엿을 먹으면서 장시간 이곳에 대한 담소를 할 수 있게 되어 여행의 보람을 느끼고 양동마을의 진수를 보게 되었다. 무첨당의 종손 이지락 선생께서는 부산에서 학교에 봉직하고 계신 분으로 이날 우리 일행을 맞아 주기 위해 급히 무첨당에 돌아오셨으며, 양동마을은 사람이 되려고 노력하는 사람들이 많은 곳이라는 한마디로 우리 일행들에게 양동마을의 본질을 이해시켜 주었다.

향단은 회재 이언적이 경상감사로 재직할 때 세운 집으로 원래 99칸이었으나 한국전쟁으로 일부는 불타 없어지고 현재 56칸이 보존되어 있다. 전체적인 건물의 배치는 풍수지리설에 의해 건물의 몸체는 월月자형이고, 일一자형의 행랑채와 칸막이를 둠으로써 용用자형으로 되어 있는데, 이는 다른 일반주택에서는 보이지 않는 특이한 평면구조이므로 한국 주택건축사 연구에 있어 주목 받고 있는 건물이다. 주손 이문환 선생께서는 마을의 원로로 양동마을이 유네스코에 등재되는 일에 큰 공을 세우시어 자부심이 대단하셨다.

무첨당은 조선 중기의 성리학자이며 문신이었던 회재 이언적 선생의 종가로 여강 이 씨 대종가의 안채 옆에 따로 세워진 사랑채 건물이다. 내루內樓가 앞으로 나와 있어서 평면구조가 'ㄱ'자 모양이다. 이 건물은 상류주택에 속해 있는 사랑채의 연장 건물로 손님접대, 쉼터, 책 읽기를 즐기는 등 여러 용도로 쓰이던 곳으로 회재 이언적 선생의 유물을 보관하고 있다.

### 안압지雁鴨池

신라 별궁 안의 후원後園으로 그 안에는 임해전을 비롯한 여러 부속 건물과 정원이 있었으며, 삼국통일 직후에 조성되기 시작하여 문무왕 14년(674년)에 완성되었다. 궁 안에 산을 만들어 화초를 심고 귀한 새와 기이한 짐승을 길렀다고 한다. 임해전은 931년 경순왕이 고려 태조 왕건을 위하여 연회를 베풀었다는 기록이 있어서 군신들의 연회나 귀빈들의 접대장소로 이용되었음을 알 수 있다. 원래 이름은 월지月池였으나 연못에 기러기雁와 오리鴨가 많이 찾아들어 조선시대 때부터 안압지라 불리게 되었다. 안압지는 통일신라의 포용정책의 상징으로 건물은 고구려 식, 연못은 백제 식으로 만들어 상대국의 좋은 점을 따른다는 뜻을 표현했다고 한다. 안압지는 한국조경사에서 통일신라시대 연못의 원형을 보여주는 중요한 유적이다.

경주시에서는 야간 관광으로 안압지의 야경과 신라문화 천년 공연을 추천하고 있다. 좋은 테마로 관광객의 저녁 시간을 유용하게 사용하게 하는 좋은 프로그램이라고 생각된다. 우리 일행은 피곤한 가운데 잘 꾸며진 안압지의 풍경을 즐거운 환성으로 돌아보게 되었다.

## 서울의 어원

서울의 어원 두 가지 중 하나는 서라벌이 서울로 변천되었다는 것이다. 학계에서 가장 일반적으로 받아들이고 있는 것은 신라의 수도를 서라벌徐羅伐 또는 서벌徐伐이라고 부른 데서 유래한 말로, 수도를 지칭하는 일반명사인 동시에 고유명사로도 사용한다.

또 한 가지는 조선 초 태조가 서울 도성을 쌓을 자리를 정할 때 눈이 남아있는 선, 즉 설울雪城을 따라 도성을 쌓게 했는데 눈 울타리인 설울이 변음 되어 서울로 불리게 되었다는 설도 있다.

## 경주 남산

경주평야의 주위에는 서쪽에 선도산, 동쪽에 낭산과 명활산, 북쪽에 금강산 등 많은 산들이 성벽처럼 둘러서 있는데 그 중 크고 높은 산이 남산이다. 남산은 높이 약 500m 가까운 고위봉과 금오봉 두 봉우리가 솟아 있다. 이 두 봉우리에서 흘러내리는 40여 계곡과 산들을 합쳐서 경주 남산이라 부른다. 까치봉이나 황금대 부근에서는 청동기시대의 유물인 돌도끼 · 반달형돌칼 · 돌살촉 등이 발견되고, 오산골 어구에는 고인돌이 남아 있다. 남산은 화강암, 소나무, 솔솔바람이 기본으로 구성되어 한여름에도 그늘과 바람으로 여행객을 시원하게 해주며, 겨울에도 눈 내리는 양이 적고 동해 남부의 따뜻한 날씨로 등산하기가 좋다고 한다.

또한 암석신앙의 유적인 남산부석, 천룡암, 큰지바위, 상사바위 등이 있으며, 진평왕 대(579~632)에 쌓은 남산신성이나 고허성 같은 국방시설의 터도 남아 있다. 남산신성 터 안에는 두 곳의 무기창고 터와 한 곳의 식량창고 터가 남아 있는데 식량창고 터의 길이는 100m이며, 지금도 비가 오면 탄화된 쌀알들이 발견된다. 무기창고도 길이 50여m가 넘는 큰 건물이었는데, 모두 밑으로 바람이 통하는 다락 식 건물이었다.

신라의 시조 박혁거세가 탄생한 나정과 신라의 종막을 내린 포석정도 이곳에 있다. 그 외에 왕릉들도 이곳의 여러 군데에 있어 이 산을 신라역사와 유적의 산이라 부른다. 더욱이 6세기 초 신라에 불교가 공인된 후로는 부처의 산으로 신앙되어 많은 절과 탑이 세워지고 불상들이 조성되었으며, 현재까지 발견된 절터는 112곳이며, 탑은 61기이고, 불상은 80체를 헤아린다. 한마디로 남산은 야외박물관이라고 보아야겠다.

당초 삼룽에서 용장사까지 종주하는 것을 계획하였으나 안전에 무리가 있다고 판단되어 축소관광을 하였고 남산은 맛보기만 하였던 것 같아 아쉬움이 있었으나, 처음 몇 개의 유물에서 느껴지는 훌륭함에 그저 탄복할 따름이다.

## 삼릉三陵과 불상들

경상북도 경주시 배동에 있는 세 개의 신라시대 고분으로 남산南山의 서쪽에 동서로 세 왕릉이 나란히 있어 '삼릉'이라 불리고 있다. 서쪽으로부터 각각 신라 제8대 아달라이사금, 제53대 신덕왕, 제54대 경명왕 등 박씨 3왕의 능으로 전해지고 있다. 우리 일행 중 박 씨 성을 가진 회원들 8명이 나와 해설자의 안내에 따라 전통방법대로 선조들께

성묘를 하게 되었으니, 조상님도 뵙고 좋은 성묘법도 배우게 되어 일석이조의 보람이 있었다.

8대와 53~54대 왕은 약 700년의 시간적 간격이 있는 삼릉에 박 씨 성의 왕릉이 한 곳에 모여 있다하나, 세 왕릉의 확실성은 의문이라는 해설자의 애매한 설명도 있었다. 하지만 무엇이 대수겠는가, 박 씨 후손들의 애쓴 모습과 조상 모시기의 효孝가 엿보인다.

석조여래좌상은 연화대좌 위에 앉아있는 좌불로서 불교에서 연꽃은 수미산 위에 핀 하늘의 꽃송이다. 처음부터 노천불로 추정되는 불상으로 참된 아름다움은 조화의 미라고 생각한 조상들은 자연미를 파괴하는 일이 없었다. 불상 광배의 안쪽에는 부드러운 넝쿨무늬를 새기고 바깥쪽은 힘 있게 활활 타오르는 불꽃무늬를 새겼다.

뾰족한 기둥바위에서 미소를 머금고 하계를 내려다보고 있는 마애관음보살입상은 관세음보살상이다. 부처님을 비바람이 치는 노천에 세운 뜻은 산기슭에서 올려다보며 이름을 부를 때마다 그 소리를 듣고 하강해주시는 그 감격을 극적인 모습으로 표현한 것으로 추측된다. 광배 없이 3m 정도 뒤쪽의 바위를 광배 삼아 보살상을 조각함으로써 방금 하늘에서 하강한 듯한 모습으로 보인다. 붉은 연지의 입술은 색칠도 아니고 돌을 끼워 맞춘 것도 아닐 텐데 저렇게 이상적인 돌을 어떻게 구하여 조화를 맞추었을까, 놀라울 따름이다.

선각육존불은 경주 남산 삼릉계곡 입구에 있는 선각線刻(선으로 새김)의 마애불상군으로, 불입상이 본존인 삼존상과 불좌상이 본존인 삼존상이 각각 다른 바위에 새겨져 있다. 좌측의 조금 돌출된 바위 면에 새겨진 불입상의 삼존불은 좌우의 두 보살이 무릎을 꿇고 꽃 쟁반을 받쳐 들어 꽃 공양을 하는 모습을 대담한 곡선의 선각으로 표현하였다. 삼존 모두 둥근 두광頭光(부처나 보살의 정수리에서 나오는 빛)이 있으며, 본존불입상은 얼굴이 둥글고 신체도 풍만한 곡선으로 처리되었다. 상들은 머리와 몸체에 알맞은 비례감을 보여 준다. 특히 꽃 공양의 보살상은 드물게 나타나는 모습이다.

선각육존불

### 주상절리 柱狀節理

파도소리를 들으며 해변을 걸을 수 있는 1.7km 구간의 파도소리길이 열렸다. '주상절리' 하면 제주도 서귀포 해안을 먼저 떠올리게 마련이다. 우리나라에는 이 외에 한탄강, 무등산 정상 근처, 가지산의 입석대와 경주 읍천 앞바다에서 볼 수가 있다. 경주 읍천 앞바다는 그동안 군사지역으로 통제가 되어오다가 2년 전부터 군부대가 철수하면서 숨겨져 있던 비경을 드러낸 곳이다. 경주시에서는 '파도소리길'이라 명명하여 주변을 정비하니 많은 사람들이 찾는 명소가 되었다. 제주도의 것이 규모는 크나 대부분 수직으로 형태가 단조로운 것에 비해 경주 읍천 앞바다의 주상절리는 위로 솟은 것, 기울어진 것, 부채꼴, 누워 있는 것, 꽃봉오리 모양 등 다양한 형태로서 어느 조각가의 작품도 흉내 낼 수 없을 정도의 자연의 오묘함이 관광객의 발길을 사로잡는다.

## 한국의 소림사, 골굴사와 선무도

중국 소림사에 소림무술이 있다면 한국 골굴사骨屈寺에는 선무도禪武道가 있다. 한국의 대표적인 석굴사원, 선무도의 요람, 마애여래불의 보물과 함께 경주에서 가볼만한 곳이라 하는데 대부분의 회원들은 처음이었다고 했다. 골굴사는 신라불교 초창기인 6세기에 만들어진 오랜 역사를 간직한 사찰로서, 경주 시내에서 감포로 가는 길에 '달을 머금은 산'이란 뜻의 함월산 자락에 자리하고 있으며, 여러 개의 동굴 군으로 형성된 국내 유일의 석굴사원이다. 인도사람 광유선인 일행이 이곳에 석굴을 파서 가람을 만들었다는 기록이 있으며, 사찰 안쪽에 회색빛의 깎아지른 바위절벽이 바로 석굴이 모여 있는 곳이다. 바위 꼭대기에 마애여래불좌상(보물581호)이 있고 이를 중심으로 12개의 동굴이 있다. 각 동굴마다 부처가 모셔져 있어 인도나 중국의 석굴사원 분위기를 느낄 수 있다.

골굴사를 더욱 유명하게 만든 것은 불교전통무술인 선무도의 총본산이라는 사실 때문이다. 선무도는 '위파사나'라고도 불리는 불교의 전통수행법으로 선 요가, 명상, 선 기공, 선 무술 등을 포함하고 있다. 선무도대학과 화랑사관학교에는 스님들의 수행공간이 있으며, 운이 좋은 경우 스님들의 수련 모습을 볼 수 있다하나, 당일은 교육프로그램이 없다는 해설자의 말에 아쉬웠다. 이곳의 관음당은 원효대사께서 입적하신 곳이라 하고 동아보살 진돗개로 유명한 절이기도 하다.

## 동아보살 진돗개

골굴사에 도착하면 주차장 옆으로 육중한 포대화상(달마대사)과 사찰과 어울리지 않게 진돗개의 상이 있다. 개상은 지상파 3개 방송과 외국 TV까지 방영되어 유명세를 떨친 동아보살 공덕기상이다. 동아보살은 이 절에서 기른 개인데 1990년도에 태어나 일절 고기를 먹지 않고 강아지 때부터 새벽예불에 참석했고, 기도객들과 함께 참선과 탑돌이를 따라했다. 20여 차례 강아지 분양으로 많은 돈을 절에 보시하기도 했으며, 죽는 날(2010년) 아침까지 새벽예불에 참석한 영물로서 그 영혼을 기리고자 세운 상이다.

동아보살견

우리 일행의 이번 경주여행은 그동안 보지 못했던 곳을 심층적으로 살펴보게 된 푸근한 여행이었다고 생각된다. 전통 관광지를 돌아보는 대신에 우리 선조들의 숨결과 예술혼이 깃들어 숨 쉬는 곳들을 돌아볼 수 있어서 우리문화에 대한 자부심을 다시 한 번 느끼게 된 의미 있는 여행이었다고 생각된다.

5월 24일(금) KBS파노라마 프로에서 '쿠쉬나메, 페르시아인들의 파라다이스 신라' 를 보고 경주여행에서 들은 통일신라시대의 경주는 세계 5대도시였다는 해설자의 설명을 확인하게 되었다. 쿠쉬나메는 페르시아(이란)와 우리나라(신라)의 오랜 인연을 알려주는 역사책으로 통일신라가 문화, 교역 등에서 동북아의 중심 역할을 했다는 점을 알 수 있으며, 페르시아의 아프틴 왕자와 신라공주 파라랑의 아름다운 사랑이야기를 들려주고 있다. 그 아들 페레이돈은 조부 대에 잃어버린 페르시아의 왕권을 되찾고 민족의 영웅으로 추앙받고 있다.

통일신라 시절 멀리 페르시아와 교류가 많았다는 것을 괘릉의 무인석상, 경주박물관의 페르시아 문양인 '입수쌍조문立樹雙鳥文', 페르시아의 폴로가 변한 격구, 페르시아의 카펫 등으로 증명이 되고 있다. 중국의 장안은 육로 실크로드의 시작 도시로서 서역과의 교역이 활발했으며, 신라는 동북아 해상물류의 중심 역할을 하게 되었다고 한다. 즉 동북아의 해상물류의 중심인 신라(경주)가 세계 5대도시로 발전한 것으로 짐작된다.

보통 경상도하면 먹거리가 신통치 않다고 알려져 있지만, 교동쌈밥(054-858-2990), 운수대통(054-535-2568), 문무대왕릉 앞의 태평양횟집(054-771-8853) 등 먹거리 또한 푸짐하고 맛깔스러웠다고 자평하여 본다.

숙소인 K-호텔(전 교육문화회관 054-745-8100)도 보문단지의 타 고급호텔 못지않았으며 관광지라서 비용이 다른 지역보다 20% 정도 비싸고 경주빵 추가 준비로 예산을 초과한 점과 요석궁 자리는 지금도 음식점 '요석궁'이 있어 경주 최고의 음식점이라 뽐내고 있는데, 사전예약에서 선약에 밀려 명문 음식점으로 모시지 못하게 되어 회원들께 죄송했다.

두 개의 뿌리를 찾아서,

# 해인사 · 가야

외국인으로서는 최초로 한국관광공사 사장으로 취임한 이참 씨는 취임 후 처음 가진 월례조회에서 한국관광의 발전 조건으로 우주만물의 현상을 목, 화, 토, 금, 수 다섯 가지로 설명하는 5행 사상을 모티브로 한 5림 즉 '떨림 · 끌림 · 어울림 · 울림 · 몸부림'을 키워드로 제시했다.

## 두 개의 뿌리를 찾아서, 해인사 · 가야

가야산 해인사 하면 가장 먼저 떠오르는 것이 바로 팔만대장경

올해 탄생 100주년을 맞은 호암 이병철 선대 회장님의 의령 생가와 다른 하나는 가야문화의 숨결을 느끼기 위한 탐방 여행을 떠났다.

경부고속도로를 타고 내려가다가 죽전과 신갈에서 회원 몇 명을 더 태우고 가면서 차 내식인 김밥, 물, 귤, 바나나, 껌 등으로 간단한 아침 요기를 하였다.

### 첫 발걸음, 해인사 탐방

시원하게 뚫린 고속도로와 지방도로를 거쳐 4시간 정도를 달려 첫 방문지인 해인사에 도착했다. 가야산 해인사 하면 가장 먼저 떠오르는 것이 바로 팔만대장경이다. 또한 해인사는 1,200년 전 통일신라시대에 창건된 고찰로 우리나라 가람중에서 3보三寶사찰 중 하나인 법보法寶사찰이다.

* 3보 사찰 : 불보佛寶사찰 통도사, 법보法寶사찰 해인사, 승보僧寶사찰 송광사.

'장경판전藏經板殿'이란 목조건물에 팔만대장경이 보관되어 있는데 팔만대장경은 유네스코 기록문화유산으로 등록되어 있고, 그 팔만대장경을 보관하고 있는 목조건물인 장경판전은 세계문화유산으로 등록

되었다. 이 목조건물은 현대의 건축가들도 찬사를 아끼지 않는 건축물인데 보기에는 화려한 단청도 없이 그냥 허름하고 낡은 건물이었다. 나무로 된 팔만대장경을 잘 보관하기 위해 이 건축물은 통풍이 잘 되는 구조로 되어 있고 병충해 예방이 됨은 물론 나무에 손상이 안가도록 하는 최상의 조건을 두루 갖추고 있다고 한다. 그래서 1251년 완성된 팔만대장경을 760년 동안이나 잘 보존해왔을 것이다.

합천 해인사

가야산 해인사는 통일신라 40대 애장왕 때인 서기 802년에 창건된 절로서 그동안 여러 차례 중수를 거치긴 했지만 고색창연한 자태를 지니고 있다. 해인사가 지어질 때 심은 1,200년 된 고사목이 세월의 흐름을 잘 말해주는 것 같았다. 특히 이 절은 유명인들의 친필로 된 현액들이 많은데 '해인대도량海印大道場'이란 현판의 글씨는 이승만 대통령의 친필이라고 하며 '대적광전大寂光殿' 건물의 전면에 세로로 쓰여 있는 고사 6줄 중 2줄은 고종황제의 친필이고 4줄은 홍선대원군의 글씨라고 한다.

세계에서 가장 오래된 목불木佛이 모셔져 있는 '대비로전大毘盧殿'은 최신공법으로 조립된 건물로서 화재에 대비한 최첨단 시설을 갖추고 있다 하며 현판의 글씨는 지관스님께서 쓰셨다. 경내에 있는 불교대학은 전국에서도 유명한 불교대학으로 수많은 불교 지도자들을 배출한 곳이다.

어느 절이든 절 입구 전각에는 목각으로 된 사천왕상이 있지만 해인사는 목상 대신 초상화로 되어 있어서 의아하게 생각했는데 목각 사천왕상은 고려시대 때부터 만들어진 것이라고 하며 그 이전인 통일신라시대

대비로전

에는 초상화로 된 사천왕을 모셨다고 한다. 통일신라시대의 절이라 할지라도 그 이후 대부분 목상으로 교체되었지만 해인사는 옛날의 그 그림을 잘 보존하여 역사의 깊이와 향기를 느낄 수 있었다.

보통 어느 절에나 4대 보물이 있는데 '범종, 법고, 운판, 목어'가 그것이다. 범종은 중생을 위해 타종한다고 하며, 법고는 네발 달린 짐승을 위해 울리고, 운판은 날짐승을 위해 울린다고 하며, 목어는 물고기를 위해 두드린다. 결국 살아있는 모든 생물들을 위한 염원의 마음이 담겨져 있어서 불가에서의 '미물이라도 살생하지 말라'는 가르침과도 맥이 닿아있다는 생각이 들었다.

### 호암 생가와 정암바위

해인사 고찰의 역사적인 향기를 느끼고 나서 산채정식으로 점심식사를 한 후 고 호암 이병철 선대 회장님의 생가를 방문했다.

호암 생가는 1851년 호암의 조부께서 대지면적 1,907$m^2$에 전통한 옥양식으로 지었으며 호암은 이 집에서 태어나 유년시절과 결혼하여 분가하기 전까지 보냈다. 의령군청 직원과 호암 생가를 지키고 계신 분의 열과 성의를 다한 설명으로 많은 것을 알게 되었다. 호암 생가에는 많은 방문객들이 찾는다고 하는데 방문객 중에는 경제인 중 막 사업을 시작한 사람들이 주로 많고 풍수지리를 하는 사람들도 의외로 많이 찾고 있다고 한다.

호암 생가의 풍수지리는 조선 10대 우수 풍수지리를 갖춘 곳 중 한 곳. 풍수지리에 의하면 이 집은 곡식을 쌓아놓은 것 같은 노적봉露積峯 형상을 하고 있는 주변 산의 기氣가 산자락의 끝에 위치한 생가 터에 혈穴이 되어 맺혀 있어 지세가 융성할 뿐 아니라 멀리 흐르는 남강의 물이 빨리 흘러가지 않고 생가를 돌아보며 천천히 흐르는 역수逆水를 이루기 때문에 명당 중의 명당이라고 한다. 풍수지리 상 큰 부자가 나올 수밖에 없는 곳이라는 것이다.

집 뒤뜰에 있는 바위도 부富를 상징하는 바위로서 바위에서 거북이나 자라 같고 두꺼비 같은 형상을 볼 수가 있었다. 이런 동물들이 바로 부를 상징하는 동물이란다. 이 바위를 기준으로 반경 8km 이내에서 호암을 비롯하여 LG그룹 구인회, 효성그룹 조홍제 창업자가 태어났다고 한다.

호암 생가를 나와서 의령 구경을 했다. 의령 삼 재벌의 탄생을 예견한 정암바위를 찾았다. 남강에 있는 정암바위는 그 생김새가 솥뚜껑처럼 생겼다 하여 붙여진 이름으로 예부터 솥은 부를 상징하는 의미였다. 조선 말기에 어떤 도인이 의령의 정암바위를 보고는 '사방 20리(약 8km) 안에 나라도 감당치 못할 큰 부자가 셋이나 날 것이다.'라고 예언했다는데 바로 세계적 일등기업인 삼성그룹을 비롯하여 LG그룹, 그리고 효성그룹의 창업주가 이 정암바위 20리 안에서 출생한 것이다.

이 세 사람의 또 한 가지 공통점은 기업의 이름에 모두 '별 성星'자가 들어간다는 것인데 삼성三星, 효성曉星, 그리고 LG의 창업 당시 이름은 금성金星이었다. 이는 풍수적으로 솥바위를 별로 보는 것과 무관하지 않다고 한다. 게다가 삼성 이병철 회장의 호는 호암湖巖이고, LG 구인회 회장의 호는 연암蓮巖으로서 모두 바위 암자가 들어가 있는 것도 정암바위와 어떤 연관이 있는 것은 아닌지?

물속에 잠긴 정암바위의 아래 부분에는 다리가 셋이 달려 있다고 하는데 그 다리의 방향이 모두 세 사람이 태어난 곳을 향하고 있다고 전한다. '정암鼎巖'이란 말은 '다리가 세 개 달린 솥바위'란 뜻으로 우리나라 굴지의 세 재벌의 탄생이 정암바위의 발복과 필연의 관계가 아닌가 여겨져 신비함마저 들었다.

이곳은 임진왜란 때 홍의장군 곽재우가 강을 건너는 왜놈들을 수

호암생가 앞에서

정암바위

장시킨 전승지이며, 이 때 곽재우 장군이 전투를 지휘한 곳이 바로 '정암루鼎巖樓'다. 또한 정암교는 일제시대 때 세워진 다리로 아직도 그곳에 그대로 남아 있었다.

## 가야문화의 자취를 찾아서

하루의 탐방 스케줄을 마치고 마산으로 돌아와서 마산의 명물인 마산아구찜으로 저녁식사를 마치고 마산의 최고급호텔인 마산M호텔에 여장을 풀었다. 노래방, 와인바 등이 고루 갖추어져 있고 깨끗한 호텔이었다. 호텔 객실에서는 한쪽으로는 마산 앞바다를 반대쪽으로는 마산 시내를 전망할 수 있도록 13~14층에 집중 방 배치를 하고 있었다.

다음 날 아침 호텔에서 아침식사를 마치고 가야문화유적 관람을 위해 출발했다. 먼저 들른 곳이 김해박물관인데, 낙동강 유역의 선사유물, 가야시대의 유물들이 시대별로 잘 전시되어 있었다. 이곳은 가락국 6가야(대가야, 가야, 고령가야, 금관가야, 소가야, 아라가야) 중 김해에 자리잡았던 금관가야의 중심지다.

이어서 구지봉과 김수로왕비능을 방문하였다. 구지봉은 수로왕이 탄강誕降한 장소로 유명한데 기원 42년에 하늘에서 붉은 보자기에 싸인 황금상자가 내려왔고 그 속에는 6개의 알이 있었는데 그 중에서 제일 먼저 나왔다고 하여 수로首露라 했다고 한다. 구지봉에는 수로왕을 맞이할 때 불렀다는 '구지가龜旨歌'가 전해지고 있으며 구지봉 정상에는 바둑판식의 고인돌 2기가 있으며, 한석봉의 글씨로 전해지는 구지봉석龜旨峯石이란 글씨가 남아 있다. 김수로왕비 즉 허 황후의 능을 찾았는데 허 황후는 인도에서 왔다고 전해온다. 능의 비석에 '보주태후허씨릉普州太后許氏陵'이라고 새겨져 있는데, 보주는 중국 사천성에 있는 지명으로 아마 허 황후가 인도에서 올 때 중국 보주를 거쳐 가락국으로 온게 아닌가 생각된다. 이곳에 그 유명한 파사석탑이 있다. 허 황후가 인도에서 건너올 때 파도를 잠재우기 위해 싣고 왔다고 삼국유사에 기록되어 있다.

어부들이 출어 시 제를 지내고 나갈 때 석탑을 깨어 가서 많이 훼손되었다. 김수로왕릉은 가락국의 시조인 수로왕을 모신 무덤으로 높이 약 5m의 원형봉토분이다. 비문에는 '가락국수로왕릉伽洛國首露王陵'이라고 적혀 있다. 가락국 제왕들에게는 제사 시에 4배의 절을 한다. 가을 프로그램으로 MBC에서 '김수로 왕'을 드라마로 방영한다는 등 많은 이야기를 안내자에게 들었다. 멀리 산 넘어 세트장이 있다는 자랑과 가락국의 역사를 전 국민에게 소개하게 되었다고 긍지를 내비쳤다.

다음에는 1억4천만 년 태고의 신비를 간직한 우포늪을 찾았다. 우포늪은 4개 지역(우포, 목포, 사지포, 쪽지벌)을 총칭하는 곳으로 우리나라에서 가장 큰 자연내륙습지로 1997년 자연생태보존지역으로 지정되었고, 1998년 람사르협약에 등록되어 보호되고 있다. 생태경관 보존지역으로 지정된 면적은 8.5Km$^2$이고 습지면적은 약 2.3Km$^2$다. 우포늪에는 많은 동식물들이 살고 있는데 최근 관광객들이 많이 찾고 있어서 늪의 보존과는 맞지 않는 것이 아닌가 하는 생각이 들었다.

늪은 6가지의 기능을 가지고 있다. 다양한 생물의 보금자리, 홍수 예방, 정수 기능, 지구온난화 예방, 식량공급, 생태계 연구조사와 환경교육 기능이 그것이다. 우포늪은 철새의 도래지로도 유명한데, 따오기, 노랑부리저어새, 재두루미, 큰고니 등 160여 종이 있고 해를 거듭할수록 그 개체수가 늘어나고 있다. 우포늪은 계절별로 변화가 많아 색다른 즐거움을 얻기 위해서는 계절별로 방문하는 것이 좋다고 하며 특히 여름이 최적이다. 늪의 수심이 1m 정도 밖에 안 되기 때문에 여름에는 수초가 무성히 자라 늪의 물을 가려서 마치 너른 들판같이 보인다.

가야산 해인사

우리나라의 늪은 점점 줄어들고 있다. 조선시대를 100으로 볼 때 일제시대 때는 70, 70~80년대에는 50, 현재는 40 정도 밖에 남아 있지 않다. 우포늪은 화왕산에서 물줄기가 시작되는 일종의 낙동강 상류지역으로 장마시기에는 역류한다. 일제 때 둑을 쌓아 일부를 농지로 만든 것을 창원시에서 환경운동가들과 협력하여 다시 늪으로 전환시키는 계획을 갖고 있단다. 환경운동가들이 가끔은 지나친 주장으로 구설수에 오르기도 하지만 좋은 일도 하는 것 같았다. 우포늪 가장자리에는 버드나무가 많이 있는데 이 버드나무가 물을 정화시키는데 가장 우수한 수종樹種이라고 했다. 또한 버드나무는 우리 선조들이 민간요법으로 즙을 내어 진통제로 사용했다고도 한다. 아스피린은 버드나무를 재료로 사용한다는 고급상식도 듣게 되었다. 늦긴 하였지만 늪에 대한 보존방침이 나와서 다행이다.

이번 탐방에서는 우선 삼성그룹 창업주인 선대 회장님의 생가방문을 통해 탄생 100주년을 맞은 선대 회장님의 큰 발자취를 더듬어 보면서 삼성인으로서의 자부심을 느꼈으며, 그 세대들의 노력으로 우리들이 오늘처럼 이렇게 편안한 마음으로 탐방여행을 다닐 수 있게 되어 고마운 마음이 들었다. 해인사 방문을 통해 우리의 우수한 문화유산들을 보면서 우리 선조들의 치열하고도 정성이 깃든 나라사랑의 마음을 느낄 수 있었고, 신라, 고구려, 백제의 그늘에 묻혀 잊혀져가는 가야문화를 되돌아 볼 수 있었으며, 우포늪 방문을 통해서는 오늘날 세계 도처에서 벌어지고 있는 기상 이상 현상들이 바로 우리들이 저지른 결과의 산물이라는 반성과 동시에, 지금부터라도 자연을 잘 보존해나가야겠다는 결심을 다지게 되었다.

우포늪

충청도

# 풍수지리 탐방

충청도

# 풍수지리 탐방

땅의 기운이 인간의
길흉화복에 영향을 미친다

충청도 일대를 둘러보는 이번 탐방의 주제는 '풍수지리'에 대한 학습과 현장답사라는 형식으로 이루어졌다. 충청도 불교문화의 본산 마곡사와 우리 군軍의 과거, 현재, 미래 모습을 조망할 수 있는 계룡대 방문, 국내 최대의 봄꽃놀이 터인 청남대 등을 둘러보았다.

이번에는 버스 이동시 풍수지리학과 교수 세분이 동행하면서 풍수지리에 대한 일반적인 내용을 학습할 수 있는 시간을 가졌다. 그 내용을 간략하게 요약해 보면 다음과 같다.

## 풍수지리란?

바람과 물, 땅과의 조화, 장풍득수藏風得水의 준말로 땅의 기운을 살펴 그에 걸맞은 용도를 결정한다고 한다. 땅의 기운에 따라 인간의 길흉화복에 영향을 미친다고 한다.

### - 우리나라의 명당

* 사찰 : 마곡사, 화엄사, 송광사, 해인사, 통도사 등
* 고택 : 김성수 생가, 김정희 고택, 맹사성 고택 등
* 사옥 : 삼성 태평로본관, 롯데 을지로사옥, LG 여의도쌍둥이빌딩, 현대 양재동사옥 등
* 묘지 : 이석형, 강희백, 김성우, 김반, 황희정승 조부묘 등

### - 명당의 조건

* 주산이 든든해야 한다.
* 좌청룡 우백호가 바람을 잘 막아주어야 한다.

* 물길이 잘 감싸주는 곳이어야 한다.
* 건물의 방향은 무조건 남향이 좋은 게 아니라 지세에 순응해야 한다.

- 명당을 발견하는 방법

* 명당은 고향, 선영, 살고 있는 동네에서 가까운 곳에 있다.
* 명당은 하루아침에 구해지지 않으니 오랫동안 준비하고 눈여겨보아야 한다.
* 덕을 쌓고 선행을 베풀어야 명당을 잡을 수가 있다.
* 발품을 많이 팔아야한다. 의지도 있어야 하고 인내도 있어야 한다.

- 명당의 조화 : 손석우가 쓴 풍수책『터』참조

명당이란 생기가 완벽하게 보존되어 있는 곳으로 오직 위에서만 들어갈 수 있도록 되어 있어서 땅 속에 묻힌 그릇과도 같다. 사람의 시신 체백體魄이 들어가면 온갖 조화를 부린다. 대표적인 조화 2가지 중 첫째가 환골還骨인데 이미 썩어서 까맣게 변한 흙을 이 명당에 묻으면 2년만 지나면 뼈가 되살아난다는 것이고, 둘째가 화개花開인데 6개월이 지나면 뼈의 색깔이 변하면서 어떤 경우에는 영롱한 구슬들이 꽃처럼 피어난다고 한다. 이런 조화가 일어나면 후손들이 반드시 대관大官이나 부호가 된다는 것이다.

- 방문지의 풍수지리 장단점 파악(풍수전문가)

* 추사 김정희 고택

조선조 양반이 가장 선호하던 부드러운 산세에 자리 잡은 명당이며 양택과 음택이 동거하는, 생과 사가 함께 어우러지는 공간이다.

* 남연군묘

용맥에 힘이 있고 2대왕을 배출하였으나 조선조가 끝나는 비운을 겪은 곳으로 당대 발복지지와 만대 영화지지 중 어느 것을 선택해야 하는지 한 번 더 생각해 보아야 할 곳이다. 안산案山이 없고 물이 빠지면 후대에 나쁜 영향이 있고 재물이 빠진다고 한다.

* 마곡사

래룡의 기운이 강하고 산태극 수태극의 연화부수형의 형국으로 물이 감싸주는 천년고찰이다. 최근에 도로를 내면서 길이 열려 있어 이후에 인물이 나오지 않는다고 한다.

* 세종시

서울의 수도 입지와 비교하면 기본국세가 절대적으로 열세한 입지이다. 주산이 약하고 안산, 조산이 강하여 주객이 전도될까 염려된다.

* 대전 현충원

국가의 중심부에 위치해 있으며 기본 국세가 구비된 곳으로 옥녀봉을 주산으로 좌우에 장군봉과 문필봉이 있으며 옥녀금반형의 아름다운 산이 주변을 감싸고 있다. 현충탑, 장군묘역, 천안함 용사의 묘역 등은 매우 좋은 자리이다. 다만 국가원수 묘역은 과룡처로 산진처가 되지 못한다.

· 과룡처過龍處 : 용이 멈추지 않고 지나가는 곳으로 묘를 쓰면 좋지 않음
· 산진처山盡妻 : 용이 멈춘 곳으로 생기가 모이기 때문에 명당자리임

* 계룡대

물이 적고 명당이 작아 국가의 수도로서의 입지로는 부족하나 계룡산의 정기를 받는 금계포란형의 형국으로 삼군사령부가 위치하는 천혜의 요새지역이다.

* 청남대

임금 왕王자의 산진처로 주변 장관이 아름답다. 본관이 위치한 터는 과룡처로 기가 머물지 못하여 아쉽다. 좋은 입지에서 주 건물을 어디에 어떻게 배치할 것인가는 매우 중요하다고 본다.

## 방문지 소개

* 추사 김정희 가문묘

백송나무가 있고 추사기념관에는 추사의 탄생설화가 기록되어 있다. 추사의 탄생설화에 의하면 보통사람과 다르게 20개월 만에 태어났다고 한다. 태어나는 해에 가뭄이 들어 우물이 모두 말라있었는데 추사가 태어나면서 터뜨린 울음의 기운으로 인해 말랐던 우물에 샘이 솟

았다고 한다.

제자 이상적에게 고마움의 표시로 그려주었다는 세한도歲寒圖는 국보 제180호로 추사의 대표작이자 세계적인 작품으로 손꼽힌다 하는데 선비의 절개와 제주도에 유배 중인 자신의 처지를 잘 표현한 작품이다. 이 그림에는 중국 친구들의 댓귀와 추사를 흠모하는 사람들의 댓귀들이 붙어서 그림의 길이가 무려 17미터에 이른다. 원본은 개인소유이지만 현재 소유자의 기증으로 국립중앙박물관에 소장되어 있다. 추사는 잊혀져가는 차 문화를 다산, 초의선사와 함께 중흥시킨 장본인으로 전통문화를 보존하는 데에도 큰 역할을 했다.

추사 김정희는 명문가名門家에서 출생했다.(5대祖父가 영의정, 부친 이조판서) 대사성, 병조참판까지 지냈으나 안동 김 씨의 세도에 밀려 제주도로 귀양 가게 된다. 그 귀양살이에서 예술가로서의 혼을 꽃피우게 되었다고 한다. 그의 글씨와 그림과 글로 인해 그를 조선 최고의 문필가이자 실학자라고 손꼽는 데에는 아마 주저할 사람이 없을 것 같다.

추사는 규범이 되는 많은 글을 만들어 글씨로 남겼는데 그 중에서 후반전을 살고 있는 사람들에게 마음에 와 닿는 글이 있어서 소개한다.

> 대팽두부과강채大烹豆腐瓜薑菜 좋은 반찬은 두부, 오이, 생강, 나물이다.
>
> 고회처아여손高會妻兒女孫 훌륭한 모임은 부부와 아들, 딸, 손자 즉 가족이다.

조선시대에는 신분별로 집의 크기가 제한되어 있었다고 한다. 평민은 10칸을 넘어설 수 없고, 중인은 30칸, 양반은 40칸, 왕족은 50칸을 넘어설 수 없었다고 한다. 이러한 룰은 인조 때까지는 잘 지켜지다가 인조가 자신의 불쌍한 고모를 위해 150칸짜리 집을 지어주고난 후에 지방 유력 세도가들이 앞 다투어 99칸짜리 집을 지었다고 한다. 영조 때에는 딸 화순옹주和順翁主와 부마 김한신을 위해 53칸짜리 집을 지었는데 당시 충청도 53개 고을에서 한 칸씩 제공하라는 명령으로 지어졌다고 한다.

* 남연군묘 : 손석우가 쓴 풍수책『터』참조

대원군이 자신의 부친인 남연군 이구의 묘를 쓰기 위해 풍수의 대가인 정만인 도사에게 물어 명당자리 두 곳을 추천받았는데 한 곳은 2명의 황제가 나오는 자리였고, 또 한곳은 자손만대로 복 받을 자리였다. 정 도사는 대원군에게 자손만대로 복 받을 자리를 강력하게 추천하였는데 만약에 2명의 황제가 나오는 자리를 선택하게 되면 앞으로 나라가 외세의 침략과 내부의 갈등으로 마침내 망국의 슬픔을 겪게 되고 임금이 되더라도 망국의 제왕으로 기록될 것이라고 극구 만류했다. 그런데도 대원군은 2명의 황제가 나오는 자리를 선택했다. 이는 반세기에 걸친 안동 김 씨 세도로 인해 무너진 왕권을 회복하기 위함이었다.

이 명당자리는 충청도 덕산온천에서 얼마 떨어지지 않은 가야산 밑이었다. 그러나 묘를 쓰기 위해서는 가야산에 있는 절 가야사를 없애야 했으므로 주지스님과 의형제를 맺고 친밀하게 지내면서 어느 날 수덕사에 큰 재齋를 유치하여 스님들을 모두 초청한 후에 아무도 없는 빈 절에 불을 질러 태워버리게 된다. 이를 목격한 절의 나무꾼을 살해하고 스님들의 반발을 온갖 술수를 이용하여 탄압함으로써 그 명당에다 부친의 묘를 쓸 수 있게 되었다.

철종이 사망하고 대원군의 아들인 고종과 순종 2명의 황제가 나오긴 했지만 우리나라가 일본에 넘어가는 등 우여곡절이 많았던 자리였다고 한다. 이 명당자리 선정에 있어서의 시사점은 목표달성을 위해 어떤 수단이라도 동원하여 반드시 이루고 마는 집념과 짧고 굵게 살 것인가? 아니면 가늘고 길게 살 것인가? 하는 선택이 얼마나 어려운 것인가를 느끼게 된다. 풍수지리를 배우는 사람들은 의례 이 남연군묘를 가보는 것이 기초과정처럼 되어있다고 한다.

* 마곡사麻谷寺

충남 공주시 태화산에 있는 절로, 춘春마곡이란 별칭에서도 알 수 있듯이 생기가 움트는 태화산은 나무와 봄꽃들의 아름다움이 빼어난 곳이다. 신라 선덕여왕 9년(640)에 자장율사가 건립한 교종 본산이며, 이후 보조국사, 도선국사에 의해 중수되었으며, 조선조 세조가 이 절에 '영산전靈山殿'이란 이름을 사액賜額했다고 한다. 이 마곡사는 두 개의 절이 합쳐져서 된 것이라고 하는데 풍수적으로 우리나라의 절터

마곡사 내 김구 선생이 심은 나무

중에서 최고의 명당이라고 한다. 지리적인 위치로 보아 심심산골이란 이점이 있기는 하지만 임진왜란, 6.25전쟁 등 전란에도 이곳은 무사했다고 한다.

마곡사 뒤 언덕에 있는 군왕대에 묘를 쓰면 왕이 나오는 자리였다고 하는데 일반사람들이 묘를 쓰면 안 되기 때문에 관에서 이곳을 깊게 파서 돌무덤을 만들어 시신을 묻지 못하게 했다고 한다.

* 세종시

풍수가의 입장에서 보면 세종시로의 수도 이전은 대한민국의 국운을 쇠하게(?) 하기 때문에 안 된다고 한다. 하지만 국무총리를 포함한 일부 부처만 옮기기 때문에 그나마 다행이란다. 당연히 이전을 막아야 하는 사안인데 정치적인 논리로 가게 된 것이 안타깝다.

## 탐방일정 소개

* 대전 현충원

아침시간에 서둘러 8시경에 현충원을 방문했다. 현충원장께서 직접 영접을 나오셔서 안내를 하셨다. 특히 천안함 희생자 묘역에서 엄숙한 분위기에 걸맞게 적절한 설명과 말씨 있게 현충원을 잘 이해가 되도록 해주셨다. 어제 세종시 방문 때와는 크게 다르다는 것을 느꼈다.

우리나라에는 현충원이 4곳이 있다. 서울 동작동, 대전, 이천, 영천 호국원이며, 민주 묘지(419, 315, 518) 3곳을 포함하여 통칭 국립묘지라고 한다.

* 계룡대

우리나라에는 현역 장군이 얼마나 될까요? 장군님들은 육 · 해 · 공

천안함 장병 묘역

군 모두 420명이고 별(Star)의 수는 1,000개 정도랍니다. 이곳 계룡대는 3군의 수뇌부가 집결(스타의 절반) 되어 있는 곳으로 안보견학 차원에서 브리핑을 듣고 안내를 받았다. 이로서 우리 일행은 군의 과거와 현재, 미래를 잘 이해할 수 있게 되었다.

육군본부가 숭배하는 역사적 인물들이 시대적으로 잘 정리되어 있어 소개한다.

- 건국/삼국시대 : 단군, 을지문덕, 김유신
- 고려시대 : 최영, 배중손, 강감찬
- 조선시대 : 권율, 곽재우, 이순신
- 근대 : 안중근, 김좌진, 윤봉길

이번 계룡대 방문을 통해 든든한 군의 위상을 본 듯하여 마음 든든했고 군을 신뢰할 수 있게 되었다. 우리 일행을 안내하여 브리핑한 곳도 군 수뇌부의 회의실일 정도로 장성들이 직접 영접하는 등 우리 일행에 대한 대접이 극진했다.

이어서 제203 특공대를 방문했는데(일반인 통제구역) 이번 여행의 별미가 아니었던가 생각된다. 병영식으로 식사를 하게 되어 회원들의 반응이 어떨까? 걱정도 있었지만 옛날 군대시절 식사(짬밥)와는 달리 먹을만하다고들 입을 모아 다행스러웠다. "김 회장님의 50년 전 군 생활 소개와 군 많이 좋아졌구나."를 회상하는 모습에 우리 회원 모두는 감개무량했다. 심심풀이 건빵 선물과 무기를 비롯한 군 장비를 체험하는 등 옛날 군대시절로 되돌아간 의미 있는 시간이었다.

식사 전 1시간 가량 무술시범이 있었다. 군인의 진수가 이런 것 이라는 느낌과 강군의 이미지를 충분히 엿볼 수 있었다. 시범 중에 실수한 군인이 있었는데 나중에 기압을 받지는 않을까? 회원들(특히 사모님들) 여기저기서 걱정하는 소리가 들려왔다. 요즘 군대는 그동안 많이 발전해 내무반의 시설, 환경의 편리성, 식사의 질, 기압이 아닌 교육방법으로의 개선(체벌 금지)등 우리나라 군대가 완전히 달라진 것 같았다.

* 청남대 꽃구경

이번 여행에서 청남대의 꽃구경이 절정을 이룰 것이라고 기대했는데 금년은 꽃이 만개하는 시기가 다소 늦어져서 우리가 방문했을 때에는 꽃들이 활짝 피지 않아 조금은 아쉬웠다. 그러나 잘 정돈된 청남대 경내를 2시간에 걸쳐 걸어보는 산책은 모든 회원들이 만족해할 만큼 좋았다.

* 청남대青南臺 소개

1983년부터 대한민국 대통령의 공식 별장으로 이용되던 곳으로 '따뜻한 남쪽의 청와대'라는 의미이다. 이 청남대는 대청댐에 위치하고 있는데 대청댐은 소양강댐과 충주댐에 이어 세 번째로 큰 댐이다.

대청댐의 기획은 박정희 대통령 시절에 시작되었지만 전두환 대통령 시절에 완공되었다고 한다. 1980년 대청댐 준공식에 참석한 전 통은 "대청호 주변 환경은 우리나라 으뜸이로구나." 말하면서 이곳 풍경에 매료되어 젖어 있는 모습을 보고 장세동 씨가 극비리에 건설을 진행시켜 6개월 만에 완공하여 1983년 전두환 대통령의 생일에 바쳤다는 이야기가 떠올랐다.

급변하는 국내외 정세 속에서 대통령들에게는 큰 결단이 요구될 때

청남대 안내 간판

가 많았을 것이다. 역대 대통령들은 국정운영의 중대한 고비에서 청남대에 머물며 정국구상을 하였고, 이때 내린 결단들은 역사를 뒤바꿔 왔다. 이것을 바로 '청남대 구상'이라 한다.

청남대에는 간이 골프장이 있다. 이 골프장은 보통 골프장의 파4홀 2개 정도의 면적으로 길이 350미터, 폭 150미터 가량의 직사각형에 가까운 형태로 조성됐다. 그린은 5개뿐이지만 9홀 플레이가 가능하도록 티잉 그라운드가 각각 마련돼 있다. 벙커도 10개가 있고 그늘집도 있다. 9홀 전체 거리가 2,646미터나 돼, 일반 골프장에 비해 손색이 없다. 대통령 일행만 치는 골프였으므로 샷이 홀을 교차해도 관계없도록 방향을 정했을 것이다.

# DMZ
## 현주소를 가다

이번 가을 탐방은 한반도 분단의 현장을 살펴보고, 비무장지대(DMZ)의 생태환경을 접할 수 있는 특별한 탐방이었다. 뭔가 화려한 문화탐방의 면모는 다소 부족했지만 평소 개별적으로는 방문하기 어려운 민통선, 철책선 지역의 방문이라 한국전쟁 발발 60주년을 맞은 우리들의 안보의식을 다질 수 있었으며 세계 유일의 생태보존지역을 살펴보는 데 큰 의의가 있었다고 생각된다.

## DMZ 현주소를 가다

한반도 중앙을 가로질러 만들어놓은 비무장, 비전투지역

### 비무장지대(DMZ : De-Militarized Zone)

국제연합군, 조선인민군, 중국인민지원군이 한국전쟁의 휴전에 합의하며 전쟁 재발을 막기 위해 한반도 중앙을 가로질러 만들어놓은 비무장, 비전투지역이다. 동서의 길이는 248㎞이며, 군사분계선을 중심으로 남쪽 2㎞ 지점을 남방한계선, 북쪽 2㎞ 지점을 북방한계선으로 한다. 이 지역 내에서는 민간행사와 구제사업을 제외한 어떠한 적대시설이나 적대행위를 할 수 없도록 규정되어 있고, 민간인과 군인을 막론하고 군사정전위원회의 특정한 허가 없이는 출입할 수 없다. 인원도 어느 한쪽에서 1,000명을 넘을 수 없도록 규정되어 있다. 그 결과 비무장지대는 희귀동물들의 주요 서식지가 되었다.

민통선民統線은 '민간인 출입통제선'의 약칭이다. 1954년 2월 3일 군사상 필요에 따라 비무장지대 남방한계선으로부터 남쪽으로 5~20km의 거리를 동서로 잇는 민간인 출입통제선이 설정되었으며 이에 따라 민통선 북방에 대한 민간인의 출입이 통제되었다. 이후 1990년대 민통선의 범위가 북쪽으로 상향 조정되었고, 민통선 안에서도 주민들의 거주가 가능하도록 통제가 완화되었다. 민통선 내에는 3개의 마을이 있는데 229가구, 821명의 주민이 살고 있다고 한다.

## 여행의 시작

잘 정돈된 경춘고속도로를 달리면서 그동안 교통의 오지였던 이곳 교통망 개선에 놀랐다. 산악지역이고 강을 가로지르는 곳이 많아 터널과 교량 비중이 전체의 40%나 점하고 있다. 험준한 산악지역이긴 하지만 경춘고속도로는 굴곡이 없이 거의 직선화되어 있었고, 높낮이도 잘 정리되어 우리나라 토목공사의 수준이 어떤지를 짐작할 수 있었다. 춘천에서 화천, 양구로 가는 곳은 터널 공사 중으로 길이가 무려

6.6km나 된다고 하는데 우리나라에서 최장 터널이 될 것이라고 하며, 이 터널이 준공되면 현재 20분 걸리던 것이 5분으로 되어 15분이나 단축된다고 한다. 강원도 중북부가 교통오지의 오명을 벗어내면서 서서히 편리지역으로 변모하고 있었다.

화천지역은 이외수, 산천어 등 지방특색을 잘 살리는 행사를 많이 개최하여 외부 관광객을 유치하려는 노력을 하고 있었고, 지자체의 자구노력을 통해 내 고장 알리기와 재정자립도를 높이기 위한 노력이 활발했다.

철원은 청정지역으로 쇠고기와 철원 쌀, 임꺽정의 유적지 등을 홍보하여 종전에 위험하고 불편하여 별로 가지 않는 곳이라는 이미지를 벗고 있었다. 얼마 전 북한에서 두발의 총성이 들렸던 곳도 이곳이고 우리가 이곳 근남면을 지나간 24시간 후에 발생된 것이라고 하는데

베트남 참전용사 만남의 장소

15사단이 이곳의 지척에 있음을 느끼게 해주었다.

전후 세대들은 요즘 군에 대한 불신과 군 기피현상까지 있는 사회적 풍조다. 국민들 모두가 이런 안보관광을 통해 우리의 분단 현실을 깊이 느껴야 될 것 같다. 이번 탐방에서 많은 외국인들을 보았는데 외국인들은 어떤 생각으로 찾아왔을까? 전 세계에서 유일한 분단 현실에 대한 흥미 내지는 호기심이 있었을 것이지만 남북한 간의 경제적 격차와 남북 대치국면을 보고 어떤 생각을 할지 걱정스럽다. 그들이야 특수한 관광을 한다는 생각으로 편안한 마음으로 즐길지는 모르겠지만 이런 분단 현실이 관광지화 되고 있는 현실이 안타까웠다.

### 베트남 참전용사 만남의 장소

화천군은 베트남 참전의 의미를 되새기고 참전용사들의 자긍심을 높이기 위해 조성했다. 본래 이곳 오음리 훈련장은 베트남 파병 직전에 훈련을 위해 사용했던 곳인데 지금은 청소년들을 위한 학습장이자 베트남 참전용사들의 만남의 장으로 탈바꿈했다. 매년 10월 참전용사 만남의 날에는 수 천 명의 참전용사들이 몰려 옛날을 회상한다고 한다. 전시관, 옛 내무반, 취사장, 구찌터널, 베트남 전통마을, 전투장비 전시관으로 구성되어있다. 회원 중에 베트남 참전용사가 계시는데 이곳 방문에 남다른 감회가 있었을 것으로 생각된다.

### 파로호

1938년 일제가 대륙 침략을 목적으로 축조한 인공호수로, 우리나라 호수 중 축조연대가 가장 오래되었다. 총면적 38.9km², 저수량은 약 10억 톤. 파로호라는 이름은 이곳에서 중공군의 대공세를 무찌른 것

(3만 5천명 죽임)을 기념하여 이승만 대통령이 '파로호破虜湖'라는 친필 휘호를 내린 것에서 비롯되었다.

2010년 4월 '물빛누리호'란 배가 첫 운항을 시작했다. 이번 탐방에서 전세 낸 '물빛누리호' 를 타고 파로호를 거슬러 올라갔다. 뱃길에서 우리는 주변의 신비롭고 아름다운 경관에 흠뻑 취했다. 평화의 댐은 가기가 어려운 곳이었는데 이 뱃길이 생겨 아주 편리하게 되었다. 선착장인 구만리 배터를 출발하여 간동면 방천리, 동촌리 지둔지, 법성치, 비수구미, 세계 평화의 종 공원까지의 물길은 24km로 80분 정도 걸렸다.

### 평화의 댐

북한강에 위치한 댐으로서 2차 완공 후에는 길이 410m, 높이 125m이며 북한의 임남댐(금강산댐) 건설에 따른 수공水攻과 홍수의 예방, 상수도 공급을 위해 2005년 10월 최종 완공되었다고 한다. 총저수량은 26.3억 톤인데, 북한의 임남댐(금강산댐)의 총저수량 26.2억 톤 보다 천만 톤이 많다고 한다. 북한이 임남댐을 터뜨려도 버틸 수 있다는 계산이다.

말도 많았던 이 댐 1차 공사비 1,700억 중 639억 원은 국민성금으로 충당했고 2차 공사비 2,329억 원을 합쳐 총공사비는 4,000여억 원이 들어갔다. 평화의 댐 홍보관에서 평화의 댐을 만들게 된 히스토리를 영상물로 봤는데 보고난 후 김광호 회장님께서 평론을 해주셨지요. 평화의 댐을 건설할 당시에는 전두환 정권에서 정치적 목적으로 지었지만 이제 와서 보면 아주 필요한 댐이 되었다고 하시면서 이곳과 관련된 Behind Story를 상세하게 말씀해주셨지요.

노동당사

### 고석정과 노동당사

신라 진평왕 때 한탄강 중류에 세워진 정자다. 조선 명종 때 임꺽정이 이곳의 험한 지형을 이용하여 석성石城을 쌓고 은거하면서 의적활동을 한 것으로 전해져 내려오고 있다. 한탄강 중에서도 첫손에 꼽히는 절경으로 이번에 꼭대기에 올라 야간관람을 했는데 고석정과 주변 소나무 숲을 비추는 형형색색의 조명장치를 해놓아서 환상적이었다.

노동당사는 1946년 초에 북한정권 하에서 착공하여 지역 주민들의 강제 노동력과 모금에 의해 지어진 지상 3층, 연건평 580평 규모의 건축물이다. 이 건물에서 취조 및 구금, 고문 등을 자행하여 한 번 끌려가면 죽어서 나오거나 반 송장이 되어 나온다는 말이 있을 정도로 악명이 높던 곳이다. 최근 통일기원예술제, 열린 음악회 등 평화기원 행사가 이곳에서 열렸고, 그 행사가 TV로 방영되면서 일반인들에게도 잘 알려진 곳이다.

### 제3 땅굴

제3땅굴은 1974년 귀순한 북한의 땅굴기술자 김부성 씨의 제보에 의해 1978년 10월 판문점 남방 4km 지점에서 발굴되었다. 폭 2m, 높이 2m, 깊이 73m, 총길이는 1,635m이며 남방한계선까지 거리는 435m로서 3만 명의 병력이 이동할 수 있으며, 문산까지의 거리는 불과 43km이다. 김부성 씨의 증언에 의하면 북한이 약 200개의 땅굴을 팠다고 하는데 지금까지 발견된 땅굴은 겨우 4개에 불과하며 발견된 순서에 따라 1~4 땅굴의 이름이 붙여졌다. 관광객이 많아 '땅굴은 김일성이 파고 돈은 파주시가 거둔다.'라는 우스갯소리가 있다.

제3땅굴 앞에서

## 도라산 전망대

북한의 생활모습을 바라볼 수 있는 남측의 최북단 전망대로서 망원경으로 개성의 송악산, 김일성 동상, 기정동, 협동농장 등을 바라볼 수 있는 곳으로 일반인에게는 1987년부터 개방되었다. 예로부터 명산으로 이름난 도라산(156m)은 신라 경순왕 때 신라가 패망하자 이곳에 거처하며 이 산마루에 올라 신라의 도읍을 바라보며 망국의 한을 달랜 곳이다. 경순왕은 왕건의 딸 낙랑공주와 결혼 후 낙랑공주가 경순왕의 우울한 마음을 달래기 위해 도라산 중턱에 암자를 짓고 이 암자를 영수암永守菴이라 이름 지었다. 경순왕이 산마루에 올라 신라의 도읍을 사모하여 눈물을 흘렸다고 하여 '도라산都羅山'이라 명명되었다고 전해지고 있다.

이곳에서 바라보면 개성공단으로 가는 길이 보이고, 그 길 양 옆으로 송전 철탑들이 줄을 이어 서있다. 남한 쪽은 철탑에 흰 페인트칠이 되어 있는데 반해 북한 쪽은 칠이 되어 있지 않다. 남한 쪽 철탑에 페인트칠을 할 때 북한에 여분의 페인트를 주어서 칠하라고 했지만 그들이 페인트를 딴 곳에 사용했는지 철탑에는 칠을 하지 않았다고 하는데, 남과 북의 경계선을 그 철탑의 색깔로도 구별이 가능하다고 한다.

## 1.21 침투로

1968년 북한 124군 부대 무장공비 31명이 서울로 진입하여 우리 경찰과 군과의 총격전으로 아군 9명이 전사하고 30명이 부상 당한 사건이 있었다. 김신조 씨의 증언에 의하면, 김신조 루트는 개성에서 출발하여 임진강을 거쳐 북한산을 통해 법원리 뒷산과 노고산을 거쳐 진관사, 사모바위, 승가사를 거쳐 세검정, 자하문 길로 내려오다 청와대 코앞에서 총격전이 벌어졌다고 한다. 김신조 체포 이후 심문과정에서 대통령의 침실, 경비운영상황 등을 소상히 알고 있어서 가히 충격적이었다고 한다.

김신조와 일행이 철책선 밑을 파고 넘어온 곳에서 불과 50m 거리에 당시 미군초소가 있었다고 하는데 무장공비가 31명이나 넘어오도록 몰랐다고 한다. 이후 한국군이 미군 대신 이곳을 감시했다고 한다. 당초에는 김신조 루트라고 불렸는데 김신조 씨가 귀순하여 목사로 활동하고 있고 딸 시집보내기 위해 이름을 바꿔달라고 요청하여 5년 전 '1.21 침투로'로 변경되었다. 이곳은 통화권 이탈지역이라 휴대폰이 터지지 않았다.

### 승전 O.P 전망대

25사단 관할 내의 O.P로 철책선을 바로 눈앞에서 느끼고 만져볼 수 있는 전망대이며 연천과 파주의 경계에 위치해 있다. 일반인들에게는 개방이 되지 않는 곳이지만 우리 탐방단에게만 특별히 개방하여 그 의의가 컸다. 여기서 G.P(Guard Post)란 감시초소를 말하고, O.P(Observation Post)는 관측소, C.P(Command Post)는 지휘소를 뜻한다.

### 경순왕릉

신라왕들의 무덤은 모두 경주에 있는데 오직 경순왕만이 이곳에 묻혔다고 한다. 후백제 견훤의 잦은 공격으로 경순왕은 더 이상 백성들이 괴롭힘을 당하는 것을 막고자 신하들과 큰아들 마의태자의 반대를 무릅쓰고 고려 왕건에게 나라를 넘겼다. 신라로 내려가려고 하는데 고려조 신하들의 반대에 부딪쳐 이곳에 눌러앉았다고 한다.

이 지역은 고랑포高浪浦 포구가 있는 곳인데 동네사람들의 말에 의하면 우리나라에서 역사적으로 고랑포 지역을 지배한 나라가 융성했다고 한다. 고구려, 백제, 신라 진흥왕 때 이곳을 점령했을 때가 3국이

평화의 댐

가장 번성했던 시기였다 한다. 지금은 남한이 이곳을 점유하고 있기 때문에 남한이 크게 번창하고 있다고들 믿고 있었다.

## 먹거리와 호텔

내려가는 버스 안에서는 김밥 등 차내식 대신 가평휴게소에 들러 면 종류를 먹었는데 아침부터 면을 먹기가 부담스럽긴 했지만 역시 따뜻한 국물이 들어가니 속이 풀리는 것 같았다. 이번 여행에서의 먹거리는 전반적으로 지역특산물과 무공해식품으로 나와서 우리들 입맛에 잘 맞는 것 같았다.

평화의 댐에서는 민통선 내의 무공해 식품으로 만든 산나물 정식을 먹었는데 맛과 향이 뛰어나 먹고 나서도 속에 부담이 없었고, 철원에서의 저녁식사는 청정한우의 생간, 육회 등과 각 부위고기를 바비큐로 맛보았는데 이곳의 소는 무공해 풀만 먹여 키우는 소라 해서 맛도 좋고

임꺽정이 활동했다는 순담계곡

안심이 되었다. 특히 이곳은 물이 좋아서 그런지 막걸리의 맛이 일품이었다. 둘째 날 통일마을에서는 파주특산물 장단콩 정식을 먹었는데, 콩비지, 순두부, 된장찌개, 청국장 등 우리 몸에 좋은 콩 요리에 조기구이를 추가하여 슬로푸드 체험을 하면서 속이 편안한 식사가 되었다.

우리가 묵었던 호텔은 투숙객이 많지 않은데도 불구하고, 시설과 부대설비를 잘 유지하기 위해 애쓰고 있는 훌륭한 곳이었다. 특히 호텔의 식수食水와 샤워할 때의 물은 정말 좋은 것 같았다.

비록 1박 2일간의 짧은 탐방이었지만 그 어떤 탐방보다도 우리 세대의 사람들에게는 가장 인상에 남을 탐방이었던 것 같다. 분단 60년을 맞은 우리 국민 모두의 안보의식이 점점 희미해져가고 있지만 이곳에 와서 보면 그런 실상이 안타깝다는 생각이 들었다. 국민 모두가 이곳을 방문하여 우리의 분단 현실을 온몸으로 느낄 수 있었으면 하는 느낌을 강하게 받았다. 꼭 한 번 방문해 볼 것을 강력하게 추천한다.

# 제2부
# 넓은 세상

# 지구상의 마지막 천국,
# 호주

## 지구상의 마지막 천국
# 호주

인구는 우리나라의 절반도 안되지만 6대주의 대륙으 대접 받는 곳

20대 후반에 호주로 이민을 간 학교친구가 한국에 있는 동기생들이 그리워 놀러오란다. 입학 동기생 가용인원 20명 정도를 기준으로 볼 때 11명이나 참여하였으니 학교 졸업 후 최대의 사건으로 기록될 만큼의 경사스런 여행이 예상되었다. 일반여행 일정에 친구 기주가 준비한 특별한 일정을 더하여 9일 기간으로 지구상의 마지막 천국 호주로의 여행은 이렇게 시작되었다. 호주와 기주는 주자 돌림(?)이니 기주가 초청한 호주여행은 예사롭지 않음을 짐작케 한다.

호주라면 누구라도 가보고 싶어 하는 여행지가 아닌가? 통 큰 친구 덕분에 미지의 세계 호주를 그것도 가족 못지않게 가장 인연이 질기고 끈끈한 대학친구들끼리이니 설레고 기쁜 마음이 오죽할까? 이제 그 진한 감동의 호주여행기를 정리해보려고 한다. 어떻게 메시지를 만드는 것이 초청하여준 친구의 배려에도 걸맞고, 왜 기행문이 늦어지는가? 독촉하는 친구들에게도 만족을 줄 수 있을까? 떨리는 가슴과 걱정이 앞선다.

'호주' 하면 우선 생각나는 것이 캥거루와 코알라, 인구는 우리나라의 절반도 안 되지만 6대주의 대륙으로 대접 받는 곳, 월드컵 조 편성에서 아시아와 함께 운영되는 나라, 백호주의, 아! 오스트레일리아 영화에서 광야와 밀림의 아름다움 속에서 원주민을 박해하는 악당과 그들을 보호하는 천사, 골프선수 캐리 웹, 그렉 노먼과 골프의 천국, 무언가 좋은 것이 많을 것만 같은 신비한 나라로 생각된다.

우리 일행은 이구동성으로 금번 여행을 최고로 평가하였으며, 앞으로 기회를 만들어 다시 호주를 가자라고 의견을 모았다. 왜? 그런 생각을 하게 되었을까. 호주를 다시 가고픈 곳으로 점찍게 된 이유를 종합해보면 우선은 통 큰 친구가 그곳에서 어서 오라면서 기다리고 있기 때

문일 게다. 거기다가 호주사람들은 쾌활하고 외향적이며 재치가 있고 자상하여 큰 호감이 갔다. 도시는 안전하고 깨끗하며 물과 숲이 잘 어우러져 있어 어디를 보나 풍경이 아름다웠고, 빈부 격차가 적고 가진 자들이 욕심을 내지 않아 모든 사람들이 부유하며, 하고 싶은 일을 한다는 것, 즉 평등사회로서 누구든지 열심히만 일하면 대접을 받는 듯했으며, 청정지역의 좋은 재료의 음식과 맥주, 와인이 훌륭하고, 태양은 밝게 빛나고 있으며, 길모퉁이마다 커피와 웃음이 있다는 감동에서 비

롯된 것 같다.

세계사에 등장한 호주역사는 짧지만 약 4만 년 전 원주민들이 호주 대륙에 정착하고 있었다. 1770년 영국의 '제임스 쿡' 선장이 시드니남쪽 보타니베이에 인데버호를 정박시킴으로써 식민지 개발이 시작되었으며 호주를 영국 왕실령으로 선포하였다고 한다. 영국은 훗날 아메리카 식민지를 잃은 후 죄수를 유배시킬 새로운 땅이 필요했던 것이다. 범죄자는 물론 좀도둑들과 고아들까지 여기다가 버리는 식의 강제이주를 시킨 것이다.

초대 총독 아서 필립은(1788년) 11척의 배에 736명의 죄수를 포함한 1,373명의 이민단을 태우고 호주 땅에 들어옴으로써 본격적인 호주의 역사가 시작되었다. 이후 죄수 이송은 계속되어 총 16만 명의 죄수들

하버브리지를 배경으로

이 호주 대륙으로 유배되었는데, 형기를 마친 죄수들의 값싼 노동력과 주인 없는 토지를 바탕으로 한 식민지 개발이 본격적으로 시작되었다.

이후 금광(바트허스트+멜버른)이 발견되고 세계 각지에서 사람들이 호주로 몰려들어와 골드 러시를 이루게 되면서부터 경제발전의 일대 전기를 마련하게 되었다. 하지만 갑작스레 모여든 이민족들 간의 다툼으로 인해 새로운 사회문제가 야기되었고, 비유럽계와 유럽계의 갈등은 백호주의라는 인종차별정책을 낳기도 했다. 그러나 황금의 가장 큰 영향은 유배지가 형벌이 아닌 기회의 땅으로 변했다는 것이다.

1901년에 호주연방으로 탄생했으나 1949년까지 호주에는 시민권이 없었다. 호주에서 태어난 사람은 영국 국민이었으며, 영국과 영국 국왕에게 충성을 맹세했고 영국이 참전하는 전쟁에 주저 없이 목숨을

풍성한 열대과일

바치러 외국의 전쟁터로 떠났다고 한다.

### 골드 코스트와 열대과일농장

황금빛으로 빛나는 해변은 이 일대의 이름까지도 골드 코스트로 불리게 했다. 43km에 이르는 황금빛 해변 주위에는 고층빌딩들이 가로수처럼 늘어서 있다. 문명과 자연을 양쪽에 두고 있어 사진만 찍으면 바로 그림엽서가 되는 멋진 풍경이다. 겨울에도 평균기온이 20도가 넘어 날씨까지도 축복 받은 곳이다. 젊음의 물결이 넘치고 여름과 바다를 사랑하는 사람들에게는 천국이 따로 없다. 자유와 젊음, 문화와 축제, 스포츠와 리조트가 어우러진 이곳은 정말로 매력적이라서 지상 최고의 파라다이스로 손꼽히기에 전혀 손색이 없다.

열대과일농장은 약 500여 종의 다양한 과일이 재배되고 있는 곳이다. 이곳에서는 진귀한 열대과일들을 모두 맛볼 수 있다고 보면 된다. 농장 견학을 하면서 신선한 과일을 맛보고 과일로 만든 주스를 마실 수 있으며, 과일 기름으로 만든 화장품을 직접 체험해 볼 수도 있다. 미니기차를 타고 보물섬 주변을 돌아보거나 정글 리버 크루즈를 타고 강을 따라가서 호주산 동물(캥거루)이나 농장의 동물들에게 먹이를 줄 수도 있으며 과일시장이나 선물상점에서 쇼핑을 할 수도 있다.

### 커럼빈 야생조류보호구역

자연 그대로 야생동물을 보호하는 커럼빈 야생조류보호구역은 20만 평방미터에 달하는 야생동물보호구역으로 앵무새, 펠리컨 등의 조류를 비롯해서 캥거루, 코알라, 딩고, 웜뱃 등 호주에서만 볼 수 있는 동물들을 볼 수 있다. 야생조류보호구역 내에 무료로 미니철도를 운행하여 전체를 돌아볼 수 있으며, 자연과 가까운 상태로 사육되고 있는

캥거루

동물에게 먹이를 주는 재미를 느낄 수도 있다.

코알라는 캥거루처럼 육아주머니에 새끼를 넣고 다니는 유대목 동물이라고 한다. 하루에 16~18시간 잠을 자며, 보통 15년 이상 산다고 한다. 육아주머니에 새끼를 넣고 다니는 것에 착안하여 인큐베이터가 발명되었다고 한다. 코알라가 늘 잠을 자고 있는 것은 코알라의 주식인 유칼립투스나무 잎에 잠이 오는 성분이 들어있기 때문이라고 한다.

### 헬기체험, 알버트 와이너리 관광, 샴페인 크루즈 탑승

짧은 시간에 넓은 범위를 자세히 볼 수 있는 관광은 뭐니뭐니해도 헬기 위에서이다. 적당한 높이로 골드 코스트의 아름다움을 살펴 볼 수 있었던 것은 눈을 번쩍 띄게 하는 흥분이어서 아직도 생생하다.

알버트 와이너리는 호주 퀸즈랜드 브리즈번과 골드 코스트 중간에 있는 곳으로 대표적인 관광명소이자 품질 좋은 와인생산지로 유명하다. 1868년 이 지역 지주에 의해 부지가 개발된 후에 현재까지 수십여 종의 품질 좋은 와인을 생산하고 있으며 호주 퀸즈랜드 와인업계에서 가장 영향력이 있는 곳이다. 철저한 감독 아래 하나의 완벽한 시스템으로 와인을 생산하고 있어서 각종 국제와인대회에서 지난 수년간 화려한 입상경력을 자랑하고 있다.

식사 후에 찾아간 곳은 세계에서 단 하나밖에 없는 베르사체 호텔이 위치한 마리나 미라지에서 크루즈를 타고 해변에 있는 훌륭한 저택을 둘러보면서 함께한 샴페인은 잊을 수 없는 추억이 될 것이다.

블루마운틴의 세자매봉

### 블루마운틴

호주의 그랜드 캐년으로 불리우는 블루마운틴은 호주의 대표적인 관광지로서 급경사 케이블카 타기와 곳곳에 에코-포인트에서 바라보이는 장엄한 대륙의 웅장함과 깊은 계곡, 산림을 비롯하여 광활하게 펼쳐진 지평선 능선 등을 살펴보는 맛이 지금도 여운으로 남아 있다. 5억 년 전에 형성되었다는 블루마운틴은 산을 뒤덮는 유칼립투스나무에서 나오는 수증기와 햇빛이 만나서 파랑색을 띠우게 된다고 해서 붙여진 이름이란다.

이곳의 대표적인 관광지인 세자매봉에는 전설이 있다. 아름다운 세 자매가 살고 있었는데, 이 세 자매를 마왕이 자기 것으로 만들려고 음모를 꾸민다. 이 이야기를 전해들은 세 자매는 주술사를 찾아가 자신들을 잠깐 동안 바위로 변하게 해달라고 한다. 주술사는 세 자매의 청을 받아들여 세 개의 바위로 만들었는데 이 사실을 알게 된 마왕은 그 주술사를 죽여 버렸고, 아름다운 세 자매는 원래의 모습으로 돌아오지 못한 채 현재까지 바위로 남았다.

### 돌핀크루즈 탑승

야생 돌고래를 볼 수 있는 것이 돌핀크루즈이다. 포트 스

기주 회사 앞에서

기주집 초대

테판이 'Dolphin Capital of Australia'라고 불리는 이유를 알 수 있게 해준다. 근해에서 80여 마리에 달하는 야생 돌고래들을 1년 365일 내내 볼 수 있기 때문이다. 돌핀크루즈는 포트 스테판의 가장 큰 자랑거리로 넬슨 베이에서 유람선을 타고 태평양으로 나가 야생 돌고래를 직접 관찰하는 것이다. 관광객을 위해 묘기를 보여주는 것은 아니지만, 야생 돌고래가 사람을 두려워하지 않아서 호주에서만 볼 수 있는 독특한 체험이다. 승객들에게 돌고래를 가까이에서 많이 보여주기 위해 노력하는 여선장의 애쓰는 모습이 눈에 선하고 두 사람의 도우미들의 애교는 우리들을 흥분시키기에 충분했다.

### 포트 스테판 사막 투어

시드니 동부해안선을 따라 북쪽으로 약 200km 정도 이동하면 포트 스테판이 나온다. 이곳은 사막으로 이루어진 해변으로 그 독특한 자연환경으로 인해 많은 관광객들의 발길이 끊이지 않는 곳이기도 하다. 약 40km의 황금해변과 바다 가까이에 있는 사막지대는 가히 환상적이다. 보통 호주의 사막은 내륙지방으로 들어가야 볼 수 있지만, 특별하게 이곳에서도 볼 수 있어서 신비한 호주의 자연을 대변해주고 있는 것 같다. 경사각 약 60~70도, 약 25m 길이의 모래언덕에서 해변을 바라보며 타는 모래썰매는 어디에서도 맛볼 수 없는 포트 스테판만의 짜릿한 체험이었다. 중간지역 석탄의 도시 뉴캐슬을 지나면서 기주가 한 말이 기억난다. "나의 성공은 뉴캐슬에서 석탄을 캐는 일만큼 하찮은 일"이라고 겸손해 했다.

기주는 이민 후 초기의 어려움을 의지와 끈기로 극복한 후에, IHI(일본전력회사)에서 프로젝트 디렉터를 거쳐 현재의 회사 PPI를 17년 전 설립하여 자수성가하게 되었다. PPI는 전력산업의 Maintenance를 운영

포트 스테판 사막

갭 파크

하는 회사로 업계에서 우수함을 인정받아 곧 두 배로 회사를 확장하기 위해 부지를 마련하는 등 활기 있게 미래를 개척 중이다. 경쟁이 만만찮을 텐데 부디 파이팅! 하기 바란다.

집으로 초대해주어서 방문했다. 기주는 학창시절에 관악부에서 활동했던 인연으로 음악에 대한 열정이 아직 살아 있어 엄청난 음악기기들을 갖추고 있는 것을 보니 장난이 아니었다. 고급 음향기기로 음악 감상을 하는 준비된 거실이 있어서 좋았다. 부인은 소녀같이 다소곳하고 수줍음을 많이 타는 것 같았고, 서방님을 존경하는 마음이 눈에 보이는 듯해서 기주네 집안 생활은 신선놀음이 아닌가? 하는 부러움을 느끼기도 했다. 당일 아주머니 혼자서 준비한 음식은 최고의 한식이었으며, 고급 위스키와 호주산 와인과 함께 근 40여 년만에 오랜 친구들과의 환담으로 밤을 지새우며 시간 가는 줄 모르게 지냈다.

다음 2일 간은 시드니에서 흔치 않은 비가 내렸다. 기주의 안내와 '시드니에서 비를 맞는 것은 큰 복이다.' 라는 설명에 날씨와 무관하게 포근하고 즐거운 시간을 보냈다.

### 갭 파크(Gap Park)

태즈만해의 푸른 파도가 넘실대는 곳에 100m 높이로 우뚝 선 절벽이 장관이다. 식민지시대 고된 노동과 고향에 대한 그리움을 달래려 이곳을 찾았던 많은 사람들이 스스로 목숨을 던져 자살명소가 되기도 했으며, 영화 〈빠삐용〉에서 탈옥한 주인공이 몸을 던졌던 마지막 촬영지로도 유명하다. 가장 높은 바위에 올라가 멀리 아름답게 펼쳐진 이국의 광활한 바다를 바라보면서 기지개를 활짝 펴고 앞으로의 삶을 생각해 보았다. 자전거로 호주를 여행하는 아일랜드 여인을 만났다. 50대 초반 정도로 보이는 그녀는 동양사람과 스스럼없이 어깨동무를 하고 사진 파트너로 활달한 모습을 보여 주어 우리들에게 신선함을 선물하였다.

## 오페라하우스

호주를 대표하는 세계에서 가장 아름다운 건축물 중의 하나인 시드니 오페라하우스는 1973년에 영국의 엘리자베스 2세 여왕에 의해 개관되었다. 1957년 국제설계공모전에 당선된 덴마크의 건축가 '요른 우촌'에 의해 만들어졌는데 음악당을 비롯해 여러 개의 극장, 전시관, 도서관 등이 있다. 이곳은 가장 유명하고 인상적인 20세기의 건축물 가운데 하나로, 전 세계적으로 유명한 공연장 중의 하나이다.

남쪽으로는 시드니의 유명한 다리인 시드니 하버브리지와 가까우며 시드니 하버브리지와 오페라하우스 주변풍경은 호주의 대표적인 이미지 중 하나다. 이 건물의 특이한 지붕 모양은 국제 디자인 공모전의 우승작으로, 작가인 '요른 우촌'이 오렌지 껍질을 벗기던 중에 떠올린 것으로 알려졌다. 오페라하우스는 비록 많은 관광객들이 공연관람에는 관심이 없다 하더라도 시드니의 주요관광지 중 하나로 손꼽히며 2007년 유네스코 세계유산에 선정되었다.

오페라하우스 설계자에 얽힌 이야기가 있어 소개한다. 멜버른이 1956년 하계올림픽 개최지로 선정되자 시드니 오케스트라 단장은 단 한 번도 버젓한 오케스트라 공연장을 갖지 못한 이 도시에 음악당이 필요하다고 주장하여, 시드니 시가 설계공모전을 열었지만 심사위원들이 합의하지 못하자 핀란드 출생 미국 건축가 사린넨에게 조언을 구했다. 출품작을 살펴본 사린넨은 심사위원들이 퇴짜를 놓았던 '요른 우촌'의 설계도를 선택했다. 서른일곱 살의 '우촌'은 당시 무명에 가까웠다. 이 오페라하우스의 지붕을 짓기 위해 필요한 공법을 해결하는 데

오페라하우스

만 5년이 걸려 결국 공사는 15년이나 걸렸다. 공사를 완공하기까지 투자한 경비는 1억2백만 달러에 달했는데 이는 원래 견적보다 14배나 많은 액수였다.

### 하버브리지

1923년 착공되어 9년 만에 완공된 세계에서 두 번째로 긴 싱글아치형 다리이다. 총 길이 1,149m로 1920년대 불어닥친 경제공황을 타개하고 실업자를 구제하기 위한 목적으로 건설되었다. 다리 위의 둥근 아치가 옷걸이 같아서 '낡은 옷걸이'라는 애칭으로도 불린다. 늘어난 교통량 때문에 1992년 하버브리지 동쪽에 해저터널을 건설하게 되었고 지금까지 통행료를 징수하고 있다. 하버브리지 등정이란 이색 체험이 있었다. 인당 $100이며 두 시간 반 정도 소요된다고 하는데 등산을 좋아하는 몇 명의 친구들이 가고 싶다고 떼를 썼으나 다음 기회로 미루어지게 되었다.

세계 3대 미항인 시드니(샌프란시스코, 리오데자네이루)를 돌아보았다. 누구나 한번쯤은 사진으로 보았을 오페라하우스의 우아한 자태와 하버브리지의 유려한 곡선은 바다와 어우러져 시드니를 더욱 아름답게 해주고 있다.

호주에 있는 동안 고급식사(스테이크, 바닷가재), 고급호텔, 와인 선물 등 최고의 대접을 받았음에 우리 일행은 크게 행복했다. 기주가 특별히 준비한 와인 선물을 2034년에 먹자고 와인냉장고에 잘 보관하고 있는데 앞으로 20년을 건강하게 살기 위해 서로 노력하자라는 다짐이다.

이번 호주여행 중에 영선이의 패스포드와 $600 분실 사고, 이미그레이션 시 김종철이 신체검사에서 발견된 금속물질이 수술로 내장되어 있었던 것으로 인정 받기까지의 과정, 화장실과 대문을 착각하는 해프닝, 황주섭이 한국에서부터 지참한 명란젓과 귀한 과자 선물에 얽힌

하버브리지 야경

이야기, 비상계단 출입사고 등 여행의 재미를 더해주는 추억들도 많이 생겨났다.

9일간의 만남을 뒤로하고 헤어지기 섭섭하여 12월 말 기주의 한국 방문을 약속받았는데, 기주가 한국에 오면 신세진 걸 어떻게 갚을까? 지금부터 준비하여야겠다.

시드니 야경

### 호주 일반상식

호주는 남북으로 3,700km, 동서로 4,000km나 되며 우리나라 면적의 77배이다. 호주 내에서도 시차가 있으며, 인구는 2,300만으로 대부분 동해안에 집중되어 있다. 호주는 그야말로 다양한 기후를 총체적으로 느낄 수 있는 곳이다. 연평균 강수량이 800mm라 건조하며 국토의 75%가 사막이나 황무지로 남아있다. 호주에 1억 마리가 넘는 캥거루가 살고 있을 것으로 추정되는데 양의 수와 맞먹는다. 유칼립투스나무는 캘리포니아 삼나무 다음으로 세계에서 두 번째로 키가 큰 나무인데 최대 90m, 평균 60m가량 자란다고 한다.

세계에서 가장 살기 좋은 도시 1위가 호주의 멜버른이고, 살기 좋은 나라 순위에서 노르웨이, 덴마크, 스웨덴에 이어 4위로 선정된 나라이다. 복지선진국이라는 타이틀과 함께 경제, 문화, 예술의 3박자를 모두 갖춘 나라이다. 호주에는 500개 이상의 국립공원과 2,700여 개의 자연보호구역이 있다. 그리고 세계에서 가장 많은 17개의 유네스코 문화유산을 가지고 있다.

호주는 온 세계에서 가장 평화롭고 안정적인 나라다. 호주는 한 대륙을 이루는 유일한 섬, 한 국가를 이루는 유일한 대륙, 해상을 통해 정복된 유일한 대륙이고 감옥으로 시작된 유일한 국가다. 계절은 뒤에서 앞으로 진행되었고 별자리는 위아래가 뒤집혀 있다. 호주에 서식하는 식물의 87%는 세계 다른 지역에서 자라지 않는다고 한다.

호주는 이주 역사가 시작된 이후 일찍부터 발명가

와 과학자의 산실이다. 지리적으로 고립되어 자급자족하지 않으면 안 되는 환경에서 비롯되기도 했겠지만, 호주를 최첨단기술과 발명의 나라로 이끈 원동력은 무엇보다 교육에 있다. 이러한 호주의 경쟁력을 바탕으로 하여 호주는 노벨상 수상자를 9명이나 배출했다. 문학상 수상자 1명을 제외한 나머지 8명은 모두 과학과 의학 분야에서 배출되었다. 그 중 한국 사람들에게도 친숙한 노벨의학상 수상자 '베리 마셜' 교수는 치료방법을 찾기 위해 헬리코박터균을 직접 마신 일화로 유명하다. 호주 과학자들이 이룩한 업적들은 이미 생활용어가 됐을 만큼 친숙하다. 블랙박스, 제록스복사, 태양전지, 페니실린, 조류독감백신, 수술용라텍스장갑 등이다.

### 호주의 초창기 슬픈 역사

오늘날 호주는 지구상에서 가장 많은 문화가 공존하는 나라로 손꼽힌다. 시드니 시민 가운데 3분의 1이 다른 나라에서 출생한 사람이다. 영국인이 호주에 정착할 무렵 애버리지니 원주민이 얼마나 살고 있었는지는 모른다. 현재 영국계 백인의 나라인 호주의 총인구는 2,300만 명 정도 되는데 이 중에 애버리지니 원주민의 수는 2.2%에 불과하다.

윌리엄 J. 라인스는 『거대한 남쪽 땅 길들이기』란 책에서 정착민들이 원주민들에게 얼마나 잔인하게 대했는지를 상세하게 기술하고 있다. '개 먹이로 주기 위해 애버리지니 원주민을 살해한 일, 애버리지니 여인 앞에서 남편을 살해하고 머리를 베어 목에 걸고 다니게 한 일, 나무 위로 도망치도록 몬 다음, 밑에서 라이플총으로 쏘아 고문한 일 등인데,' 작가는 이 장면을 다음과 같이 기록했다. "총알을 맞을 때마다 그녀는 나뭇잎을 뜯어 상처에 쑤셔 넣었다. 그러나 결국 목숨을 잃고 땅바닥에 떨어졌다."

그것도 모자라 1900년부터 1972년까지 호주 정부와 교회는 원주민 개화정책으로 아이들을 부모로부터 강제로 분리해 10여만 명이 입양되거나 수용소로 끌려갔으며, 원주민 언어는 금지 당했고 부모들이 찾지 못하도록 아이들이 어디로 보내졌는지 알 수 없게 되었을 뿐더러 방문과 편지조차도 금지시켰다. 이들은 도둑맞은 세대(Stolen Generation)라 불린다. 2008년 호주의 케빈 러드 총리가 처음 이에 대해 공식적인 사과를 하기에 이르렀다.

### 영국 연방(Commonwealth of Nations)

영국과 캐나다, 호주, 뉴질랜드 등 영국 식민지였던 54개국으로 구성된 국제기구다. 16세기 엘리자베스 1세 여왕 때부터 식민지제국을 만들었다. 20세기 중반 이후 많은 나라들이 독립하였으나, 1947년 인도, 파키스탄 등 다른 문화권의 나라들이 독립하여 영연방에 가입함으로써 영연방은 문화적 다원주의로의 체제 개혁이 불가피해졌다. 1950년에 영연방 총회는 '영국 국왕은 영연방의 수장首長이며 자유로운 결합의 상징'이라 하여 영국 국왕에 대한 충성 서약은 사실상 필요 없게 되었다. 홍콩은 영국의 식민지였지만 영연방에 가입하지는 않았고, 모잠비크는 영국의 식민지가 아니지만(포르투갈 식민지) 영연방 회원국이 되었다.

아직도 여왕을 원수로 하고 있는 나라로는 영국, 캐나다, 호주, 뉴질랜드 등이 있고, 대통령을 원수로 하고 있는 나라는 인도, 파키스탄, 가나, 키프로스, 케냐, 나이지리아, 싱가포르, 스리랑카 등이 있으며, 국왕을 원수로 하고 있는 나라로는 말레이시아, 레소토 등이 있다.

영연방은 4년마다 영연방 경기대회(Commonwealth Games)를 개최하고 있는데, 참가는 영연방국가 출생이거나 현재 거주하고 있는 아마추어 선수로 규정하고 있다. 이 대회는 4년마다 올림픽대회가 열리는 해 사이에 있는 중간 해에 개최된다.

### 보너스 상식

* 호주 영어

호주 영어는 'a'를 '아'로, 단어 끝 'r'를 발음하지 않는 것 빼고는 우리가 영어 발음을 한국말로 적는 것과 비슷한 소리가 난다. 그래서 호주 영어는 미국 영어보다 배우기 쉽다고 말하는 사람이 많다. 억양 면에서 한국에서 배웠던 미국식 억양을 그대로 써도 무난하다.

* 바닷가의 각종 명칭

호주의 지명 중 바닷가를 여러 가지 이름으로 구분해서 부른다. 그것은 해안의 형태에 따라 달라지는데 일반적으로 구불구불한 형태의 해안을 하버, 모래사장이 있는 해안을 비치, 모래사장이 있지만 길게 이어지는 해안을 코스트, 그리고 깊숙하게 들어간 해안을 베이라고 한다. 베이보다 규모가 큰 것은 걸프, 항아리처럼 들어간 해안을 포트라고 한다.

* 멜버른 사람들은 그들이 좋아하는 축구에 대한 농담을 즐긴다.

축구 그랜드 파이널을 관람하기 위해 멜버른에 도착한 한 남자가 자기 옆 좌석이 비었다는 사실을 보고 놀란다. 그랜드 파이널 티켓은 몇 주 전에 이미 매진된 상태였기 때문이다. 그래서 그 좌석 건너편에 앉은 남자에게 이렇게 말했다. "실례합니다, 이 자리 주인이 왜 없는지 아십니까?" 그러자 상대방은 "아, 그건 제 아내 자립니다. 안타깝게도 세상을 떠났죠." "그것 참 안 되었군요." "그렇죠, 아내는 한 경기도 빠뜨리지 않고 봤는데……." "그런데 그 티켓을 친구나 친척한테 주시지

그랬어요.” “아 그럴 수 없었습니다. 그 사람들은 지금 아내의 장례식에 참석하고 있거든요.”

* 호주 원주민 언어

캥거루와 코알라는 호주에서만 사는 동물인데, 그 이름이 붙여진 유래가 재미 있다. 맨 처음 호주대륙에 도착한 탐험가가 벌판을 콩콩거리며 뛰어다니는 캥거루를 보고 깜짝 놀라서 원주민에게 동물의 이름을 물었다. 그러자 원주민은 ‘나도 모른다.’는 뜻으로 ‘캥우루’라고 말했다. 하지만 원주민의 말을 알 리 없는 탐험가는 ‘캥우루’를 ‘캥거루’로 잘못 알아듣고는, 이것을 그 동물의 이름이라고 믿어버렸다.

코알라는 인형처럼 귀엽지만 평생 유칼리나무에서 살면서 낮에는 주로 잠을 자고 밤에만 약간 활동하는 세계에서 가장 게으른 동물로 알려져 있다. 코알라는 호주원주민 언어로 ‘물을 먹지 않는다.(No drink)’라는 의미를 가진 굴라(gula)에서 비롯된 이름으로 실제 유칼리나무잎 말고는 아무 것도 먹지 않는다.

* 부메랑

지금부터 약 1만 년 전부터 만들기 시작한 고대 공예품이다. 주로 사냥이나 전쟁에서 던지는 무기로 사용하거나 땅을 파고 불을 피우는 도구로도 사용하고 악기처럼 연주하고 의식에 사용한다. 모양과 크기는 기능에 따라 다양하다. 던져서 돌아오는 것과 그렇지 않은 것, 사냥용과 의식용으로 나누어진다. 몸체에 섬세한 조각을 하거나 색을 칠하기도 한다.

좋은 나라

# 캐나다

# 좋은 나라
# 캐나다

존 카보트가 동부 뉴펀들랜드에 도착하면서 캐나다의 식민역사가 움터

이제 캐나다 여행기를 정리할 때가 되었다. 간단한 국내여행에 비해 10일간의 일정이니 얼마나 쓸 거리가 많겠나 싶으면서도 어느 때의 기행문보다 걱정되기도 하고 망설여지기도 한다. 이번 여행은 집사람의 환갑을 축하하기 위한 행차였다. 환갑이 되었는지 어떤지를 주변에 알리지 말고 즉, '기념행사는 필요 없다'고 하면서 집에서는 연기도 피우지 말아야 한다는 주장을 대신하여 여행을 택하게 되었다.

여행일정 : 8월 9일 ~ 18일 (9박 10일)

여행경로 : 캐나다 밴쿠버 → 로키산맥(캘거리, 밴프, 레이크루이스, 제스퍼) → 퀘벡 → 프린스에드워드 섬

## 알고 있던 캐나다, 여행 중 알게 된 캐나다

1497년 영국 왕의 명령을 받은 이탈리아인 존 카보트가 동부 뉴펀들랜드에 도착하면서 캐나다의 식민역사가 움텄으며 이후 험프리 길버트가 뉴펀들랜드를 영국령으로 선언했다. 캐나다연방이 성립되기까지의 역사는 영국과 프랑스간의 식민지 획득 경쟁사였던 동시에 이민자와 원주민 사이의 전쟁사다. 캐나다라는 지명은 1536년 지도상에 처음으로 등장하는데 이는 원주민인 이로코와 인디언이 옥수수 밭을 '캐낙타'라고 부르는 것을 듣고는 이 곳 지명으로 오인하여 지도에 넣었다고 하는 설도 있으나 원주민의 '촌락'을 의미하는 단어인 'KANATA'가 변하여 'CANADA'가 되었다는 설이 더 설득력 있게 들린다.

영국, 프랑스 외에도 독일과 폴란드, 러시아를 비롯한 다수의 이민자들이 20세기까지도 끊이질 않고 유입되면서 다민족 국가로 형성되었다. 그렇지만 아직도 영국계와 프랑스계가 가장 큰 비중을 차지하고 있다. 동양인들이 미국에 비해 캐나다 이민을 선호하는 이유는 비교적 인종차별이 없기 때문이다. 캐나다는 세계 2번째로 넓은 나라이지만 인구는 3,400만 명밖에 되지 않는다. 넓은 국토에 이민자의 비중이 높은 것 때문이라 생각된다.

경제활동의 중심은 토론토, 몬트리올, 밴쿠버, 퀘벡 시티 등의 대도시이고 캐나다 전체 인구의 80%가 미국과의 국경지역 200km 내에 살고 있다. 산업으로는 천연자원을 바탕으로 한 농업, 임업, 어업, 광업 등이 발달해 있고 지금은 기계, 화학, 자동차 공업 등이 주력산업으로 자리 잡고 있다. 마일 · 파운드를 사용하던 대표적인 세 나라 미국, 영국(연방 포함), 캐나다 중에서 캐나다만이 1983년 미터법이 공식적으로 연방정부에 의해 채택되어 쓰게 되었는데, 이는 캐나다 정부가 세계적인 추세인 미터법을 사용함으로써 학문의 발전, 이민자의 고려, 무역활성화를 위한 조치가 아니었나 생각된다.

캐나다는 동계올림픽을 두 번이나 개최한 동계스포츠의 강국으로 아이스하키를 무척 좋아하며 전통적인 아이스하키 강국으로 캐나다의 국기國技로 자리 잡고 있다고 한다. 1980년대 중반 캐나다의 심리학자 '로저 반슬리'가 캐나다의 아이스하키 선수들의 통계표를 만들었는데 놀랍게도 1월~3월생이 전체의 40%를 차지한다는 통계를 얻었고, 1월~3월생(40%), 4월~6월생(30%), 7월~9월생(20%), 10월~12월생(10%)으로 캐나다 하키를 지배하는 계절의 법칙이 작용하고 있음을 알게 되었다고 한다. 그러나 이런 현상은 태어난 달과는 아무런 상관이 없고, 단지 1월 1일을 기준으로 하키 클래스를 짜기 때문에 사춘기 때의 1월생은 12월생에 비해 12달이라는 차이가 있어서 엄청난 신체발달의 차이로 인한 것임이 밝혀졌다.

캐나다의 국기는 단풍잎기(영어 Maple Leaf, 프랑스어 l'Unifolie)이다. 빨강 바탕에 가운데 흰색 정사각형이 있고 여기에 붉은 단풍잎이 그려져 있다. 영국의 유니온 잭을 국기로 사용하다가 1964년 국민공모로 제정되어 1965년 2월 15일 영국 엘리자베스2세의 승인을 받아 정식으로 채택되었다. 국민들은 이 국기를 매우 자랑스럽게 사랑하고 있다. 내 생각에도 캐나다의 수려한 자연을 잘 느끼게 해주는 심볼인 것 같다.

이번 여행 중 다녀 본 곳을 모두 다 잘 표현해보겠다는 것은 지나친 욕심일 것이다. 그래서 로키산맥 국립공원 주변과 소설 『빨강머리 앤』의 무대가 된 프린스에드워드 섬을 중심으로 정리해보려 한다.

### 여정旅程, '로키산맥'을 따라 흐르다

국제공항이 있는 캘거리에서 비행기를 내려 밴프, 레이크루이스, 제스퍼 등을 두루 돌아보았다. 이 도시들은 하나같이 호수, 계곡, 폭포, 바위산, 빙하, 만년설 등이 절묘하게 어우러진 그야말로 그림 같은 관광의 명소 도시들이다. 방문지역에 대한 간략한 설명을 덧붙인다.

### 로키산맥

태평양 연안에 가깝게 남북을 가로지르는 거대한

산맥으로서 최고봉인 롭슨산(3,954m)을 비롯하여 3,000m 이상의 고봉이 이어져 있다. 로키산맥의 특징은 능선이 칼날 같아 등산길이 있을

레이크루이스 호수에서

수 없다고 하며 바위산으로 되어 있기 때문에 흙이 없어서 나무들이 자랄 수 없다고 한다. 어느 곳을 가나 눈앞에 펼쳐지는 대자연의 장관에 경건한 마음까지 들었다. 이곳의 가장 큰 매력은 빙하와 호수가 엮어

내는 산악 특유의 경관인데 밴프로부터 시작되어 제스퍼까지 연결되는 약 250km의 산기슭의 도시에서 자연과 친숙해지는 시간을 보냈으며, 아이스필드 파크웨이에서의 빙하관광은 거의 환상적이었다. 캐나다 로키산맥의 해발 3,000m 높이는 수목 한계선 지대다. 이 지대의 나무들은 매서운 바람과 심한 눈보라 때문에 곧게 자라지를 못하고 사람이 무릎을 꿇고 있는 모습으로 생존을 위해 몸부림치고 있는 형상이다. 세계적으로 가장 공명共鳴이 잘 되는 명품 바이올린은 이 '무릎 꿇은 나무'로 만든다.

## 밴프

캐나다 최대의 국립공원으로 밴프의 역사는 대륙횡단철도 건설과 함께 시작되었다. 공사 중에 온천을 발견하여 많은 손님들이 몰려들면서 1985년 캐나다 최초로 국립공원으로 지정되었는데, 세계에서 연간 470만 명의 관광객이 몰려온단다. 예전에는 조용한 온천지였다가 지

금은 시대의 변화와 함께 활기 넘치는 대형리조트로 발전하게 되었다. 관광은 도시 전체의 조망이 가능한 설퍼산 곤돌라를 타는 것으로 시작된다. 아래지역(1,600m)에서 2,300m의 설퍼산 정상까지는 약 10분 만에 올라간다. 대표적인 명소로는 마릴린 먼로와 로버트 미첨 주연의 〈돌아오지 않는 강〉의 무대가 되었던 보우강과 폭포, 페어몬트 스프링스, 박물관, 호수, 골프장 등이 있으나 어디를 가도 훌륭한 사진촬영 배경으로 손색이 없는 관광지였다.

### 레이크루이스

레이크루이스는 도시의 이름이자 호수의 이름이다. 이를 구분하기 위해 마을에는 빌리지라는 단어를 곁들여 외지인에게 안내하고 있다. 루이스 호수는 캐나다에 산재한 수천 개의 호수 중에 가장 아름다운 곳으로 캐나다 관광안내 책자의 표지에 등장하며 꼭 가봐야 할 곳이라 소개된다. 여기에서의 3시간에 걸친 하이킹과, 샤토 레이크루이스 호텔에서의 중식과 커피타임은 두고두고 잊지 못할 것 같다. 이 지역은 로키산맥으로 둘러싸여 고산식물과 야생동물의 보고이기도 하고 관광 이외에 하이킹, 낚시, 보트, 카누 타기도 좋을 듯하다.

* 타카카우 폭포와 요호계곡

조용한 요호계곡의 가장 안쪽에 위치한 풍부한 수량水量의 폭포로 낙차가 320m이고 빙하로부터는 400m 정도로 캐나다에서 가장 높은 폭포이다. '타카카우'라는 말은 인디언 말로 '대단하다'는 의미란다.

타카카우 폭포

제스퍼

역시 도시 전체를 한눈에 볼 수 있는 허슬러산의 로프웨이로부터 관광을 시작했다. 2,500m의 허슬러산까지 표고 약 1,000m를 10분만에 올라갈 수 있다. 제스퍼는 로키산맥 4개의 국립공원 중 가장 크고 북쪽에 위치한다. 1800년대 초 모피교역소 경영자였던 '제스퍼 하우즈'의 이름에서 비롯되었단다. 연간 밴프의 절반인 약 220만 명이 방문하고 있다.

한국인, 어느 캐나다 이민자의 이야기

이 관광지 외에 소개를 드리고 싶은 곳은 로키산맥 주변에서 태극기를 휘날리며 사업에 성공하신 어느 캐나다 이민자의 이야기다. 그는 여상목이라는 분으로 올해 77세의 어르신인데 1969년 캐나다에 단신으로 이민을 와서 큰 사업체를 이루어 성공하신 분으로 지금은 전 가족들이 함께 살면서 여러 가지 사업에 같이 참여하고 있다. 요즘에는 이민자가 새로 와서 자리를 잡을 때까지 적절한 안내를 해주고 있으며 캐나다 현지인들과의 관계를 돈독히 하여 인연 만들기를 잘 하고 계신 분이셨다. 사업으로 큰돈을 벌어서 베푸는 삶을 실천하고 계신 분이라 나에게도 귀감이 되었다.

그는 2003년 고희를 맞아 자신의 캐나다 이민 성공기를 『캐나다 국립공원에 휘날리는 태극기』라는 제목의 책으로 펴내기도 했다. 그 분이 운영하는 식당에 찾아갔다. 캐나다의 산골짜기인 로키산맥 자락의 식당 앞에 펄럭이고 있는 태극기를 보면서 가슴이 뭉클했다. 캐나다는 미국이나 유럽에 비해 비교적 인종차별이 없는 나라로 이민자들이 노력하는 만큼 누구든 자리를 잡을 수 있는 기회의 땅이라고 하는 말이 실감났다.

여 선생은 내세울만한 학력도 없이, 어릴 때에는 슈산보이로, 미군부대 PX에서 종업원으로 고생하면서 영어를 배웠다. 어느 정도 돈을 모았을 때 영화제작에 손을 댔다가 부도가 나는 바람에 큰 실패를 보고는 다시 돈을 벌기 위해 베트남, 미국 등지로 날아가서 별의 별 고생을 다 하다가 캐나다에 들어가면서 정착했다. 별로 기술이 없던 그는 접시 닦기와 지렁이 잡기 등으로 연명하다가 취업을 하게 되면서부터 온 가족을 캐나다로 불러들여 같이 살게 되었다. 토론토 한국타운에 한국

식당 코리아하우스를 오픈하였고 동양식 레스토랑 겸 나이트클럽을 열면서 큰 사업을 펼치기도 했으며 맥도날드 대리점 개업, 한국인 최초의 부동산중개사로 근무하기도 하면서 편의점, 주유소, 셀프주차장의 복합 상점인 원스톱멀티숍을 만들기도 했지만 1970년대 말 제2차 오일쇼크가 왔을 때 파산하여 다시 모든 재산을 날리게 된다. 1983년 다시 식당, 주유소, 선물가게, 직원숙소를 포함한 큰 사업장을 열게 되었고 지금은 레이크루이스 일대에서 자녀들과 함께 큰 사업체를 이끌고 있으며 캐나다 한인협회 회장을 연임하시는 등 두루 활발한 활동을 펼치면서 캐나다의 유지 반열에 들어서게 되었다. 그의 사업 성공요인은 한마디로 열정과 신뢰를 바탕으로 한 그의 끈질긴 뚝심이었다.

## 『빨강머리 앤』을 품은 섬

또 소개해드릴 한 곳인 프린스에드워드 섬은 제주도의 3~4배 크기의 큰 섬인데 이 섬이 유명한 것은 백 년 전 이 곳을 무대로 발간된 소설『빨강머리 앤』때문이다. 지금은 이 섬이 캐나다 본토와 다리로 연결되어 차량의 왕래가 가능한 곳이고 그 다리의 길이는 14km라고 한다. 우리의 인천대교가 21km이니 그렇게 긴 다리라고는 할 수 없을 것이다.

캐번디시는『빨강머리 앤』의 무대도시로서 작가 '몽고메리'의 유적지인 셈인데 소설에 나오는 교회, 초록색 지붕 집, 마을들을 아울러서 종합관광지가 되었다. '몽고메리'의 집과 소설의 무대가 된 관광지는 10km 쯤 떨어진 곳에 위치해 있다. 이 소설『빨강머리 앤』은 1908년 발간되어 전 세계에서 번역 출간되었고 지금까지 1,500만부 이상 팔린

베스트셀러 중의 베스트셀러이고 백년이 지난 지금까지도 꾸준하게 읽히고 있는 스테디셀러이기도 하다. 작가 '몽고메리'는 이 소설을 캐나다의 여러 출판사에 보냈지만 모두 거절당해 다락방에 처박아두었던 것을 몇 년 후에 다시 미국의 출판사로 보내게 되었는데 미국에서 『초록지붕 집의 앤』이란 이름으로 책이 발간되었다. 이 작품이 큰 성공을 거두면서 그녀는 일약 캐나다의 명사가 되었으며 1923년 영국 왕립예술협회 회원으로 추대되기도 했다.

우선 이 소설의 작가 '루시 M 몽고메리'는 여류작가로 1874년 프린스에드워드 섬의 클리프턴(현재 뉴런던)에서 태어났다. 2살 때 어머니가 세상을 떠나자 근처 캐번디시에 살고 계시던 외할아버지 외할머니의 보살핌을 받으며 자랐다고 한다. 그녀는 어릴 때부터 글쓰기에 남다른 소질이 있어서 15세에 '샬럿타운' 신문에 그녀가 쓴 시가 실리게 되었다. 34세 때인 어느 날 우연히 자기 옆집에 사는 독신남매 집에 어린 조카딸이 와서 사는 걸 보고 문득 '저 아이가 혹시 고아가 아닐까?' 라는 상상을 하게 되었고, 그 아이디어를 토대로 자신의 성장과정을 담은 소설 『빨강머리 앤』을 완성하게 되었다고 한다. 그녀는 1942년 토론토에서 세상을 떠났고, 『빨강머리 앤』의 무대이자 평생 사랑했던 프린스에드워드 섬의 캐번디시에 묻혔다.

이 소설은 '앤'이란 소녀가 고아원에서 어느 독신남매의 딸로 입양되었고 교육을 받으면서 아주 훌륭한 숙녀로 변신한다는 이야기다. 이 책이 전 세계 독자들에게 오늘날까지도 사랑을 받아오고 있는 이유는 주인공 '앤'의 재기발랄한 상상력 때문일 것이다. '앤'은 어떤 사물을 볼 때 치밀하게 관찰하고, 관찰한 것을 새로운 것에 연결시키는 뛰어난 창의력을 가졌다. '앤'의 모습에서 잃어버린 어릴 적의 우리들의 모습을 보는 듯했다. 또한 '앤'은 세상을 밝게 보려고 노력했고, 항상 높은 목표를 향해 도전했으며, 자신을 길러준 아주머니를 위해 장학금이 주어지는 대학진학까지 포기한 자기희생의 삶을 살기도 한다. 이 소설은 스토리 전개뿐만 아니라 자연의 모습을 환상적으로 표현해내는 작가 '몽고메리'의 탁월한 문장력 때문에 더욱 빛이 나는 것 같다. 나도 가끔 책을 읽고 있지만 이 책만큼 아름다운 묘사는 그 어디에서고 찾아보지

못한 것 같아서 이 책을 접하게 된 것이 행운처럼 느껴진다.

프린스에드워드섬은 유럽 외에서 가장 유럽다운 풍경을 느낄 수 있는 곳으로 지금은 호텔, 펜션, 골프장, 요트장 등을 잘 구비하여 유럽 사람들의 휴양지로 각광을 받고 있는 곳이기도 하다. 전원도시의 이미지를 지속 유지하기 위해 공을 들이고 있다. 이곳은 해산물과 축산물이 유명한데 청정지역이라 소를 많이 키우고 있다. 그러나 한마디로 『빨강머리 앤』을 가지고 먹고 사는 섬이라 해도 과언이 아니다. 소설의 무대를 관광자원으로 잘 활용하고 있을 뿐만 아니라 캐나다의 아름다운 자연과 연결하여 관광객 유치에 성공하고 있는 곳이다. 지금도 계속해서 문화관광지화 하는 노력을 기울이고 있다.

우리나라에도 최근 시작된 한류관광이란 것이 있긴 하지만 캐나다 프린스에드워드섬같이 지속적으로 유지, 발전시키기 위해서는 자연의 아름다움만으로는 부족하고 캐나다처럼 역사적, 문화적 인물을 드러내어 외국인들에게 적극적으로 홍보하는 노력이 필요할 것 같다. 예를 들어 제주도에서 노블레스 오블리주의 아름다운 삶을 살다 가신 거상 '김만덕'과 드라마 〈추노〉의 배경이 되기도 했던 제주도의 아름다운 자연환경과 역사적, 문화적인 이야기꺼리를 잘 접목시키는 등 더 많은 콘텐츠를 개발하려는 노력이 필요할 것 같다.

세계 제일의 고도古都

# 시안

지난 10월 2일(토)~10월 5일(화) 3박 4일간 중국 시안西安을 다녀왔다. 이곳은 전에 세 차례나 갔던 곳이지만 그동안은 출장이었고 이번에는 관광지를 자세히 돌아볼 수 있었다. 대학동기들과 부인 등 45명이 참가하는 특별여행이어서 더욱 기대가 되는 여행이었다. 시안의 풍물과 역사는 워낙 유명해 자세한 설명은 필요 없을 것이라 생각하지만, 그동안 제가 알고 있었던 것과 금번 여행에서 돌아본 관광지에서 친구들 관련한 내용을 소개한다.

## 세계 제일의 고도古都 시안

유명한 역사유적으로 인해 중국에서 가장 인기 있는 관광지

### 시안西安의 역사

지금이야 중국의 1개성인 산시성陝西省의 성도에 불과하지만 시안西安은 2,000년 전 장안長安이라고 불릴 때만 해도 세계 최대의 도시로 아테네, 로마, 카이로와 함께 세계 4대 고도古都였다. 지금도 세계적으로 유명한 역사유적으로 인해 중국에서 가장 인기 있는 관광지 중 하나이다.

당시 장안은 동서 10Km, 남북 8Km에 이르는 영토를 가진데다 인구는 150만 명이었다. 이 중 외국 사신들의 수만 해도 약 4천명을 헤아렸다고 한다. 기원전 11세기부터 서기 10세기까지 13개 왕조나 정권이 이곳에 도읍을 정했으며 시안의 긴 역사 중에 서주西周, 진秦, 서한西漢, 당唐이 가장 융성했던 시기라 볼 수 있다. 역사적으로 과거 동양과 서양의 문화 교류에서 중요한 역할을 했던 실크로드의 기점이며, 실크로드라는 이름에 걸맞게 실크와 차, 자기 등은 중앙아시아를 통해 유럽으로 건너갔고, 서방의 산물과 문화가 중국에

전해졌다.

시안의 오랜 역사를 함께 해온 고 성벽과 돌로 된 서고書庫라 불리는 비림, 대안탑, 소안탑 등의 건축물은 물론이려니와 사람들의 가장 큰 관심을 받고 있는 '세계 8대 기적' 중의 하나인 진시황 병마용갱, 그리고 중화민족의 발상지 중의 하나인 반파半坡유적, 모계사회로부터 부계씨족사회까지의 변천을 볼 수 있는 앙소仰韶문화와 중화 고대문

장안이 중심이 된 중국의 옛지도

명의 진귀한 유적들이 잘 보존되어 있으니 "오천년의 중국역사를 시안에서 볼 수 있다."라는 말이 과언이 아니다. 수많은 외국인들이 중국을 여행할 때 시안을 필수코스로 잡는 것도 당연하다.

오늘날 시안의 인구는 약 700만 명이며 중국의 신흥 내륙공업지역

가운데 하나로 20여 개의 대학과 연구소들을 갖춘 교육도시이기도 하며, 중국의 군수공장, 우주연구센터 등 핵심적인 산업체가 자리해 있다. 중국 정부의 서부개척 방침이 시안을 중심지로 전개되고 있으며 실크로드의 시발점이 시안에서부터 시작된 걸로 봐서도 중국의 발전은 시안으로부터라고 할 수 있겠다. 수도를 북경으로 옮기고 난 후 지방 도시로 그 기능이 약화되었으나 최근 10년 사이 큰 발전으로 서부개척 중심지로서의 옛 명성을 회복하고 있는 듯하다.

시안성西安城은 만리장성, 산서성의 평요고성平遙古城과 함께 중국의 3대 성곽으로 2,000년의 세월과 함께 아직도 위용을 자랑하고 있다. 현재의 구도는 명나라 때(1374~1379) 개축한 것으로 높이 12m, 폭 15m, 총길이 14km나 되는 규모로, 보는 사람들을 압도한다. 시안시 중심을 둘러싸고 있는 성을 사람들은 자전거나 전동차를 타고 일주하기도 한다. 성벽은 동서남북 4개의 문이 모두 남아있으며 둘레에는 길이 13.7km의 깊은 해자垓字가 설치되어 있다.

### 여행 후기

- 첫째 날 (10월 2일, 토)

10월 2일 토요일, 도착하던 날의 일주일은 중국의 황금연휴 주간이었다. 10월 1일이 중국 국경절이기 때문이다. 이 날을 건국일로 삼은 이유를 알만도 했다. 우리는 우연찮게 전 세계 인구의 20%인 13억 인구, 56개 민족의 대이동에 합류했다. 시안에 도착하여 느낀 첫 인상은 '가장 중국다운 문화유적 도시'라는 것이었다. 문화재, 유적만 있는 것이 아니라 많은 사람들이 찾아 확인하고 느끼는 역사의 현장이었다. 두고두고 추억에 남을 보석 같은 경험을 만들어야겠다고 다짐한다.

* 산시陝西 역사박물관

전통 궁전양식으로 지어진 산시 역사박물관은 중국 최초로 현대적인 자동화 시스템을 도입한 박물관으로 유명하다. 중국 수상 저우언라이朱恩來의 유언에 따라 지어졌다고 한다. 모두 36만점의 전시물을 보유한 산시 역사박물관은 총 3개관으로 되어 있다. 제1전시실은 선사시대부터 진나라 때까지 제2전시실은 한나라부터 위진 남북조까지의 출토품을 전시하고 있다. 제3전시실은 수 · 당 · 송 · 명 · 청대의 문물을 시대 구분에 따라 전시하고 있다. 그 중 가장 볼만한 곳은 시안이 전성기를 누렸던 당나라 시대의 유물을 모아놓은 제3전시실이다.

* 진시황의 미완성 DREAM 아방궁阿房宮

시안에 도착하여 처음으로 찾은 곳은 아방궁이다. 아방궁은 중국

아방궁 유적지에서

대륙을 처음 통일한 진秦나라 시황제始皇帝가 황제로 즉위하면서 수도 함양咸陽의 궁이 좁다면서 아방촌阿房村에 세운 꿈의 궁전이다. 시황제가 죽은 후에도 공사를 계속하였지만 진이 멸망하면서 미완성으로 끝나는 바람에 이름도 없는 신세가 되었으나 지명을 따서 아방궁이라 부르게 되었다고 한다. 70만 명 죄수를 동원해서 만들었다는 아방궁은 진시황의 엽기적인 걸작품이다.

26명의 자식 중 누구도 후계자로 마땅찮다고 판단한 절망과 포기가 상대적으로 불로장생의 통치에 집착하게 했다. 어떻게든 진秦 왕조를 영원히 유지하고 싶다는 욕구와 그러지 못한 현실 사이에서 정신적 부담이 증폭됐을 것이다. 만리장성 축조, 분서갱유, 아방궁의 유희행각이라는 기행도 이 심적 부담에서 비롯했을 것이고 결국 진의 멸망을 재촉했다.

거창하고 화려한 집을 우리는 아방궁이라고 부른다. 진시황이 지으려던 아방궁은 한마디로 표현할 길이 없다. 동서로 700m이고 남북으로 120m에 이르는 2층 건물로 궁 안에 1만 명을 수용할 수 있는 규모였다고 한다. 현재 남아 있는 궁전 가운데 세계에서 가장 규모가 크다는 명과 청 시대를 주름잡던 북경의 자금성紫禁城은 아방궁과는 비교할 수 없을 정도라고 하니 그 규모가 어떤지 짐작이 된다.

궁전 터의 북쪽은 고원이고 남쪽은 위강渭江으로 땅을 넓힐 수가 없게 되자 아예 위강을 메워버렸다고 한다. 중국에 사람이 많다고는 하지만 2천 년 전에 강을 메웠다니 과연 시황제다운 발상이다. 불로초를 찾으려고 우리나라에 사람을 보낼 만큼 불로장수가 철전지원이었던 진시황은 꽃봉오리 같은 처녀를 품고 자면 기를 받아 장수한다는 설을 믿고 전궁前宮을 두고 3천 궁녀를 거느리고 돌아가며 하루씩 머물렀다고 하니 오래 사는 건 고사하고 얼마나 힘겨웠을까? 하는 괜한 측은지심이 생긴다.

아무리 거대하고 호화로운 궁이면 무엇하랴. BC 207년, 진이 멸망하면서 항우에 의해 불태워졌고 불길이 3개월 동안 꺼지지 않았다고 하니 얼마나 크고 웅대했으면 그랬으랴 어안이 벙벙해진다. 현존하는 아방궁은 엉터리로 복원한 것으로 보여 격이 떨어져 감흥이 일지도 않을뿐더러 당시의 규모는 물론이고 채색이며 문양 등을 전혀 가늠할 수가 없어 못내 아쉬웠다.

* 중국 최대의 종루鐘樓 야경

시안의 종루는 1384년 명나라의 초대 황제 주원장朱元璋이 세운 것으로 중국에 남아 있는 종루 중 가장 규모가 큰 것 중 하나이며 시안의 상징적인 건축물이다. 종루는 새벽에서 저녁까지 매시 정각에 종을 쳤고 밤엔 북을 쳐서 시간을 알려줬던 시계탑이다. 꽤나 높은 벽돌로 만든 제단 위에 3층짜리 누각을 세워 웅장하다. 붉은색 등으로 밝힌 종루의 야경이 호화롭다. 역시 중국은 온통 붉은색이다.

* 산시陝西 가무쇼

종루의 야경을 감상하고 산시 가무쇼 극장을 찾았다. 산시성의 소수 민족들이 펼치는 가무쇼다. 무희들의 화려한 춤이 계속해서 이어졌으나 관중이 가득 차 숨이 막히기도 하고 중국어로 소개하는 통에 재미가 없는데다가 하루의 피로 때문에 졸음이 엄습한다. 하나 천만다행으로 조는 사람이 많은 한밤중이었다.

- 둘째 날 (10월 3일, 일)

* 양귀비가 즐겼다는 온천이 있는 화칭츠華清池

화청지는 여산에 위치한 온천이다. 당 현종玄宗이 어느 날 며느리였던 양귀비에게 넋을 뺏긴 나머지 화청궁을 증축하고는 목욕탕을 지어주고, 해당탕海棠湯과 연화탕蓮花湯에서 목욕하며 로맨스를 즐겼던 것으로 유명한 온천이다.

양귀비의 본명은 양옥환楊玉環이며 162cm의 키에 몸무게가 64kg이었다고 한다. 요즘 기준으로 보면 그리 미인의 체형이라고 보기는 어려울 것 같지만, 그 당시 미인의 기준은 풍만한 여인이었던 것으로 생각된다. 그러나 그 사랑이 아무리 아름답고 뜨거웠던들 무엇하리요. 죽자 살자 목을 매던 현종이 사랑보다 목숨을 택하는 변심을 하는 바람에 불과 38세에 목을 매어 절세미인도 그 아름다움을 마감했다. 인생은 무상한가, 무심한 인심이련가!

화청지 양귀비 동상 앞에서

* 진시황릉 병마용갱秦始皇陵 兵馬俑坑

진시황릉에서 지근거리에 위치한 병마용갱을 찾았다. 병마용갱은 진시황의 사후를 위해 수많은 진나라 모습의 군사, 말 등을 흙으로 빚어 구워 등신대等身大로 제작한 토용土俑을 매장해 놓은 지하 갱도이다. 1974년 우물을 파던 농부에 의해 우연히 발견되었고 아직도 발굴 중이라고 한다. 용俑이란 허수아비 또는 인형이란 뜻으로 순장할 때 쓰는 흙이나 나무로 만든 인형을 말한다. 그러니까 병마용이란 병사나 말 모양의 인형인데, 6천여 진시황 병마용은 진나라 당시 10만 병력 위용의 축소판 상징이었다. 전시된 궁수弓手를 보니 신체를 일곱 부분으로 나누어 접합 조립한 정교함이나 신바닥 문양과 손톱, 의복의 주름에 이르기까지 그 섬세함은 이루 말할 수 없을 만큼 치밀했다.

병마용갱

우리가 본 3개의 갱 중 가장 볼만한 곳은 전투부대 모형의 1호 갱으로 수많은 군사와 말이 빽빽하게 배열되어 있는 모습이었다. 군사들의 토용은 머리가 잘려 나간 것이 있고 쓰러져 부서진 것도 있기는 하나 군기가 바짝 들어 살아있는 듯 위풍당당한 모습의 장중한 표정은 감탄을 자아내게 했고, 세 겹으로 중무장한 복식의 옷을 입고 손에 칼을 쥐고 눈을 부릅뜬 장군을 위시하여 계급별로 도열하고 있는 병사의 모습은 놀랄 만큼 감동적이었다. 한 사람의 사후 무덤을 지키기 위해 이토록 수많은 토용을 만들다니 권력의 힘이란 어디까지며 사람의 능력의 한계란 어느 만큼이란 말인가! 세계 8대 불가사의라는 말은 허언이 아니었다.

* 당 현종과 양귀비의 비련의 러브 스토리 장한가長恨歌 쇼

야간 관람 장한가長恨歌는 여산驪山을 배경으로 만든 역사극의 압권이었다. 당 현종 이융기와 양귀비와의 불륜(?)의 사랑을 긍정의 힘으로 해석하여 재음미한 것이었다. 부끄러운 윤리적 딜레마를 무릅쓴 당 현종의 양귀비 사랑은 한 편의 서사시였다. 장한가는 당나라 때 시인 백거이白居易가 쓴 당 현종과 양귀비의 비련의 러브 스토리를 한풀이로 읊은 장편의 서사시다.

칠월칠석 그날 밤 장생전에서, 남몰래 속삭이던 사랑의 맹세
七月七日長生殿 夜半無人私語時
바라건대 하늘에선 비익조되고, 원하옵길 땅위에선 연리지되길
在天願作比翼鳥 在地願爲連理枝
이 세상 마지막 다하는 날 있어도 이별의 아픈 마음 끝날 일 있으랴
天長地久有時盡 此恨綿綿無絶期

장한가 쇼

장한가의 마지막 시구다. 서서히 막이 오르면 황제와 절세미인 양귀비가 만나는 장면이 시작을 알린다. 연꽃 배를 타고 양귀비가 등장한다. 화청지에서 목욕을 즐기는 양귀비, 현종의 병적인 집착, 안사의 난, 양귀비의 죽음, 현종의 애절한 후회, 그리고 칠월칠석날 천상에서의 재회가 웅장한 스케일의 무대와 진짜 같은 조명, 그리고 박진감 넘치는 연출을 바탕으로 상상을 초월하는 환상적인 공연은 스펙타클한 감동을 불러 일으켰다. 수년 전 계림에서 관람했던 장예모가 연출한 인썅류싼제印象劉三姐의 공연에 비견될 만큼 놀라운 공연이었다. 시안 관광은 이것 하나로 족하다 할 정도이니 기회를 가져보길 권한다.

- 셋째 날 (10월 4일, 월)

* 대안탑大雁塔

대자은사大慈恩寺로 향했다. 보존한다고 입장을 금지하여 먼발치에서 경내의 대안탑을 바라보기만 했다. 대안탑은 서역기의 주인공 삼장법사 현장이 인도에서 불법을 닦고 가져온 불교 경전의 번역본의 보관용도로 세운 64m 높이의 7층탑이다. 당나라 때부터 과거에 급제한 사람의 이름을 이 탑에 새겼었고 장한가를 지은 백거이도 최연소 합격자로 이름을 올렸다고 한다. 대안탑 북광장은 대여섯 블럭으로 나뉜 500미터 길이, 폭 50미터 가량의 분수가 음악에 맞춰 춤추며 우릴 맞았다. 광장 주변은 전통 기와지붕 건물이 즐비해 한국적인 냄새로 아늑한 분위기를 자아내었다.

* 비석이 숲을 이룬 비림碑林

비림은 많은 비석이 모여 숲을 이루었다고 해서 비림이라고 부른다. 중국 역대 명필과 경전을 새긴 1,095기의 비석이 전시되어 있다. 서예가의 성지로 일컫는 이곳엔 중국 유명 서예가 왕희지와 안진경 등의 글씨가 예술의 경지로 써져있다. 특이한 것은 비림碑林의 현판 글씨에서 비碑자의 점 한 획이 빠져있다. 비림碑林의 현판 글씨는 청나라 말엽 임칙서林則徐라는 고위관리가 썼던 것인데 임칙서는 밀수한 아편을 불태우고 수입 금지를 명하여 아편전쟁을 유발한 사람이다. 1840년 아편전쟁 당시 임칙서가 시안에 왔다가 광동성으로 돌아가는 중에 비림의 현판 글씨를 쓰면서 전쟁에서 이기면 다시 시안으로 돌아와서 비碑자 위의 한 점을 마저 찍겠다고 했단다. 그러나 그는 아편전쟁에서 패했고 임칙서는 전쟁을 일으킨 죄인으로 몰려 한직으로 쫓겨나게 되었다.

약속대로 전쟁에서 승리하지 못해서 비碑자의 한 점을 찍지 않았다는 설과 쫓겨 가는 길이었기 때문에 완성하지 못한 것이라는 설이 있으며, 한나라 시대의 예서체에서는 비碑자의 점 한 획을 주로 생략하고 썼다고 하는데 농민을 상징하는 밭 전田자 위에는 그 어떤 것도 억누르는 것이 있어서는 안 된다는 의미로 생략했다고 하는 이야기도 있다. 비림의 비석 중에서 당대唐代의 최고 명필로 평가를 받고 있는 현종의 친필로 새긴 석대효경비石臺孝經碑는 너무 의외였다. 열길 물속은 알아도 한길 사람 속은 모른다더니 당 현종에게 이런 면이 있었다는 게 놀랍다.

* 고 씨 장원과 회족回族 거리

마지막 밤은 고 씨 장원과 회족回族거리를 거닐었다. 고 씨 장원은 명청 시대의 건축예술과 악기, 서화 등이 고가구와 함께 전시돼 있었다. 사합원四合院(북경의 전통주택 양식, 가운데 마당을 중심으로 사방이 집채로 둘러싸임.)이라는 중국 고유의 전통가옥 형태엔 1천년 역사가 살아 숨쉬고 있었다.

고 씨의 백성 사랑하는 마음과 모범적 정치 형태를 높이 사서 명의 태자로부터 하사 받은 저택이란다. 지금도 중국의 고위 정치가들은 이분의 모범적인 정치술을 존경하고 따라 하기를 좋아한단다.

- 마지막 날 (10월 5일, 화)

* 실크로드의 시발점

시안의 마지막 날 아침, 탐방의 대미는 실크로드 시발점이었다. 실크로드는 중국의 명주(실크)가 유럽 로마제국으로 흘러들어가며 다양한 교역품의 전달통로가 되었고 동 · 서 간 문화유통로 역할을 하기도 했다. 교역로 시발점에는 시안(당시 장안)과 로마, 동서 대문명국의 수도를 오가기 위해 낙타를 타고 장도에 오른 돌조각 형상이 세워져 있었다. 우리는 끝과 시작의 경계에서 넘어야 할 시련과 장애, 넘지 말아야 할 정도正道의 극복의지를 다짐했다. 실크로드 시작점에서 탐방 여정을 끝내는 우연이었다. 끝남은 또 다른 시작임을 알리고 있었다.

이번 여행에서 우리를 놀라게 한 것은 우리의 심금을 울린 역사와 문화의 힘이었다. 이번 여행은 우리를 외로움에서 구제해주고 동기들과 함께 하는 즐거움을 안겼다. 생활의 때를 벗고 삶의 버거운 짐과 갈등을 내려놓기 위한 일상에서의 탈출을 도왔다. 그러니까 시안西安 문화탐방은 무료함과 피로를 풀어주는 신통한 처방이었다. 중국의 분위기에 접속하는 능력을 키운 문화적 접촉으로 만족감도 만끽했다. 시안 탐방은 새로운 체험을 흥미롭게 기억한 논픽션 순례였음에 입을 모았

실크로드 출발지에서, 예쁜 여학생들

다. 역동적인 역사의 섬세한 관찰은 우리 자신을 세련되게 가다듬었고 스스로를 통찰하는 시선이기도 했다.

중국의 그랜드 캐니언,

# 태항산

## 중국의 그랜드 캐니언, 태항산

태항산은 중국의 산서고원과 화북평원 사이에 있으며 약40Km에 걸쳐있다

중국에서 성省의 경계는 남북은 대체로 강을 중심으로 가르고, 동서는 산맥으로 구분하고 있다. 황하黃河는 말뜻처럼 하남성河南省과 하북성河北省으로, 산동성山東省과 산서성山西省은 태항산맥을 중심으로 동서로 나뉘게 되는 것이다. 대학 동기들과 100회 기념등반으로 산동성의 성도省都 제남濟南을 기점으로 하북성과 하남성, 산서성에 걸쳐 있는 태항산太行山을 다녀왔다.

태항산은 중국의 산서고원山西高原과 화북평원華北平原 사이에 있으며 약 400Km에 걸쳐 있다 하니 산맥으로 호칭해야 할 것이다. 이 산맥에는 7~8군데의 훌륭한 관광지가 있다는데 우리 일행은 그중 일부를 다녀온 것이다. 따라서 우리나라 백두대간 크기만큼의 산악지역을 3박4일(산행은 2일뿐)에 다녀왔다면 어림없는 이야기로, 백두대간 중 두 군데 산을 다녀온 정도가 아닐까?

잘 알려지지 않았고 관광지로 개발된 지도 2년 정도밖에 되지 않았으며, 특히 어느 공항을 기준으로 하더라도 적어도 10시간 이상의 육로 이동을 해야 하기에 힘들고 불편할 것이라는 생각이 들어 여행 시작 시에는 두렵기까지 했었다. 사전 각오와는 달리 아직은 때가 덜 묻은 순수하고 순진한 사람들(상인 포함)과 많은 관광객 유치를 위해 잘 다듬어 놓은 관광지의 모습(잔도棧道 및 편리한 터널, 토속음식, 전문 교통수단, 잘 보존된 산촌) 등이 우리들을 흡족하게 하였다.

중국의 많은 관광지나 유명한 산과 유사점이 있겠지만 태항산의 큰

특징은 아직은 적은 관광객으로 인해 대접 받을 수가 있고(천원~ 천원~ 하는 호객이 없음), 전통 중국인과 시골 분위기 체험, 중국의 그랜드 캐니언으로 길고 좁은 협곡, 후버댐과 유사한 댐, 요세미티와 같은 분위기 등을 함께 느낄 수가 있다.

이제 그곳에서 보고 느낀 것 중 몇 가지만 기록해 보려고 한다.

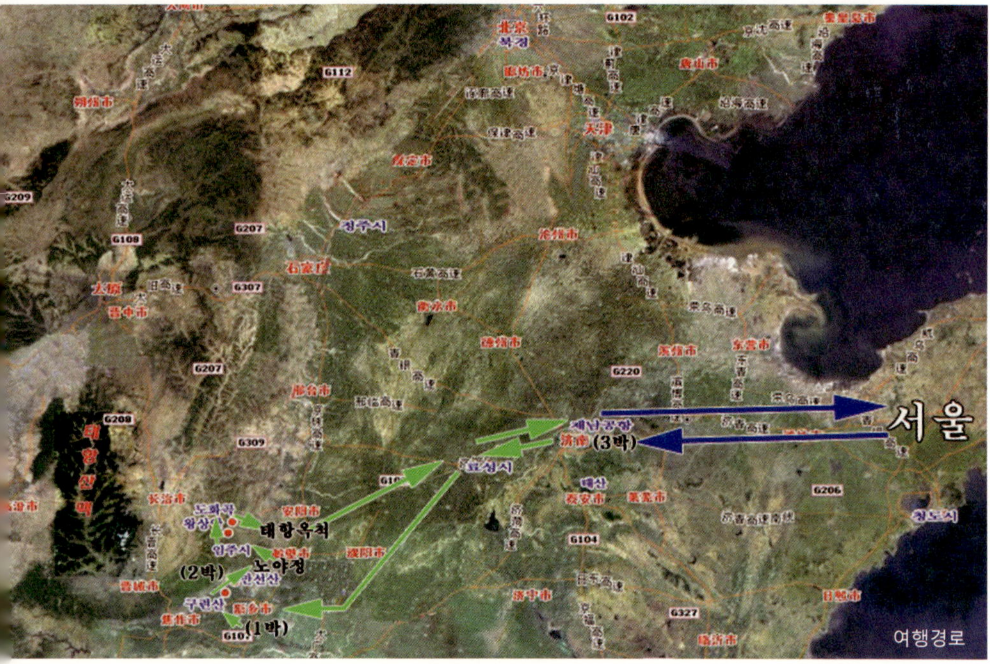

여행경로

## 여행 시의 좋은 안내자는 여행객의 덕목에서

훌륭한 여행조건으로 여러 가지가 있겠지만 날씨와 여행지에서 안내자의 역할이 중요할 것이다. 이번 여행에서 만난 안내자에 대하여 잠시 언급해야겠다.

먼저 동董 씨 성을 가진 운전수이다. 3박4일간 관광지 내에서는 별도의 이동차량이 있었으나 약15시간은 중형버스로 이동했다. 우리끼

태항산 앞에서

리는 董大兄(똥닦어)라는 별명으로 부르기도 한 이 운전자는 운전 중 담배를 피워댔다. 운전 중의 담배는 곤란하다 하니 본인은 1시간 간격으로 담배를 피우지 않으면 안 된다고 강력 주장했다. 짧은 중국어로 그를 이해시키기가 어려웠으며, 급기야 큰소리까지 오고 갔다. 그는 이후 운전 중 담배를 금하여주어 고맙기는 했지만 화가 난 운전자의 모습에서 사고에 대한 두려움이 밀려왔다. 둘째 날 고급 담배 한 보루로 억지 화해했지만 탑승자들이 내내 불안해했다.

다음은 현지 안내자 김철민 씨에 대한 것이지요. 그는 연변 동포 출신으로 깔끔한 외모와 재치 있는 말솜씨로 상당한 베테랑임을 알 수 있었다. 그러나 무엇이 불만인지 불충분한 안내 멘트, 장거리 버스 손님 모시기 위한 준비 부족, 부적절한 시간 관리, 최소한의 음식물 서비스도 없는 등 우리 여행객들을 불안하게 하였다. 금번 안내자로 어제 갑작스럽게 선정되었다, 태항산에 대해서는 본인도 모른다, 가이드 팁이 본래 여행비에 포함되어 추가의 여지가 없다 등 결국 돈과 관련된 불만 같았다. 어쨌든 여행사들의 철저한 관리가 필요하다.

### 구련산九蓮山

구련산은 연꽃 아홉 송이가 피어난 것 같다 해서 붙여진 이름이다. 거대한 협곡으로 미국 후버댐과 유사한 댐이 보이면서 거대한 수직 절벽으로 둘러싸이고 산봉우리 절벽은 1,000m는 넘는 것 같았다. 중국의 그랜드 캐니언이라고 불린다. 천 계단을 오르면 손으로 작업된 듯한 700m의 긴 터널이 나타난다.

### 중국의 고속철도와 고속도로

중국의 고속철도와 고속도로는 G2의 위용을 나타내는 좋은 사례다. 국토가 넓은 중국에서 물류와 이동시간을 줄여줄 수 있는 빠른 철도의 등장은 필수불가결한 요소였는데, 고속철 자체 개발에 실패한 이후 외국기술의 이전을 통해 등장한 것이 중국의 고속철도이다. CRH1~5 형이 있으며 2010년 중국 독자개발 고속철인 CRH380은 380km/h의 속도를 낼 수 있다고 한다.

고속도로의 경우도 총연장 25,100여km로 세계에서 미국에 이어 두 번째로 긴 거리를 자랑한다. 1988년 상하이上海~자딩嘉定 고속도로 건설을 시작으로 매년 4,000여km의 고속도로를 건설해왔다고 하며, 2020년이 되면 총연장 70,000여km가 되어 미국을 제치고 세계 1위의 고속도로망을 갖출 전망이란다. 중국이 고속도로 건설에 집착하고 있는 이유는 최근 심각하게 대두되고 있는 지역 간 격차를 해소하는 유일한 방법이 바로 고속도로 건설이라는 판단 때문이다. 고속도로 건설은 지역주민의 고용확보와 수입증대, 1차 산업에서 2, 3차 산업으로의 전환과, 지역 간

격차 해소 및 지역관광 활성화에도 큰 역할을 할 수 있기 때문이다.

우리 일행은 약 1,000km의 고속도로를 달리게 되었다. 어디를 가도 시야에 들어 오는 차량은 2~3대에 불과하여 과잉 투자로구나 느꼈으며, 휴게소는 안내 이정표와는 달리 한결같이 영업중지로 통행금지가 되어 있어 여행객의 화장실 이용이나 간이 음식 섭취에 많은 불편을 갖게 했다.

### 황하黃河의 하류는 왜 물이 적을까?

우리는 제남濟南 근방의 황하를 보고는 냇가를 연상할 수밖에 없었다. 문명의 발상지이며 중국의 젖줄인 황하의 강폭이나 수량이 엉망이었다. 그동안 가본 정주鄭州, 서안西安 근방보다 훨씬 강의 규모가 작았다. 이유가 무엇일까? 황하 중 · 하류는 강우량이 적은 곳인데 반면 인구밀도는 높고 넓은 땅은 모두가 물을 필요로 하는 농토다. 하류로 흐르면서 넓은 땅과 수많은 사람들이 지류로 물을 뽑아서 농업용수, 생활용수로 사용하게 됨으로써 수량이 적어진 것이다.

### 중국의 도교문화

도교는 황제皇帝와 노자老子를 교조로 삼고 있는 중국 토착종교로 진秦과 제齊 나라 시기에 성행했던 무술巫術과 신선술법은 중국 최초의 도교 원형이다. 후한後漢 시기에 패국沛國의 장도릉張道陵이 초창한 것으로 전해지고 있다. 수백 년간 이어져 내려오면서 도교는 중의학, 양생학, 무술, 철학, 종교, 문화 등 다방면의 문화를 계승 · 발전시킴으로써 중국문화 발전에 크게 기여했다.

중국 공산당으로서는 종교를 허락하지 않기에 지금의 도교는 유명무실하지만 태항산 기슭에는 도교 사원과 도교 숭배자들이 있었는데, 도를 닦기보다는 관광용으로 볼거리를 제공하는 것 같이 생각되어 조금은 씁쓸했다.

## 노야정老爺頂

우리 일행의 본래 목적은 트레킹 위주의 여행이었다. 산촌 마을 주가포에서 점심 후에 오후 행사로 왕망령을 가기로 되어 있었는데 비가 부슬부슬 내렸다. 이 지역은 강우량이 적은 지역으로 축복의 비였지만, 가파른 산길을 감안할 때 사고의 위험이 있어 우리 일행은 노야정으로 변경했다. 이곳은 케이블카가 노야정 밑까지 설치되어 있었고 정상에는 도교사원이 있었으며, 근방의 태항산 일대를 전망하기에 안성맞춤의 지점이었다. 왕망령을 생략한 것은 아쉬웠지만 이곳은 정말 잘 왔구나 하는 생각이 들었다. 어느 관광지를 가도 가장 높은 곳에 우선 들러봄으로서 그 지역 전체를 파악하는 것 아닌가? 노야정은 케이블카 15분에 약 1,000개의 계단 위에 있는 도교사원으로 실어다 주었다. 눈 아래의 전망이 장관이었다.

노야정에서

### 잔도棧道

중국에서는 옛날부터 길을 가다가 벼랑을 만나면 선반같이 매달아서 길을 냈다고 하는데 이를 잔도라고 한다. 절벽과 절벽 사이에 사다리를 걸쳐놓은 다리를 말하기도 한다. 만들어 놓은 잔도를 다니는 것은 오금이 저릴 정도로 아찔한데, 한 친구가 고소공포증이 있다고 포기를 했는데 선견지명이 있었나 보다. 어떻게 이런 절벽에다 다리를 만들었는지, 간 큰 중국인들이 놀랍기만 하다.

얼마 전 KBS에서 중국의 잔도에 대한 다큐멘터리가 있었다. 상당히 의미 있었던 프로그램이었다고 기억하는데 이번에 잔도를 직접 체험하였다.

### 도화곡挑花谷

삼동의 추위에도 불구하고 사계절 복숭아꽃이 활짝 피어있기 때문에 도화곡이라 하는데 태항산 풍경구에서 가장 아름다운 풍경구가 도화곡이라고 한다.

도화곡에는 이런 전설이 있다. 옛날 어느 임금이 전쟁에 패하게 되어 도화곡으로 피신을 했는데 꿈에 산신의 말씀이 복숭아꽃이 필 때 출전하면 승전할 수 있다고 했다. 임금은 그 뒤로 매일 병사를 보내어 도화곡에 복숭아꽃이 피었는가를 살펴보게 했는데 꽃이 피지 않았다는 보고가 들어오면 그 병사를 바로 죽였다.

마침 왕오라는 사람이 나갈 차례가 되었는데 효성이 지극한 왕오는 전날 밤에 빌었다. 어떻게 하든 복숭아꽃이 피어 자기가 살아나서 칠순 되는 노모를 모실 수 있게 해달라고 산신에게 빌었다. 이튿날 아침 도화곡 입구에 들어가 본 왕오는 그만 눈앞의 정경에 놀라 기절할 뻔했다. 추운 날씨인데도 불구하고 복숭아꽃이 만발한 것이 아닌가? 왕오는 임금에게 이를 보고했고, 임금은 출전을 해서 승전을 거두었단다. 전설이야 믿든 믿지 않든, 지금도 도화곡엔 복숭아가 추위에도 꽃을 피운다고 한다.

## 기타 중국 이야기

* 고대 중국의 4대 미녀

고대 중국의 4대 미인은 서시, 왕소군, 초선, 양귀비를 꼽고 있다.
다소 중국식의 허풍이 있지만 미인들을 표현하는 이자성어를 소개한다.
越나라 서시西施 : 침어浸魚 물고기가 헤엄치는 것을 잊고 가라앉다.
漢나라 왕소군王昭君 : 낙안落雁 기러기가 날개 치는 것을 잊고 떨어지다.
漢나라 초선貂嬋 : 폐월閉月 달이 부끄러워 숨어버리다.
唐나라 양귀비楊貴妃 : 수화羞花 꽃이 부끄러워 꽃잎을 닫다.

* 중국에서 미인이 많은 10대 도시

1. 대련 : 동북 여자들은 얼굴이 희고 키가 크며 다소 약한 듯 하면서도 호방한 미인
2. 중경 : 산길이 많아 어릴 때부터 하체가 단련되어 다리가 가늘고 길어 매력적인 미인
3. 성도 : 순수하고 생기발랄함이 특징으로 피부가 부드럽고 매끄러운 미인
4. 소주 : 하늘에는 천당, 땅에는 소주라고 했듯이 하늘에서 내려온 듯한 미인
5. 장사 : 북방미인의 몸매에다 남방미인의 갸름한 얼굴을 두루 갖춘 향기로운 미인
6. 남경 : 세련되지는 않았지만 조용하고 우아한 아름다움이 있는 미인

7. 상해 : 자기를 꾸미는데 열정적인 전위적이고 섬세한 미인

8. 북경 : 신체조건보다는 의상과 화장으로 자신을 돋보이게 만드는 귀족미인

9. 홍콩 : 국제적인 감각으로 패션을 선도하는 현대적 감각의 미인

10. 광주 : 음식 천국답게 광주 여인의 음식솜씨는 다양하여 수천에 이른다고 한다.

요즈음은 위와 같이 분류하는 모양인데 제가 알고 있는 4대 지방을 소개합니다.

- 소주 항주 : 전통미녀
- 산동반도와 발해만 지역의 해변의 여인 : 팔등신
- 하얼빈 지역 : 러시아인과 만주인의 혼혈로서 하얀 피부
- 우르무치 : 중국인의 체구에 서남아시아 얼굴

* 부추와 관련된 이야기

약 3,000년 전부터 중국 서북부에서 재배되어온 부추는 생명력이 강해 마늘과 같이 정력채소로 손꼽힌다. 또한 부추는 진시황이 찾았던 불로초 가운데 하나였다고 하는데 세상에 알려지면 씨가 마를까 걱정이 되어, 가운데 '노'자를 생략해 부초라 부르다가 부추로 이름이 변했다는 설이 있다.

우리나라에도 '봄 부추는 인삼이나 녹용과도 바꾸지 않는다.'는 말이 있을 정도로 건강에 좋은 부추를 경상도 지방에서는 정구지精久持라고 부르는데, 부부의 정이 오랫동안 지속된다는 의미를 가지고 있다. 매운 맛과 독특한 향이 기름을 많이 사용하는 중국요리의 느끼함을 잡아주기 때문에 중국 사람들은 부추를 많이 먹는다.

명나라의 한 황제가 딸만 20명 있었지요. 동구 밖 농부는 아들만 8

명으로 황제는 아들 낳는 공부를 위해 농가를 방문하였답니다. 농부는 뒤뜰에 기르고 있는 부추를 매일 아침 이슬과 함께 먹는다고 자랑(?)했지요. 황제는 자금성 뒤뜰의 정원을 없애고 부추를 심게 하였답니다. 이후 황제는 2년 동안 아들을 20명이나 낳았지요. 황제는 농부를 불러 본인에게는 밭이 많아 단기간 내에 아들을 많이 생산했다면서 큰상을 내렸지요. 지금도 자금성 후원에는 부추 밭이 있으며, 부추는 이때부터 황제의 야채로 불리게 되었답니다.

* 모택동은 중국사람들의 신이다

모택동은 세계가 인정하는 중국 통일의 영웅이다. 시인詩人적인 지성과 뛰어난 영도력을 갖춘 카리스마로 인해 중국에서는 절대적인 존재이다. 그러나 그의 공적은 그가 저지른 크나큰 과오와 상쇄되기 마련이다. 자신의 욕심을 충족시키기 위해 잘못 인도한 문화혁명은 무고한 몇 백만 명의 인명을 희생시켰고, 중국경제를 몇 십 년 후퇴시킨 죄과는 진시황의 갱유분서坑儒焚書와 맞먹는다고 한다.

그러나 1981년 중국공산당은 정식으로 그의 생애에 대한 결의문을 채택해서 모택동을 '위대한 혁명가'라고 부르고, '그 위대함이 그의 과오를 보상하고도 남는다.'는 역사적 평가를 했다. 여기에서 우리는 중국인의 도량 있는 마음가짐에 놀라는 한편 사관史官의 전통 있는 공평무사한 판단을 엿볼 수가 있다.

* 모택동의 5대 업적

- 중국의 국토를 제일 넓게
- 12억 인민에게 보통 말을 가르쳐 언어 통일
- 수백 년 지속되어온 굶주림을 해결
- 여성 인권 해방
- 중국의 자존심을 회복

우리에게도 비슷한 지도자가 있었는데, 우리는 왜? 나 아닌 사람을 존중하고 영웅 만들기에 인색할까? 우리도 이제는 공평무사한 사관의 전통을 다시 확립해야 할 때다.

* 중국인은 한 손으로 열까지 센다

두 손 모두를 사용해 표현하는 우리나라와는 달리 열까지 표현할 때도 한 손만 사용. 다섯까지 세는 방법도 우리와 차이가 있군요.우리는 보에서 시작하여 주먹을 다섯으로 중국인들은 주먹으로 시작하여 보를 다섯으로 6은 주먹을 쥔 상태에서 엄지와 새끼 손가락만 피고, 7은 엄지와 검지, 중지를 모으거나 손가락을 모두 모아서 표현한다. 8은 가위 모양을 하고, 9는 주먹을 쥔 상태에서 검지만 오므린다.10은 중지로 검지를 지어 +자 모양을 만들거나 주먹을 쥐고 엄지를 편 넘버원 모양을 사용한다고도 한다.

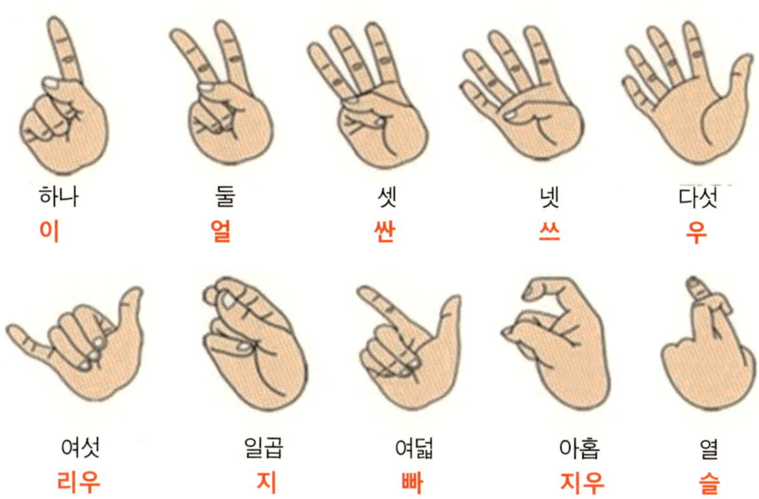

자연미 넘치는

# 대마도

# 자연미 넘치는 대마도

결국 금번 여행을 몇 마디로 풀어보면, 태풍을 마중 나가 태풍 속에서 놀다온 꼴이 되었다.

대마도에 가고 싶어서 얼마 전부터 먼저 다녀온 사람들에게 물었다. 별로 볼 것이 없고 여행 인프라가 열악하다는 등 부정적인 사람이 절반, 자연적이고 우리의 근접 거리에서 많은 인연이 있었던 곳이니 당연히 다녀와야 한다고 적극 추천하는 사람이 절반, 헷갈리는 가운데 여행 준비를 하게 되었다.

2박3일로 일정을 확정한 후 많은 사람들을 모집하고 호기 있게 준비를 했다. 훌륭한 곳이라도 사람마다 기호와 생각이 달라 말들이 많을 듯할 텐데. 기대와 설렘으로 준비한 대마도 여행은 임박해서 우려와 걱정으로 변했다. 태풍이 올라온단다. #23호가 서해 먼 바다를 경유 중국으로 들어가 한숨을 놓았는데, #24호 다나스는 여행 기간 중에 대한해협을 통과한단다.

심야 이동을 싫어하는 일부 회원은 하루 일찍 출발하여 옥천(육영수 여사 생가)과 동래 범어사를 돌아본 후에 부산에 먼저 갔다. 나는 무거운 마음으로 잔여 회원들과 새벽버스로 부산의 첫 번째 기착지인 금수복집으로 향하였다. 사실은 부산 가는 중에도 되돌아오는 것을 여행사와 협의하였다. 비용 회수율 50%를 감수하고 내년 봄으로 연기를 심각히 검토했지만, 부산 여객터미널에 도착해보니 나만 포기할 생각이지 모두들 단단한 각오 하에 출발 준비 완료 상태였다.

파도의 높이가 4m란다. 손님은 정원의 1/3 수준이었으며, 비교적 배 멀미에는 자신이 있다는 나를 비롯해서 많은 회원들이 혼이 났으며,

부산~이즈하라의 운항 시간이 30분이 연장되어 2시간 40분이나 걸리는 악천후였다. 이렇게 시작된 대마도 여행은 엉망이 되는 것은 아닌지 걱정이 많았다. 그러나 결과는 천만다행이었고 태풍과 함께하는 색다른 경험으로 베리 굿이었다.

결국 금번 여행을 몇 마디로 풀어보면, 태풍을 마중 나가 태풍 속에서 놀다온 꼴이 되었다. '대마도의 꼴은 천혜의 자연이었으며, 가까운 이웃을 잘 이해하고 공부할 수 있었다.' '한번 꼭 가보아야 할 곳 참 잘 왔구나.'로 정리할 수 있었다.

### 대마도對馬島

대마도는 쯔시마津島(나루가 많은 섬)라 부르면서 타이마對馬로 쓴다. 중국 역사책 위지 왜인전에 처음 등장한 이래 지금까지 사용되고 있다. 대마도의 명칭 대마對馬는 '말이 대칭으로 서있다.' 라는 뜻인데, 만제키바시에서 보이는 시라다케산의 두개 봉우리가 마주보고 서 있는 데서 나왔다는 설과, 대마도가 바다 건너 마한馬韓과 마주 대하고 있다는 뜻으로 대마對馬라고 하는 설도 있다. 대마도의 인구는 1950년 7만 명을 최고로 이후 점차 감소하여 현재는 약 3만여 명 정도가 살고 있다.

대마도는 남북으로 82km, 동서로는 18km로서 길쭉한 고구마 모양의 섬인데, 면적은 제주도의 40% 수준이고 울릉도의 10배 정도가 된다. 대마도와 부산 간의 거리가 49.5km인 반면 대마도와 큐슈는 147km나 떨어져 있다. 대마도에는 섬이 109개나 되지만 그 중에 유인도는 6개 정도다.

지형의 88%가 산지(최고봉이 650m)로 구성되어 있어서 경작면적은 적지만 청정지역으로 잘 보존된 원시림으로 뒤덮여 있다. 경작면적이

적은 대마도인들이 식량을 해결하는 방법으로 고기잡이와 화전을 개간하거나 칡뿌리나 고사리를 채취하는 것으로 했으나, 외부에서 식량을 조달하는 방법을 찾아내는 것에 힘을 기울일 수밖에 없었다고 느껴진다. 결국 해적이 되어 우리나라 연안을 습격하여 약탈을 감행하게 되었다.

지금도 두 개의 항구 주변을 제외하고는 인공의 흔적이 없는 자연상태를 잘 보존한 곳으로 주로 어업, 관광사업, 임업으로 생계를 유지하고 있다. 대마도는 전형적인 리아스식 해안으로 해안선 길이가 무려 915km에 달한다. 2.5배나 큰 제주도의 해안선 길이가 253km에 불과한 것과 비교해 본다면 해안선의 굴곡이 얼마나 심한지를 짐작할 수 있다.

모든 해안가는 천혜의 어장이 발달된 곳인데 모두 자연적인 조업을 하고 있다. 즉 낚시꾼의 천국답게 우리나라 관광객 중 30%는 낚시 관광객들이라고 한다. 관광객은 한국 사람이 75%로 압도적으로 많고, 일

본인 20%, 기타 외국인 5% 정도로 한국 사람이 대마도를 먹여 살리고 있다고 해도 과언이 아니다. 한국 사람에 대한 거부감이 없는 곳이라 그런지 한국 사람이 태극기를 휘두르고 '대한민국 만세 3창'을 외쳐도 별로 이상하게 생각하지 않는 곳이다.

대마도에는 한국과 관련된 관광요소들이 많이 있다. 방치되어 있다가 한국관광객들이 많아지다 보니 다시 정비하여 복원해놓은 것 같다는 생각이 든다.

### 사무라이 저택과 거리

일본의 옛날 마을 형태가 일반적으로 다이묘가 중심에 있고 신사와 사무라이 주거지들이 있다. 이즈하라도 대마도주가 살았던 성 아래로 신사와 주변에 방화벽 돌담으로 만들어진 사무라이 거리가 잘 보존되어 있었다. 사무라이 거리 중간쯤에 있는 '나카라이토슈半井桃水 문학관'은 임오군란 때 현지보도를 했던 사람으로 『춘향전』을 번역하여 일본에 소개한 사람이다. 나카라이토슈는 일본지폐 5,000엔 속의 인물로 등장하는 유명한 여류소설가 '히구이치요'의 스승이자 연인이라고 알려져 있다.

### 덕혜옹주 결혼봉축비

대마도에는 고종황제의 고명딸 덕혜옹주의 결혼봉축비가 있다. 덕혜옹주는 고종이 환갑 나이에 본 아이이고, 장성한 왕자들 사이에서 태어난 옹주를 금이야, 옥이야 하면서 귀여워했다. 10대의 어린 나이에 일제에 의해 일본에서 교육을 받으며 자랐다. 모국과 어머니에 대한 그리움과 외로움을 감당하기 어려워 침울하고 어두운 성장과정을 겪게 된 덕혜옹주는 경제적으로 곤란을 겪고 있던 대마도의 소로 타

케유키 백작과 결혼했으나 옹주의 지참금을 노린 대마도주와의 애정 없는 결혼생활은 남편의 냉대, 몰락한 나라의 왕녀에 대한 무시, 둘 사이에서 태어난 딸의 죽음 등으로 불행했었다. 일국의 공주가 변방의 일개 군수 아들에게 시집간 꼴이 된 셈이었으니 나라를 빼앗긴 설움이 그 얼마나 컸겠는가 짐작이 된다. 딸이 죽은 후에 덕혜옹주의 우울증이 더욱 심해져 병원에 거의 감금되다시피 하다가 결국은 이혼 후 귀국하여 창경궁 낙선재에서 이방자 여사와 생활하다 쓸쓸히 죽어 갔다.

덕혜옹주 결혼봉축비 앞에서

### 대마 역사민속자료관

자료관 입구에는 통신사 행렬을 맞이하기 위해 세웠다는 고려문高麗門이 서있다. 자료관 옆에는 조선통신사의 활발했던 교류와 우호적인 관계를 기념하는 조선국통신사지비가 과거의 역사를 들려주고 있다. 이 자료관에는 대마도의 역사적 문화유산과 그림, 왜관의 도면, 고서, 민속자료 등이 전시되어 있는데, 조선통신사 행렬의 두루마리 그림은 길이가 16.58m나 되며 그 옆에는 통신사를 접대하는 방법과 음식 차림 상까지 상세하게 그려져 있는 두꺼운 책자가 놓여 있어서 당시 조선통신사의 위상을 잘 보여주고 있다. 특히 대마도주가 고려의 관직을 수여받은 수직왜인受職倭人의 교지도 전시되어 있다.

### 몽고군내습지蒙古軍來襲地와 돌 지붕 마을

고려와 원나라가 연합하여 일본 정벌을 위해 발을 디딘 곳이 몽고군내습지다. 당시 려원연합군麗元聯合軍은 두 차례에 걸쳐 일본을 정벌하기 위해 출정하게 되는데 이곳이 최초의 상륙지라고 하며, 때마침 모래를 동반한 태풍이 불어 몽고군이 물러나게 되었다고 한다. 따라서 이 바람을 일본을 구하기 위해 신이 일으킨 바람이라고 하여 신풍神風

조선통신사 행렬도

(카미카제)이라고 하는 말의 유래가 되었다. 이시야네石屋根는 돌 지붕으로 된 집(창고)이다. 섬의 특성 상 대마도는 바람이 많은 곳이니 비바람과 화재를 막기 위해 이러한 돌 지붕을 이었으나 이제는 역사물로 보존하고 있다.

### 쯔즈자키 전망대

대마도의 최남단에 위치한 쯔즈자키 해상공원은 거친 바다에 점점이 떠 있는 작은 섬들과 암초들, 그리고 바다 저편의 새하얀 등대가 절경을 이루어 마치 한국의 해남 땅끝마을을 연상케 하는 곳이다. 등대를 중심으로 한 바퀴 도는 산책로는 길이 평탄하여 남녀노소 누구든지 360도로 펼쳐지는 바다를 감상하면서 산책할 수 있다. 등대산 아래쪽에 신기의 전설을 안은 천도동자상이 서있다. 한 처녀가 이곳 대마도 최남단에서 센 기氣를 받고 회임하여 낳은 것이 천도동자라 하여 천도신앙의 발원지이기도 하다.

### 아유모도시 자연공원(은어가 돌아오는 자연공원)

세강은 쓰시마에서 제일 높은 산인 야타테야마矢立山와 다테라야마龍良山에 둘러싸인 우치야마 분지에서 발원하고 있다. 이 세강 유역을 포함한 다테라야마 원시림의 산기슭 약 26ha가 아유모도시 자연공원으로 정비되어 있다. 산속 깊은 곳까지 수량이 풍부하여 은어가 많이 거슬러 올라오는 것으로 유명하나 세강은 거친 물살이나 연어는 상류인 우치야마 지역까지 올라온단다.

세강 위에 걸쳐 있는 구름다리에서 강을 내려다보면 계곡 전체가 천연의 화강암으로 둘러싸인 웅대한 경관을 감상할 수 있다. 제주도와 울릉도에서는 보기 어려운 강과 저수지를 조성하여 놓았다. 표고

144m의 높이에 마련되어 있는 만남의 광장을 중심으로 세강의 사면에 스포츠슬라이더, 잔디썰매장, 퍼팅골프장, 캠프장, 삼림욕장이 산책로로 연결되어 있다.

### 최익현 선생을 모신 절, 슈젠지修善寺

구한말 위정척사의 거두였던 최익현은 1905년 체결된 한일신협약(을사조약)과 이를 허락한 을사5적에 대해 상소문을 내어 항의하는 한편 의병을 일으켰다. 덕분에 일본 관헌에게 붙들려 대마도로 유배되어 박해를 받았으며, '왜놈들이 주는 음식은 먹을 수 없다.'고 금식하시고 결국 순국하게 되었다. 최익현의 인격과 우국충정은 유배생활을 하던 대마도 사람들에게도 존경을 받았으며 그의 죽음을 애도한 대마도 사람들이 슈젠지에 유해를 모시고 제사를 지냈다고 한다.

아유모도시 자연공원에서

### 만제키바시(상대마, 하대마 두개의 섬 연결)

이 다리는 일본이 자랑하는 러일전쟁 승리의 원동력이 되었던 쓰시마 해전의 대승을 가져다준 아주 의미 있는 다리이다. 1900년 일본해군이 대마도를 가로지르는 운하를 뚫어 러시아와의 전쟁을 준비했다. 5년 후 러시아는 육전陸戰에서의 패배를 해전에서 만회하려고 로제스트벤스키의 지휘 하의 발틱함대를 극동으로 진격하였으나 도고 헤이하치로東鄕平八郎가 이끄는 일본 연합함대에 격파되어 전멸하였다. 도고 제독은 대마도 아소만에 미리 함정을 대기시켜 놓고 발틱함대를 유인하여 기습 공격으로 대승을 거둔 것이다.

이 때 도고가 사용한 전법이 그 유명한 이순신 장군의 학익진이다. 도고 제독이 가장 존경했던 군인이 바로 이순신 장군이었고 도고 제독은 이순신 장군은 군신軍神이며 본인은 하사관이라고 겸손해 했으니 요즈음의 일본 정치인들과는 크게 다른 인격자였다.

### 한국전망대

대마도 가장 북쪽에 위치한 한국전망대는 서울 탑골공원에 있는 정자를 모델로 한 팔각정으로 계획부터 완성까지 한국산 재료, 전문가 초빙으로 철저하게 한국풍을 고집했다. 날씨가 좋은 날 육안으로 부산시를 볼 수 있어서 대마도가 얼마나 가까운 이웃인가를 실감케 해준다. 숙종 때 와니우라 해변에서 조난을 당해 목숨을 잃은 조선역관사 108명을 기리는 조선역관사순국비가 있고 역관사가 타고 왔다는 배의 형상이 돌에 새겨져 있다.

### 와타즈미 신사

바다의 신을 모신 일본에서 가장 오래된 곳이 와타즈미 신사다. 신사의 문 '토리이鳥居'가 바다 속에서부터 지상으로 이어지는데 만조 시 2m 정도 바다 속으로 가라앉아 신비스러운 분위기를 자아낸다. 신과

한국전망대에서

인간을 연결해주는 것이 새라고 생각한 사람들이 새가 쉬었다 갈 수 있는 곳을 마련한 게 바로 토리이라고 한다. 특히 문의 방향이 과거 서라벌 방향과 정확히 일치하고 있어서 대마도의 신사가 한반도에서 건너왔을 가능성을 점치게 한다.

이곳은 텐무 천황 아버지의 출생전설이 깃든 곳이기도 하다. 천황의 아버지가 용왕의 딸 도요다마 히메와 결혼한 후 부인이 이곳에서 해산을 하게 되는데 해산소에 들어간 부인이 해산을 마치고 나올 때까지 절대 들여다보면 안된다라고 했지만 남편이 궁금해서 이 해산소를 들

와타즈미 신사 토리이

여다보니 안에서 용이 고통스런 몸짓을 하며 해산하고 있었다고 한다. 그때의 산고로 인한 몸부림으로 떨어졌다고 하는 용의 비늘같이 생긴 조그만 바위가 있었는데 생김새가 그럴 듯하다.

그러나 그 용은 남편이 약속을 지키지 않아서 다시 용궁으로 돌아갔다고 하는데 그때 낳은 아이가 천황의 아버지라고 하는 전설이다. 그 천황의 아버지가 홀아비로 이 아이를 키웠는데, 이를 안타깝게 생각한 도요다마 히메의 여동생이 육지로 올라와 사내아이를 키워주었고, 그 아이가 장성하여 자기를 키워준 이모와 결혼하게 되는데, 여기

에서 태어난 아이가 바로 일본 1대 천황인 텐무 천황이라고 한다. 최근 역사학자들의 연구에 따르면 백제에서 일본으로 건너간 귀족 중에 일본 천황의 선조가 되었을 것이라는 설이 더 설득력이 있는 것 같다.

## 에보시타케 전망대와 아소만

대마도에서 유일하게 아소만을 360도로 돌아볼 수 있는 전망대이다. 까마귀가 모자를 쓴 형상과 같다고 하여 붙여진 이름이며, 아소만은 하롱베이나 중국의 천도호(절강성)를 떠올리게 할 만큼 빼어난 비경을 자랑하고 있다. 올망졸망한 섬들이 잔잔한 바다 위에 떠 있는 모습이 마치 동화 속의 세계 같다. 짓궂은 태풍과 안개로 절경 아소만을 보지 못한 아쉬움이 있는 대마도 최고의 관광지이다.

### 미우다 해수욕장과 상대마 온천

미우다 해수욕장은 대마도의 최 북쪽 해안에 있는 해수욕장이다. 마치 한 그루의 분재와 같은 작은 섬과 에메랄드빛 물빛이 보는 사람의 시선을 붙잡아 오래오래 머물며 시간을 보내고 싶은 충동이 들게 하는 해수욕장이다. 작지만 아담한 백사장과 아름다운 경관으로 일본 100선 해수욕장 중 하나이다. 여름이면 텐트에서 하룻밤 지낼 수 있게 캠핑시설도 비교적 잘 되어 있다. 대마도에서는 드물게 넓은 주차장이 있는 것도 좋은 점이다.

미우다 해수욕장의 바로 북쪽 언덕 위에는 상대마 온천이 있어서 피로를 풀기에 좋다. 온천 내에서는 수건, 세면도구 등 필요한 물품은 모두 따로 돈을 받으므로 자기 것을 가지고 가는 것이 좋다. 대마도는 화산지역이 아니므로 일본 본토의 온천과 같이 수질이 좋지는 않고, 분출하는 물의 온도가 낮아 데워서 사용하는 곳이 많다.

### 대마도와 관련된 이야기들

대마도의 대표적인 음식은 이시야끼와 카스마키다. 이시야끼는 돌 위에 각종 생선과 해산물을 올려서 구워 먹는 요리이고 카스마키는 얇은 카스테라에 단팥을 넣어서 만든 빵인데 선물용으로 많이 이용된다.

일본의 마쯔리는 조상의 영을 위로하건 신에게 빌건 무병장수, 풍어풍작, 액운퇴치 등을 기원하기 위해 치르는 의식으로 일상생활을 하는 가운데 필요에 의해 생겨난 것이다. 이곳에서는 매년 8월 첫째 일요일에 조선통신사의 행렬을 재현하는 '아리랑 마쯔리'가 열린다. 축제행사 때 '아리랑 아리랑 아라리요 아리랑 고개로 넘어 간다.'라는 아리랑을 부른다. 이즈하라 시청 시계탑은 낮 12시가 되면, '무궁화 무궁화 우리나라 꽃 삼천리강산에 우리나라 꽃'이란 한국동요가 흘러나온다. 한국관광객을 위한 것이다. 얄미울 정도로 실익을 우선시하는 그들의 관광 전략이다.

턱받이 동자상

대마도는 규슈 중서부지방의 나가사키현 소속이다. 18세기 일본 최초 개항 지역인 나카사키현의 특혜를 위해 지리적으로 불리했지만 경제적인 이익 때문에 대마도는 나카사키현으로 소속되었다. 지금은 지리적이나 경제적으로 후쿠오카로 소속되어야 한다는 주장이 많아 나카사키현에서는 대마도를 종합개발지구로 설정하고 적극 개발에 나서고는 있지만 후쿠오카로 재편해야 한다는 운동이 아직까지도 진행되고 있다. 여러 가지 여건을 감안하여 볼 때 조만간 후쿠오카현으로 편입될 것이라고 안내자는 견해를 밝힌다.

일본 절에 가면 동자 부처상에 웬 앞치마 같은 가사가 씌워져 있다. 가난한 동네에서 입을 줄이기 위해 낳은 아이를 버리고 그 죄를 씻기 위해 석상에 턱받이를 해둔 것이라고 한다. 또한 비밀스런 선착장 오후나에는 옛 선착장의 모습을 그대로 유지하고 있는 몇 안 되는 곳으로 대마도 사람들은 이곳이 대마도주의 전용 선착장이란다. 그런데 일설에 의하면 이곳은 사실 해적들의 비밀 선착장이었다고 하는데, 그 이유는 바로 선착장이 겉에서는 보이지 않고 나무에 가려진 오솔길을 걷다 보면 그제야 나타나기 때문이다.

조선통신사를 영접하던 문인 고려문과 고려범종, 고려약사불상을 '대마도의 3고려'라고 한다. 약사불은 인간의 병과 고통을 치유해주는 부처님이다. 현지인들은 고려문화에 익숙하고 존중하고 있으며, 고려 이전의 묘지에서는 육지인으로 추정되는 시신이 절반정도로 우리와의 밀접했던 관계를 보여주고 있다.

### 신사에 가면 볼 수 있는 것(절과 신사의 차이)

신사 입구에 있는 천天자 모양의 '토리이'는 신성한 세계와 속세를 구분하는 상징이라고 한다. 즉 '토리이'는 '신이 사는 곳과 인간이 사는 곳을 구분 짓는 문'이다.

참배길이나 참배전 앞에 해태상처럼 좌우에 놓여 있는 '코마이누'는 경내를 지키는 수호견이다. 신전에서 왼쪽은 입을 벌리고 있고 오른쪽은 입을 닫고 있다. '아, 움'이라고 해 둘이 한 쌍이다.

제사장을 뜻하는 '신쇼쿠'가 되기 위해서는 신쇼쿠 양성기관인 대학이나 양성강좌를 수강하는 등의 방법이 있다. 또, 신사에서 부적이나 점괘를 팔고 있는 여성을 볼 수 있는데 이를 '미코'라고 한다.

## 작은 음악회

e-CLUB의 작은 음악회가 돌아오는 배편을 기다리면서 열렸다. 〈10월의 어느 멋진 날〉, 〈만남〉, 〈메기의 추억〉 등을 명찬규 지휘자가 노련한 솜씨로 지휘하여 다소 침울했던 여행 분위기를 살려주었다. 또한 〈고향의 봄〉을 전체 합창으로 이끌고 이어 〈향수〉와 〈뱃노래〉(명찬규), 하해돈의 〈타령〉은 일품이었다. 즉석에서 작은 음악회를 열어주신 김훈 회장님, 명찬규 지휘자를 비롯한 단원들께 감사드립니다.

대마도는 비교적 벌레와 산 모기가 많은 듯하다. 체류기간 내내 벌레와 모기에 물리는 회원들이 많았다. 따뜻한 날씨와 다습으로 끈적거려서 모기나 벌레들이 극성을 부리는 게 아닌가 생각된다. 또한 대마도는 벌레나 모기들의 천적인 새들이 많지 않은 특징이 있단다. 가끔 솔개나 큰매가 돌아다니는 것은 보았지만 까마귀 이하 크기의 새는 안 보였다.

감사하다는 말을 가장 많이 쓰는 민족은 어디일까? 사회생활에서 가장 필요한 것은 '붙임성'이 아니겠는가? 이것은 감사하는 마음과 행동에서 생기는 것이라 생각된다. 우리는 생활에서 감사합니다나 고맙습니다라는 인사말을 적게 사용한다. 일본에 가면 더욱 그것을 느끼게 된다. 영어권이나 중국에서도 'thank you', '謝謝'를 밥 먹듯이 하지 않는가. 이제부터라도 우리들은 감사하다는 말을 많이 사용하고 감사하는 마음을 먹어야겠다. 감사하는 것으로부터 행복이 찾아와 삶의 질이 달라지게 된다.

태풍 전야

## 대마도에서 등산으로 적당한 산

산세가 제주도나 울릉도와 달리 600m 이하의 산악지역이 고루 분포되어 있어 어느 한 지점이 높은 곳은 없다. 그 가운데에서 등산으로 적당한 곳은 아리아케(558m)와 시라다케(518m)가 있다. 우리 팀 일부 인원들은 빗속에도 불구하고 아리아케를 유쾌히 다녀왔다.

두 번째 날, 대마도의 유명한 산 아리아케산(558m)을 올랐다. 땀이 났지만 산등성이로 부는 태풍의 바람이 아주 시원하였다. 인공의 바람이 아닌 자연의 그 바람, 최고의 바람이었다. 그러나 정상에 오르니 운무로 가려져서 주변을 보기조차 어려웠고 태풍의 바람이 너무나도 세서 잠시도 있기가 어려웠다. 정상은 어디를 가나 바람이 세고 잠시 머무르기조차 어렵다. 우리 인생에도 최고에 오르기도 어렵지만 정상에서는 잠시 머물다가 다시 내려와야 한다.

대마도에는 아름드리 삼나무가 빽빽한데 그 삼나무의 경제적 가치는 일본 국민 전체의 2년간 먹거리가 될 수 있을 정도라고 하니 산림의 보고가 바로 대마도인 것 같다. 일제하에 한국의 좋은 산림을 황폐화 시켜놓고 자국의 산림을 지금까지도 잘 보존하는 게 얄밉게 느껴졌다.

## 태풍 다나스를 영접하다

가을 태풍은 귀하다고 하며 올 한해는 태풍 없이 잘 지내가는 가 싶더니 오후 9시경에 태풍의 눈은 우리들의 숙소를 관통하였다. 결국 우리가 한국에서 태풍 다나스가 오는 길목에 마중을 나가서 그 중심에서 놀다온 꼴이 되어버렸다. 태풍의 눈에서는 바람과 비가 적다는 것을 체험하는 좋은 기회가 되었음에 태풍의 신께 감사한다.

3일째 돌아오는 날 오전에도 관광하기로 되어 있었으나 산사태와 나무가 쓰러져 도로가 훼손되어 두 군데 관광이 생략되고 긴급 조치된 온천욕에 만족해야했다.

태풍이 지나간 현해탄은 한결 조용하고 순조로운 항해가 이루어졌으며 부산항이 보일 때에는 환호와 안도가 피로를 말끔히 씻어주는 것을 느끼게 하였으며 다시 한 번 모든 일에 감사한 마음이 든다.

대마도에서

## 대마도는 우리 땅

요즘 한일관계가 극도로 경색되고 있는 상황에서 대마도를 다녀와 느끼는 것이 많다. 객관적으로 생각할 때 대마도가 우리 땅이라는 근거는 충분히 있다. 고려 이전 시대에 대마도나 큐슈, 이키의 무역선이 고려를 왕래하면서 상인들 간의 교역이나 표류민 송환 같은 민간교류는 여러 가지 흔적에서 발견이 되고 있다. 그 당시 대마도에는 우리나라 사람들이 절반은 살게 되면서 한자를 가르치고 우리말을 사용했을 것으로 추정된다.

고려중기 문종(11세기 중엽) 대에는 조공의례를 치르게 한 다음에 회답 예물을 주었다. 이 과정에서 12세기 후반에는 소위 '진봉선進奉船' 무역이라는 것이 정착되었으며 이 진봉선을 접대하기 위해 고려는 김해에 객관을 설치하였다.

조선 초기에(태종) 대마도주 소 사다모리는 '대마도는 조선을 주군으로 하며 그 주명을 지정받고자 합니다, 조선 조정에서 주군인을 사여해주십시오.'라는 글을 보낸다. 이에 태종은 대마도를 경상도에 예속시키게 된다. 이후 우리 영토로서의 필요성의 감소와 관리의 소홀로 다시 일본 규슈 관할로 돌아가게 된다.

세종시대에 왜구의 소굴인 대마도 토벌은 대마도를 우리 땅으로 확실히 할 수 있는 계기였다고 생각된다. 삼군도체찰사 이종무 이하 2만여 명이 5일분의 군량을 병선 227척에 나누어 싣고 거제도에서 출전하여 정벌하고는 일단 돌아왔다. 이때 잔당을 뿌리 뽑는 완전함이 없었으며 겁만 주는 소극적인 처리가 아쉬웠다.

조선역관사 순국비

신숙주가 쓴 『해동제국기』에 따르면 15세기 대마도의 생활상과 토착세력 및 소오 씨 일행이 세력을 장악하고 있었다는 내용이 잘 정리 기록되어 있다. 이들 가운데 '수직왜인受職倭人'이라 하여 조선의 벼슬을 받은 사람들이 상당수 있었다.

1785년 일본의 '하야시 시헤이'가 대마도와 독도를 우리 영토로 표기한 지도를 만들고 일본정부가 이 지도의 프랑스어판을 이용하여 1862년 서양 각국으로부터 오가사와라小笠原를 일본영토로 확정짓게 되었다는 사실이 밝혀졌다. 1832년 프랑스인 클라프로토가 제작한 삼국접양지도에서도 대마도가 우리 영토로 표기되어 있으며 1865년에 제작된 미국의 일본지도, 1864년 존슨의 아시아전도, 1877년 영국지도에서 대마도를 우리 영토로 표기하고 있다.

'대마도는 오래 전부터 우리나라에 조공을 바쳤던 우리 땅이다. 임진왜란을 일으킨 일본이 그 땅을 무력 강점했지만 당시 대마도인들은 결사항전 했다는 의병전적비가 대마도 도처에 남아 있다. 1870년대에 대마도를 불법적으로 삼킨 일본은 포츠담선언에서 불법으로 소유한 영토를 반환하겠다고 했기 때문에 우리에게 돌려줘야 한다.' 이는 1949년 1월 7일 대한민국 건국대통령 이승만이 첫 연두기자회견에서 한 말이다.

대마도는 조선의 통신사가 일본을 방문 시에 충실한 안내자 역할을 했다. 일본의 정치적 안정이나 막부 장군의 습직을 축하하기 위해 파견되는 통신사는 총원이 400~500명 규모로 260년 동안 모두 12번에 걸쳐서 파견되었다. 또한 대마도에 묻혀있는 시신을 조사해보면 평균 신장이 일본의 원주민보다 훨씬 컸다는(원주민 155.7cm, 도래인 165.6cm) 사실은 대마도인의 선주민은 우리들의 선조였고 그 후에도 우리 민족으로 구성되었음을 증명해주는 것이 된다.

대마도는 한국과의 관계를 맺으면서 먹고 살 수밖에 없었던 터였지만 조선시대 때에 정벌을 하고도 일본인들이 대륙 진출의 교두보로 사용하고자 하는 필요성에 비해 우리나라는 해안지역 평화 유지만을 기대했던 안이한 관리로 일본의 실효지배 땅이 되었다.

일본 아베 내각이 들어서면서 우경화의 기치를 높이 들고 종군위안부 문제, 독도영유권 주장, 센카쿠열도 분쟁 등 오래 전부터 의도적으로 역사왜곡을 해옴으로써 영토문제가 해결될 기미가 보이지 않는다. 대마도만 하더라도 우리의 영토라고 주장할 근거는 얼마든지 있지만 일본이 실효지배를 하고 있다는 것과 오래전부터 나름대로 일본이 준비작업을 해왔기 때문에, 대한민국의 영토라고 주장하기가 쉽지 않은 것도 현실이다.

일본은 확실한 우리 땅 독도와 동해를 자기들 땅이라고 정부 차원에서 유 튜브를 만들었다고 한다. 개인 간에도 상대의 입장을 위한 배려가 필요한 법인데, 자국 국민의 결속을 위한다는 명분하에 해도 해도 너무한다. 미국의 일본 편들기(?)의 모양이 더욱 신경 써진다. 국제사회의 냉정한 태도는 우리들을 더욱 긴장시키고 있다. 정부는 물론 온 국민이 힘을 모아 최선의 길을 찾아야 되겠다.

금번 대마도 여행 시에 '대마도는 우리 땅'이라고 플랜카드를 만들고 외치기라도 할 걸.

# 제3부
# 우리들의 영웅

# 고故 호암 이병철 회장을 기리며

지난 2월12일 고故 호암 이병철 회장 탄생 100주년을 맞아, 많은 사람들이 삼성그룹의 창업자이며 한국 현대 경영의 아버지로서 국가발전이란 명제를 앞에 놓고 항상 고민했던 위대한 사상가 호암을 기리고 있다.

나도 삼성에서 28년이란 세월을 보냈던 사람으로서 무슨 방법으로든 호암을 기려야 되지 않겠는가라는 생각이 들었다. 직접 모셔봤어야 회장님에 대한 이야깃거리가 많이 떠오르겠지만 그러지 못해, 호암과 관련된 책 몇 권을 읽고 단편적으로나마 조명해보고자 한다. 이 책들은 삼성에 근무할 때 회사로부터 받았던 것 같은데 책꽂이에 꽂혀 먼지가 앉은 채 오랜 시간이 흐른 오늘에 와서야 꺼내 읽어본다는 것이 어찌 생각하면 송구스러운 느낌이 들기도 한다.

## 우리 시대의 행운

이병철 선대 회장님은 먼발치에서 뵈올 수밖에 없었지만 신입사원 면접시험에 꼭 참석하셔서 직접 수많은 젊은이들을 하나하나 살펴보신 것을 비롯하여 좋은 인재를 뽑기 위해 기울이신 회장님의 생각은 많은 지도자들이 본받아야할 으뜸의 덕목일 것이다. 삼성의 경영이념인 '사업보국事業保國, 인재제일人才第一, 합리추구合理追究'에서 가장 심혈을 기울이셨던 부분이 바로 이 인재가 아니었던가! "나는 기업경영의 80%를 인재양성에 쏟아왔고, 인력에 대해서만은 아낌없는 투자를 해오고 있다. 신상필벌이 바로 인사관리의 요체이다."라고 호암은 회고록 『호암자전』에서 밝히고 있다.

1910년과 1917년 사이에 우리나라에는 이병철(1910), 정주영(1915), 박정희(1917)라는 세 영웅이 거의 동시에 태어나 역사적으로 오랜 기간 궁핍에 시달렸던 나라의 경제적 기초 체력을 튼튼히 하여 주셨기에 오늘의 대한민국을 있게 하는 동력이 되었다는 것을 우리 모두는 잘 알고 있다. 얼마 전, 한 대기업 회장은 "우리나라에서 GE의 잭 웰치가 유명하지만, 그도 '이병철, 정주영'의 발톱사이의 때만도 못한 수준"이라고 평가했다. 2천년 역사 속에 영웅이라고는 광개토대왕, 세종대왕, 이순신 장군 정도가 떠오르는데 세 영웅이 불과 7년 사이 거의 동시에 태어난 것만으로도 '우리나라 역사의 큰 행운이 아닐 수 없다.'는 생각이 들어 저절로 신에게 감사하게 된다.

이병철, 정주영 두 사람의 업적은 광개토대왕에 필적한다고 한다. 우리 역사에서 밖을 공격해 영토를 넓힌 사람은 광개토대왕뿐이었다. 지금 세계에서 영토는 시장市場이다. 두 분께서는 우리의 제품으로 세계 방방곡곡을 찾아가 상륙하여 피를 흘리며 교두보를 확보하고, 적을 치면서 전진해 우리의 경제 영토로 만들었다.

호암 이병철 회장의 탄생 100주년을 맞이하여 회장님의 큰 얼굴을 존경의 눈으로 바라보게 된다. 감히 제가 회장님의 위대함을 표현할 수 있을까? 걱정이 앞서지만 조심스럽게 알고 있는 내용을 정리해보고자 한다.

### 호암의 초년과 사업 입지의 과정

호암은 1910년 경남 의령군 정곡면 중교리에서 4남매의 막내로 태어났다. 호암이 어렸을 때에는 출중하다는 말을 별로 듣지 못했다고 한다. 그렇지만 남에게 지는 것을 유별나게 싫어했다고 한다. 어려서는 서당에서 한문을 배웠으나, 11살이 되는 해 고향을 떠나 신학문을접할 수 있는 지수보통학교에 들어간다. 호암은 이 날을 자신의 '개화의 날'이라고 말한다. 이후 서울 수송보통학교로 유학을 떠나게 되고, 중동학교에 입학한다. 호암의 성적은 50명 중 35등에서 40등을 오르내렸다.

호암 선친의 처세훈은 '사필귀정事必歸正'이었다고 하는데, 이는 '매사에 성급하지 말아야하며 무리하게 사물을 처리하려고 들면 안 된다.'는 뜻이었다. 이 처세훈과 함께 가르침을 받았던 것은, "거짓과 꾸밈은 개인에 있어서나 국가, 사회에 있어서나 대환大患이다."였기 때문에 호암은 비록 손해를 보는 일이 있더라도 신용을 잃어서는 안 된다는 생각을 갖게 된다.

일본으로 가는 배 안에서 조센진이 1등실에 탔다고 빈정대는 일본

형사의 말을 듣고는 '나라는 강해야 한다. 강해지려면 우선 풍족해야 한다. 우리나라는 어떤 일이 있어도 풍족하고 강한 독립국가가 되어야 한다.'라는 생각을 확고히 굳히게 된다. 후일 호암이 오직 사업에만 몰두한 것은 이 조그만 사건이 발단이 되었다.

1930년 와세다대학 전문부 정경과에 입학했으나 몸이 좋지 않아 2학년 때 중퇴한다. 따라서 호암은 지수보통학교, 수송보통학교, 중동학교, 와세다대학에서 수학修學은 했지만 졸업증서라는 것은 받아본 적이 없게 되었다. 이후 고향으로 돌아와 허전한 마음을 달래려고 친구들과 어울리는 일에 열중했다. 허송세월을 하면서도 부친에게 건의해서 집에 있던 30여명의 노비를 해방시킨다. 이는 동경 유학시절에 탐독했던 톨스토이의 작품에서 받은 영향이 컸다고 한다.

사람은 일생동안 몇 번은 전기를 맞게 된다. 평화롭게 잠든 자식들을 바라보는 순간 호암은 너무 허송세월을 했다는 자각과 함께 뭔가 뜻을 세워야한다는 결심을 하게 되고, 국민을 빈곤에서 구하는 일이 시급

1938년 설립한 삼성상회 터

하다고 생각하여 사업을 할 결심을 세운다. 역사의 커다란 변혁은 언제나 혼란을 동반하지만 한편 사람들에게 새로운 기회나 희망을 안겨주기도 한다. 26세 때 무위도식의 방황 끝에 사업의 입지를 굳혔던 것을 제1의 각성이라고 한다면 해방과 함께 결심한 사업보국의 신념은 제2의 각성이었던 셈이다.

"민생의 안정에는 경제 질서의 확립이 선행되어야 하고, 정상적인 경제활동을 보장하기 위해서는 정치의 안정이 필수적이다. 그 정치의 안정을 확고하게 만드는 기반은 우선 경제의 안정에 있고, 거기에 수반하여 민생도 안정된다. 자신의 국가적 봉사와 책임은 사업의 길에 투신하는 것이다."라는 자각은 호암의 일관된 기업관이 되었다. 이승만 박사를 만나면서 사업보국의 신념을 더욱 확고하게 굳힌다. 호암이 존경한 사람으로는 장보고 장군과 이승만 대통령, 맥아더 장군이었다고 한다.

무역이야말로 국가의 급선무라는 자각으로 1948년 38세 때 삼성물산공사를 설립하게 된다. 삼성의 삼三은 큰 것, 많은 것, 강한 것을 나타내는 것으로서 우리 민족이 좋아하는 숫자이다. 성星은 밝고, 높고, 영원히, 깨끗히 빛나는 것을 뜻한다.

### 현대사의 굴곡과 함께 한 호암의 사업들

6.25전쟁이 발발하여 다시 빈손으로 대구에 피난을 오게 된다. 그동안 믿고 맡겼던 직원들이 양조장 운영으로 3억 원 가량의 돈을 비축해놓아 빈손으로 돌아온 호암에게 재기의 기회를 주게 되는데, 호암은 그들의 정직함에 크게 감탄한다. 이 당시는 극도로 물자가 부족한 시대였기 때문에 호암은 제조업을 펼칠 것을 결심한다. 국민의 생활에 꼭 필요한 것은 국산으로 그것을 충족시켜야 한다. 그래야만 국내 산업이 이룩되어 보다 값싼 상품을 안정적으로 공급할 수 있을뿐더러 보

다 많은 일자리를 국민에게 제공할 수 있고, 기술축적과 산업활동 확대에 이바지할 수 있다. 이로써 처음 설립된 것이 제일제당이었다. 제일제당은 해방 후 우리나라에 건설된 최초의 현대적 대규모 생산시설이었다. 이어서 모직을 건설하면서부터 정원庭園공장이라고 할 만한 공장으로 꾸몄던 것은 전 종업원을 가족처럼 대우하고자 했기 때문이다.

후일 한때 삼성은 소비재 생산으로 치부했다는 비난 섞인 말을 듣기도 했지만 한 나라의 산업발전에는 역사에서 보듯이 단계적으로 밟아가는 발전의 과정이 있다. 초기에는 일상생활의 필수품을 자급자족하는 소비재산업, 경공업을 육성함으로써 기술과 경험과 자본을 축적하고, 그 기반 위에 고도의 기술과 거대한 자본이 소요되는 중화학공업이나 전자 등 고도기술산업으로 점차 이행해가야 한다는 것이다. 제일제당과 제일모직이 널리 부각됨에 따라 호암은 한국 최초의 재벌, 한국제일의 기업가로 불리게 되었다. '돈병철'이라는 곱지 않은 별명도 이때부터 나온 것이 아닌가 생각된다.

4.19 이후 미국을 거쳐 동경에 들렀을 때는 폭설이 내린 세모여서 새해를 동경에서 맞는다. 이것이 습관이 되다시피 하여 그 이후 가끔 새해를 동경의 호텔에서 맞곤 했다고 한다.

혁명정부에 의해 부정축재자로 몰린 호암은 박정희 부의장을 만나 소신을 피력하게 된다. "기업하는 사람의 본분은 많은 사업을 일으켜, 많은 사람들에게 일자리를 제공하면서 그 생계를 보장해주는 한편, 세금을 납부하여 그 예산으로 국토방위는 물론이고 정부운영, 국민교육, 도로항만 시설 등 국가운영을 뒷받침하는데 있다고 생각합니다. 이른바 부정축재자로 처벌한다면 그 결과는 경제위축으로 나타날 것이며, 이렇게 되면 당장 세수가 줄어 국가운영이 큰 타격을 받을 것입니다. 오히려 경제인들에게 경제건설의 일익을 담당하게 하는 것이 국가에 이익이 될 줄 압니다." 이후 내려진 투자명령은 부정축재자로 지목된 경제인을 처벌하는 대신 그들로 하여금 공장을 짓게 하여 경제건설에 참여시키기 위해 혁명정부가 호암의 소신을 받아들여 취한 조치였다.

호암은 의식개혁이 급선무라고 생각하고 「우리가 잘 사는 길」이란 제하題下의 소론을 한국일보에 기고하였다. 이 소론에서 호암은 우리나라 빈곤의 원인과 우리의 반성, 부정축재 처리문제, 경제5개년계획의 성취를 위한 제언, 좋은 장래를 위하여 등 5편의 소론을 제안했는데 이후 정부의 정책은 대부분 호암이 제안한 소론의 방향을 좇았다고 한다.

박대통령의 반강제적인 권유로 인해 시작한 비료공장 건설을 거의 완공하는 단계에서 담당자가 보세창고에 있던 OTSA라는 약품을 정부의 허가 없이 시중에 매각하여 한국 제일의 재벌이 밀수를 했다라고 신

호암의 옛집

문들의 집중공격을 받게 되어 비료공장을 국가에 헌납하지 않을 수 없는 뼈아픈 상황이 전개되기도 했다.

1965년 호암은 자신의 기업 경력과는 전혀 다른 새로운 분야에 손을 댔다. 개인소유 재산으로 삼성문화재단의 설립과 중앙일보의 창간이 그것이다. '기업은 생산, 고용, 소득의 증진 등 경제적 가치의 추구를 통해 인간의 행복을 약속해주지만 인생에 있어서 경제 이외의 가치를 도외시할 수는 없다.'라는 생각에서였다고 한다.

호암湖巖이란 의미는 '호수처럼 맑은 물을 잔잔하게 가득 채우고 큰 바위마냥 흔들리지 않는다.'를 뜻하는데, 자신의 호를 미술관에 붙여 호암미술관으로 명명했다. 사회가 발전하기를 바라는 마음에서 정치보다 강한 힘일 수 있는 종합매스컴 창설을 결심했다. 사람들의 선의나 선행 등 밝은 화제나 사실을 적극적으로 발굴하여 독자로 하여금 장래에 대한 희망과 용기를 가질 수 있도록 환기시켜 주는 것도 신문의 큰 사명이라고 생각하여 이것을 사시社是의 첫머리에 못 박았다.

70년대 삼성의 사업전개는 부가가치가 높은 전자기기산업과 중화학공업에의 진출이었다. 삼성은 제당, 모직에서 출발하여 비료, 전자, 조선, 정밀기계, 항공공업, 반도체, 컴퓨터, 유전공학 등으로 고도화 과정을 밟아 왔다. 73세 때 새로운 사업인 반도체사업에 진출하게 되는데, 막대한 설비투자가 들뿐더러 기술혁신의 주기가 매우 짧은 반도체 생산에는 많은 위험이 뒤따른다. 그러나 그 위험을 뛰어넘어 성공을 쟁취해야만 삼성의 내일이 열린다고 호암은 확신했다. 언제나 삼성이 새 사업을 선택할 때에는 그 기준이 명확했다.

국가적 필요성이 무엇이냐? 국민의 이해가 어떻게 되느냐? 또한 세계시장에서 경쟁할 수 있을까? 하는 것이 바로 그것이다.

## 호암의 인생 · 경영 철학

호암은 수많은 기업을 운영해오면서 느낀 최고경영자의 자질로는, '덕망을 갖춘 훌륭한 인격자, 탁월한 지도력, 신망을 받는 인물, 풍부한 창조성, 분명한 판단능력, 강한 추진력, 책임을 질 줄 아는 사람'의 7가지였다고 한다.

1979년 미국 뱁슨대학에서 최고 경영자상을 받았고, 1982년 보스턴대학에서 명예 경영학박사 학위를 받았다. 소렌슨 총장은 박사학위 수여식 축사에서, "이 회장이 새로운 사업을 일으킨 것은 항상 그 사업의 시장성이 가장 낮은 수준에 있을 때였고, 극히 곤란한 환경에 처해 있을 때였다. 끊임없이 파이오니어 정신으로 성취한 여러 사업의 업적은 사회에 대한 봉사 바로 그것이었다."라고 극찬하는 내용이었다.

호암의 인생관에 가장 큰 영향을 미친 책은 논어論語였다고 하는데, 논어의 규범은 인간이 사회인으로서 살아가는데 불가결한 마음가짐을 알려주기 때문이다. 이의 영향으로 "내가 관심을 갖는 것은 경영의 기술보다는 그 저류에 흐르는 기본적인 생각, 즉 인간의 마음가짐에 관한 것이다."라고 밝히고 있다.

1957년 국내 최초로 공채사원을 모집했으며, 이어서 그룹의 경영자원 조정시스템으로 창안한 것이 비서실이란 독특한 조직이었다. 100년 앞을 내다보고 나무를 심는다면 호암은 사람을 심었다. 논어의 '의심나는 사람은 쓰지 말며, 쓰는 이상 의심하지 말라(疑人勿用, 用人勿疑)'를 이 시스템에 접목했다.

호암은 와세다早稻田대학를 다녔으며 아들 셋을 모두 일본의 유명대학에 유학하게 하였고, 손자도 그 길을 택했던 것은 우연이 아니다. 호암은 앞으로 일본이 중요하니 공부하고 노력해 일본통이 될 것을 지시했다. 일본의 저명인사들도 모두 한국사람 중에 최고의 일본통으로 단연 호암을 꼽고 있다.

# 고故 아산 정주영 회장을 기리며

올해는 이병철 회장 탄생 100주년, 정주영 회장 95주년, 박정희 전 대통령 93주년이 된다. 몇백 년에 한명 나올까 말까한 영웅 세 사람이 거의 동시에 태어나서 오늘의 번영된 대한민국을 이룩한 초석이 된 것은 우리나라의 큰 행운이 아닐 수 없다.

TV에서 시리즈로 방영되고 있는 정 회장의 말씀을 담은 기업홍보 동영상을 보면서 느낀 점이 있어 이분의 삶에 대해 한번 정리해 보자라는 생각을 하게 됐다. 정 회장님과 관련된 여러 가지 책들을 통해 일관되게 느낄 수 있는 것은 정 회장님께서는 이 나라를 책임질 젊은이들과 소년 · 소녀들이 확고한 신념 위에 최선을 다하는 노력만 보탠다면 성공의 기회는 누구나 공평하게 타고난다는 것을 다시 한 번 일깨워 주고 싶으셨던 것 같다.

그는 학교도 제대로 나오지 않았지만 불굴의 도전정신으로 현대그룹을 탄생시켰으며 우리나라 산업발전의 중추적인 역할을 한 현대자동차, 현대건설, 현대조선뿐만 아니라 올림픽 유치 민간추진위원장으로서 88올림픽을 서울에 유치한 장본인이며, 전국을 일일생활권으로 만들어놓은 산업의 대동맥인 경부고속도로의 건설, 부산항을 비롯한 항만들, 원자력발전소 등 굵직한 토목공사들을 훌륭하게 성공시킨 거인이었다. 하지만 정주영 회장이 오늘의 현대를 키우기까지의 기업발전사를 정리하기보다는 그의 생각과 정신을 중심으로 정리해보고자 한다.

### 아산의 사업가로서의 기질들

아산 정주영 회장은 사업가로서 신용을 제일로 중시했다. 막대한 적자를 감수하면서도 무슨 일이 있어도 공사는 끝낸다는 정신으로 공사를 완료하여 어려움을 이겨냈으며, 막대한 손실을 보는 대신에 더 큰 신용을 얻게 된다. 그는 불치하문不恥下問이라는 말처럼 자기보다 어린 사람, 지위가 아래인 사람이라 해도 모르는 것을 물어서 배우는 것을 부끄럽게 생각하지 않았다.

정 회장은 인생의 성공 혹은 실패를 잡고 있는 것은 시간과 행동이라고 생각하고 있다. 누구에게나 주어지는 한 생애동안, 주어진 시간을 낭비하지 않고 열심히 노력한다면 누구나 나름대로의 분야에서 나

름대로의 성공을 거둘 수 있으며 그 삶 자체가 바로 성공한 사람이라고 생각하고 있다. 이를 위해서는 똑똑한 머리만이 아니라 몸소 행동해야 함을 일깨워준다. 정 회장은 직원들이 해보기도 전에 어렵다는 얘기를 꺼낼 때면 언제나 "해보기나 했어?"라고 반문하며 실천의 중요성을 일깨워주었다고 한다. 정 회장은 수많은 강점을 가진 분이지만 오늘날의 현대가 있기까지 가장 중요한 역할을 했던 것이 바로 이 질문, "해보기나 했어?"가 아닌가 한다.

현대조선을 건설하기 위한 차관도입을 할 때의 일화에서 그의 지혜가 잘 나타난다. 영국 버클레이즈 은행의 롱바톰 회장은 아직 선주도 나타나지 않은 한국의 상환능력과 잠재력도 믿음직스럽지 않아 곤란하다는 입장이었다. 그는 바지 주머니에 들어있는 거북선이 그려진 5백 원짜리 지폐를 꺼내, "이것 보시오! 이것이 우리의 거북선이오. 당신네 조선 역사는 1800년대부터라고 알고 있는데 우린 철갑선을 만들어 일본을 혼낸 민족이오. 당신네보다 3백년이나 조선 역사가 앞서 있었소. 다만 그 후 쇄국정책으로 산업화가 늦어져 국민의 능력과 아이디어가 녹슬었을 뿐 우리의 잠재력은 그대로 있소." 롱바톰 회장은 빙그레 웃으면서 머리를 끄덕였다.

그는 일단 시작한 일은 무슨 일이 있어도 성공시켜야 한다는 왕고집이 있었고, 반드시 성공한다는 확고한 신념이 있었으며, 신념이 있는 한 일을 멈출 수는 없었다. 한국인은 모두 작심만 하면 뛰어난 정신력으로 어떤 난관도 돌파할 수 있는 민족이고 무슨 일이라도 훌륭하게 성공시킬 수 있는 아주 독특한 능력과 저력이 있는 사람이라며 한국인들의 우수성에 대한 강한 애정과 긍지를 보여주고 있다.

사람이면 누구든 실수할 수 있다. 실수는 누구나 할 수 있지만 중요한 것은 한순간 실수했다고 해서 그 때까지의 모든 것을 포기해서는 안 된다는 것이다. 일을 해 나가는데 있어서 어떤 실수보다도 치명적인 실수는 일을 포기해버리는 것이다. 그가 평생을 살아오면서 한 가지 분명하게 체득한 것이 있다면, 인생이란 시련의 연속이며 시련과 싸우면서 그것을 극복해나가는 과정이라는 것이다. 그에게 나이는 의미가 없었다. 중요한 것은 그의 앞에 놓여있는 쓸 수 있는 시간이었다.

현대조선이 성공하면서 육성한 사람들 상당수가 대우조선과 삼성중공업으로 갔다. 큰 투자를 하면서 열심히 키운 우수한 인력을 빼앗길 때는 물론 화도 나고 배도 아팠다. 그러나 그 인력들이 외국회사로 가는 것도 아니고 결국은 우리나라에서 일하는 것이니 크게 아까워할 것은 없지 않은가! 그것이 바로 선발업체의 할 일이고, 그것도 그 분야의 발전에 한 역할을 수행하는 것이라고 생각한다며 큰 기업인으로서의 모습을 보여주었다.

학식이 없다고 해서 생각도 머리도 지혜도 없는 것이 아니다. 학식은 없지만 그 대신 남보다 더 열심히 생각하는 머리가 있고, 남보다 뛰어난 계산능력이 있으며, 남보다 적극적인 모험심과 용기와 신념이 나에게는 있다. 내가 믿는 것은 하고자 하는 의지를 가졌을 때 발휘되는 인간의 무한한 잠재능력과 창의성, 그리고 뜻을 모았을 때 분출되는 우리 민족의 엄청난 에너지뿐이다. 교과서적인 사고방식이 곧 고정관념이며 그것이 바로 우리를 바보로 만드는 함정이다.

사람을 크게 괴롭히는 것이 병고와 가난인데, 두 고통은 서로 맞물려 돌아가는 톱니바퀴와 같다. 병치레 때문에 가난할 수밖에 없고 가난하기 때문에 치료를 못 받고 계속 아파야 하기 때문에 더더욱 가난해진다는 것이다. 이런 생각으로 그는 아산재단을 세웠다.

박 대통령은 경험도 기반도 취약한 우리나라 기업인들을 일단 신뢰하기로 하고 기업인들이 제출한 사업계획서에 정부가 차관도입 지불보증을 책임져주는 제도를 실행했다. 한국경제의 근대화는 박 대통령의 정부보증 외자도입 정책의 소산이었다. 그러나 권력을 행사하고 있는 권위적인 경제 관료들에게는 정 회장의 비판이 자기들이 만들고 집행하는 모든 정책에 대한 호된 비판과 질타로 받아들여져 기분이 몹시 상했던 모양이었다. 기업이윤을 모두 사회에 환원하라는 주장은 기업의 본질을 모르는 소리다. 작은 기업을 일으켜서 중소기업이 되고 중소기업이 커서 대기업이 되는 것이고, 대기업이 더 발전해서 세계적인 기업이 되어야만 그것이 진정한 국민경제의 발전이다.

박 대통령 역시 농사꾼의 아들이었다. 박 대통령과 그는 우리 후손들에게는 절대로 가난을 물려주지 말자는 염원이 서로 같았고, 신념을 갖고 '하면 된다.'는 긍정적인 사고와 목적의식이 뚜렷했던 것이 같았고, 그리고 소신을 갖고 결행하는 강력한 실천력 또한 서로 같았다.

올림픽 유치는 박 대통령의 의지였다. 동북아와 한반도의 평화정책에 기여, 우리나라의 경제발전과 국력의 과시, 공산권 및 비동맹국가와의 외교관계 수립으로 분단상황 극복여건 조성, 국제적인 행사를 통한 국민결집력 유도 등이 올림픽 유치의 필요성이었다. 남덕우 당시 총리와 김택수 IOC위원은 비관적인 생각이었다. 상황과 분위기 상, 올림픽 유치업무 수임에 따른 책임이 두려워 모두 의도적으로 올림픽 유치와 관련되는 것을 기피했다. 사전에 한마디 말도 없이 올림픽 유치 민간추진위원장을 정 회장에게 맡겼다. 정 회장은 모든 일은 인간이 계획하는데 달려있다고 생각하는 사람이다. 바덴

바덴에서 그는 전력투구를 하였다. 중동 및 아프리카 IOC위원들을 집중공략하는 전략을 썼다. "당신들도 언젠가는 올림픽을 해야 할 것 아니냐! 개발도상국도 올림픽을 훌륭히 치를 수 있다는 것을 보여주는 것이 아주 중요하다."라는 내용으로 그들을 설득하기 시작했다. 사마란치 위원장이 투표 결과를 발표했다. '쎄울' 당초 3표만 나와도 체면 유지한다는 이야기와는 달리 52:27로 나고야를 물리친 것이었다.

우리나라의 천혜의 조건을 적극적으로 이용해서 좁은 국토를 한 뼘이라도 더 늘려 후손에게 물려주는 일도, 기업경영으로 고용을 창출하고 산업발전에 기여하고 나라를 살찌게 하는 일 못지않게 보람 있고 중요한 일이라고 생각했다. 어린 시절 농사일, 농지개발, 간척일 등을 통해서 그의 아버님께서 보여주셨던 그 강인한 정신과 토지에 대한 애정은 참으로 숙연할 정도로 존경스러운 것이었다. 그런 아버님께 바치는 존경의 헌납품이 바로 서산농장이다 라고 밝히고 있다. 1984년 정주영 공법으로 불리는 유조선 공법은 A지구 최종 물막이공사에 쓰였던 것이다. 이를 이용한 물막이공사로 그는 총 4천 7백만 평을 새로이 우리 국토면적으로 추가시켰다. 이는 여의도 면적의 33배이고, 50만 명의 1년 치 양식의 증산을 가능하게 하는 것이었다.

### 솔직 담백한 아산의 기업관과 인생관

정주영은 중역이나 사장이라고 해서, 다른 사람하고는 뭔가 다른 대우를 누려야 한다는 그 우월의식이나 권위의식 같은 것을 정말 싫어했다. '검소'가 사훈인 현대의 건설현장에 카펫은 그가 싫어하는 사치였고, 사치를 좋아하게 되면 반드시 뒤따르는 것이 부패다. 다시 또 옛날의 그 가난으로 돌아가고 싶은가? 나라가 없으면 국민도 없고 기업이 없으면 일터도 없다고 밝히고 있다. 흔히 가난한 나라가 급속도로 경제성장을 이루면 기적이라는 말을 쓰는데 기적이란 종교에나 있는 것이지 경제에 기적은 없다.

평소 정주영은 국가와 국가 간의 관계에서 지나치게 실익만을 따진다는 것은 옳지 않다고 생각했다. 소련은 시베리아 목재와 천연가스, 기름, 석탄에서부터 바다의 생선까지 무한한 자원의 보고이다. 그는 우리 경제가 지속적인 발전을 하려면 우선 우리에게 없는 자원을 항구적으로 확보해야 한다고 보았다. 외국의 기업가나 경제정책 전문가들을 만날 때마다 그들은 자원도 자본도 없는 한국이 도대체 무엇으로, 어떻게 그토록 비약적인 경제발전을 이루었는가? 하고 물었다. 이때마다 정주영은 바로 세계에서 가장 우수하고 근면한 민족인 우리 국민이 이룬 업적이라고 답했다. 오늘의 한국기업의 규모와 경제는, 우수하고 창의적인 창업주의 불굴의 의지, 진취적인 실천력을 구심점으로 하고, 그 위에 부지런한 근로자층의 혼신의 힘이 집결되어 맺어진 과실이다. '국가의 부존자원은 유한한 것이지만 인간의 창의와 노력은 무한하다.'

정주영은 돈으로 생색내고 돈으로 자랑 삼는 사람의 인격은 보잘게 없다고 치부하는 사람이었다. 사람은 의식주를 얼마나 잘 갖추고, 얼마나 잘 누리고 사느냐가 문제가 아니라, 얼마나 많은 사람한테 얼마나 좋은 영향을 끼치면서 사느냐가 중요하다는 것이다. 사람은 피차 도와가면서 사는 것이지 어떤 사람이 어떤 사람을 먹여 살린다는 생각은 옳지 못하다. 흔히 '내가 데리고 있는 사람'이라는 표현을 쓰기도 하고, 같은 직장에서 '누가 누구를 키웠다.'는 말들을 쉽게 하는데, 그것은 어리석은 객기이며 보기 싫은 오만이다. 우리는

다 같이 평등하다는 것을 잊어서는 안 된다. 내 호주머니에 들어 있는 돈만이 내 돈이고 내 의식 속에는 '부자'라는 단어는 없다. 사람들은 비슷한 출발에서, 능력과 과정의 노력에 차이가 있었다는 것은 생각하지 않고 결과의 불균형에 대해서만 불평을 품는다. 기업을 하는 사람도 국민 중의 한사람이며, 기업인들도 다른 모든 국민이 마땅히 가지고 있는 나라에 대한 뜨거운 애착과 나라의 발전과 번영을 원하는 소망, 그것에 어느 한부분이라도 힘껏 기여하고자 하는 애국심과 정열을 갖고 있다고 믿어야 한다.

기업은 규모가 작을 때는 개인의 것이지만 규모가 커지면 종업원 공동의 것이요, 사회와 국가의 것이 된다. 정주영의 경우, 옛날 쌀가게를 했을 무렵까지는 그것은 그 개인의 재산이었다. 그러나 지금 규모의 기업경영자는 국가와 사회로부터 기업을 맡아서 관리하는 청지기일 뿐이다. 모든 사람의 인생이 그러하듯이 우리가 살아나가는 과정에는 공과功過가 있기 마련이다. 공功만 있는 인생도, 과過만 있는 인생도 없다. 기업의 과정도 마찬가지이다. 기업의 사명은 고용을 증대시키고 이익을 세금으로 내서 국가살림을 원활하게 하는 것이다. 그러나 그에 못지않게 중요한 것이 값싸고 질 좋은 제품을 국민에게 공급하는 것으로 기업들이 기울이는 노력의 열매를 국민과 함께 나누는 일이다.

정부가 할 일은 정책을 세우는 것이다. 정책의 선택과 균형사회의 건설이 정부가 본원적으로 해야 할 일이다. 정부는 정부가 할 일을 하고 기업은 기업이 할 일을 하면서 서로 조화롭게 발전하면 그것이 바로 민간주도의 경제가 아닌가! 정부의 공직자는 일이 잘못되면 자신의 자리를 위협받는다는 불안 때문에 그들에게 과감한 추진력을 기대할 수 없다. 그러나 민간인은 실패하면 손해를 보고 성공하면 이익을 본다는 단순성 때문에 과단성 있는 모험을 할 수 있는 것이다. 정부 엘리트의 기획과 민간의 신선하고 창의적인 개성을 잘 조화시키면 정부발전과 함께 능률도 올리면서 균등한 지역발전과 풍요로운 사회건설이라는 우리의 최종목표를 보다 쉽게 달성할 수 있다. 선진국이 걸어갈 때 우리는 달리지 않으면 안 된다. 정부는 정부가 할 일을 하고 기업이 할 일은 기업에 맡겨야 한다.

미국의 한 사회학자가 극동에서 민주주의를 할 수 있는 나라는 한국뿐이라고 했다. 우리 민족은 중국인이나 일본인에 비해서 솔직하고 개방적이며 보다 창의적이고 진취적이라는 것이 그 이유이다. 현대는 한국의 모든 경제발전 과정에서 선도적 역할을 했다고 정주영은 자부했다. 현대자동차, 현대조선, 현대건설이 우리나라 모든 산업발전에 중추적인 역할을 했다. 그는 정치의 변환기에 무지한 권력자들에게 기업을 강탈당하기는 했어도 권력을 끼고 성장한 적은 전혀 없다고 주장한다.

한국이 세계에 빛나도록 88올림픽을 서울에 유치할 수 있게 된 것이나 대한체육회장을 맡아 올림픽이 적자 없이 치러지도록 구상 · 기획했으며, 죽어가던 한강을 맑은 물로 만드는 고수부지도 그의 구상이었다. 그는 현대를 통해서 기업이 할 수 있는 모든 일을 다 해냈다.

경부고속도로가 그러했고, 부산항을 비롯한 항만들이 그러했고 발전소들이 그러했으며, 높은 가동률을 내는 원자력발전소도 현대의 업적이다. 현대가 그 역할을 하지 않았다면 우리 경제는 최소한 10년에서 20년 정도는 뒤떨어져 있을 것이라고 그는 말한다. 과거와 현재뿐만 아니라 미래에도 이 나라 경제발전이 제2, 제3의 경제도약에서도 중추적인 역할을 할 기업은 절대적으로 현대라고 했다.

그것이 그가 심어놓은 현대의 정신이고 사명이며, 국가에 대한 막중한 현대의 의무라는 것이다.

### 아산의 스승과 그가 후세에 끼친 영향

한 나라의 발전과 후퇴를 결정하는데 가장 중요한 것은 그 나라의 정부와 기업, 국민들의 정신자세라고 할 수 있다. 자기들이 가지고 있는 것은 공기뿐이라고 말하는 싱가포르를 잘 살게 만든 것은 정부나 기업, 국민들이 다 같이 정직하고 깨끗했기 때문이다. 인간은 기본적으로 남보다 나 자신을 더 소중히 생각하고, 내가 남보다 더 낫고 싶고, 더 성공하고 싶은 본성을 가졌다. 이런 인간의 본성을 무시한 공산주의 이념은 그저 아름다운 이상일 따름이며 공산주의 체제는 시행착오의 산물일 뿐이다. 자유주의와 자본주의의 목적과 정신은 열심히 일해서 그 이윤으로 내 가정을 안정시키고 나아가서 사회에 기여하고 봉사하면서 인간답게 살고자 하는 것이다. 자신이 하고 싶은 대로 자신이 세운 목표를 향해 노력하면서 하고 싶은 일을 하며 산다. 나는 자기가 하고 싶은 일을 성취한 사람은 부富를 가진 사람이라고 생각한다. 내일은 오늘을 어떻게 사느냐에 달려 있고 10년 후는 지난 10년을 어떻게 살았는가의 결과이다.

개인으로서 쌓은 신용이 작은 사업을 시작하게 되고, 작은 사업으로 다진 신용이 보다 큰 사업으로 발전해나가고, 중소기업을 대기업으로, 대기업을 세계적인 기업으로 성장 · 발전시켜 준다. 어쩌면 모든 부문에 걸친 신뢰의 총합으로 오늘날의 현대를 이룬 것일지 모른다. 인간은 누구나 자기 문제를 스스로 해결할 능력을 갖추고 있다. 여기에 긍정적인 사고는 절대적으로 중요하다. 누구에게나 똑같은 한 가지가 있는 데 그것은 누구의 미래든 그의 발전을 위해 준비되어 있다는 점이다.

운이라는 것을 정주영은 때라고 생각했다. 그리고 그 때를 어떻게 운영하느냐에 따라 스스로 좋은 운, 나쁜 운을 만들어내는 것이라고 믿었다. 그때그때에 어떻게 대처하느냐가 일생을 좌우하는 것이다. 우선 건강하기만 하면 행복해질 수 있는 첫째 조건은 갖춘 사람이다. 두 번째는 담백하고 순수한 마음으로 살아보라는 권유를 하고 있다. 세 번째로 공부하는 사람으로, 생각하는 사람으로 살아야 한다고 했다.

정주영은 언젠가 첫째가는 스승이 부모님이셨다면 둘째 스승은 책읽기였다고 밝힌바 있다. 바람이 나무의 뿌리를 더 깊고 단단히 내리게 만드는 것처럼 시련은 우리를 보다 굳세고 현명하게 성장시킨다. 부부가 결혼해서 일생을 함께 산다는 것은 결혼이라는 형식으로 묶여서 자식을 낳고 서로 존경하고 사랑하며 늙어가는 일이다. 존경하고 인정할 점이 없으면 사랑할 수도 없다. 정주영은 그의 아내가 재봉틀 한 대를 유일한 재산으로 아는 점, 부자라는 인식을 전혀 하지 않는 점, 평생을 변함없이 사는 모습을 존경했다 한다. 평범한 사람이지만 평생 불평이라고는 모르고 그저 묵묵히 변함없이 살아준 아내의 공을 깨닫고 있었던 것이다.

정 회장이 가장 중시한 덕목과 가치는 최선의 노력과 성실이다. 그는 사람이란 근면하면 무엇이든 이뤄낼 수 있다는 신조의 소유자였다. 스스로 사명감을 갖고 일했으며, 적극적이고 진취적인 자세로 임직원들을 독려했다. 그러다 보니 아주 세부적인 사안까지 일일이 참견하고 지시하는 것으로 비쳐지기도 했다. 하지만 위기상황에서는 늘 자신을 직접 던짐으로써 불가능해 보이는 일도 해내는 솔선수범을 보였기에 조직 전체의 존경을 이끌어낼 수 있었다.

대북관련 사업 중단으로 인해 요즘 현대아산이 어려움을 겪고 있는 것 같다. 최근 남북관계의 긴장고조로 인해 생전에 정 회장께서 북한을 지원하는 여러 가지 사업과 활동을 통해 궁극적으로는 통일까지 생각했던 그의 원대한 꿈이 난관에 봉착한 것 같아 안타깝다. 하지만 이 분의 위대한 정신을 이어 받은 정부와 현대의 분발로 어느 땐가는 정주영 회장의 꿈이 반드시 이루어질 것이라는 기대를 해 보게 된다.

대한 독립의 아버지
# 서재필

지난 연말연시 연휴에 미국에 다녀왔다. 결혼해서 미국에 살고 있는 딸과 그곳에서 공부하고 있는 아들도 보고 싶고, 첫돌 때 보고 6개월만인 손주가 삼삼하게 눈에 밟혀서였다. 20여일 전 먼저 들어간 집사람에 이어 붕~ 들뜬 마음으로 15시간을 그렇게 지루하지 않게 날아갔다.

오랜만에 직계가족 6명 전원이 한자리에 모일 수 있어서 어머님 기제사忌祭祀도 미국에서 모시게 되었다. 부모님의 영靈을 낯설고 먼 미국 땅으로 모시게 되어 송구한 마음도 없지 않았지만, 집사람이 제사 며칠 전 꿈에서 어머님을 뵈었다는 것으로 잘 찾아 오신듯하여 마음이 놓였다.

역시 가족들과의 만남은 즐거운 일임을 확인할 수 있었고 일기불순(폭설과 추위)으로 특별 활동이 쉽지 않아 아쉬웠으나 오히려 아무 생각 없이 여유로움으로 몸과 마음의 피로를 풀어보았다.

기축년 마지막 날엔 가족들과 함께 필라델피아 근교에 있는 서재필 기념관을 방문했다. 서재필에 대해서 아는 것이라곤 우리나라의

선각자요, 독립신문을 발간한 언론인 정도였는데 기념관 관람과 안내자의 설명, 기념관에 비치된 서 박사에 대한 일대기 책을 보니 그동안 위대하신 분에 대해 너무도 모르고 있었음에 새삼 부끄러운 생각이 들었다. 더불어 찍은 사진과 함께 그의 삶에 대해 간략하게 정리해보고 싶은 생각이 들었다. 혁명가 · 군인 · 의사 · 언론인 · 연설가 · 스포츠맨 · 기업인 · 독립투사 · 의학자…… 어떻게 한사람의 생애가 이렇게 다양할 수 있을까? 의아해지기까지 했다.

감히 위대한 서재필 박사의 생애를 짧은 몇 자로 표현할 수는 없겠지만 조심스럽게 정리해보고자 한다. 웅대한 스케일의 한편 대하드라마를 보는 듯한 느낌을 받았고, 정리 내용 중 어르신의 품격을 떨어뜨리는 것은 없을까? 걱정이 없는 것도 아니다. 잘못 표현된 것이 있다면 주저 없이 가르침을 주기 바란다.

서재필 기념관에서의 저자 가족

## 서재필의 출생과 초기 망명시절

송재松齋 서재필徐載弼(미국명 필립 제이슨 : 이름을 거꾸로 한 '필재서'를 미국이름으로 바꿈)은 전남 보성에서 출생하여 일곱 살 때 자식이 없던 친척집에 양자로 보내졌고, 다시 양어머니인 안동 김 씨의 동생인 이조참판 김성근의 서울 집으로 보내지면서 과거시험을 준비하게 되고 18세에 급제하게 된다. 서재필은 벼슬에 오르면서부터 본격적으로 개화파 인사들과의 교류를 갖게 되는데 개화사상의 아버지인 박규수의 문하생이던 김옥균, 박영효, 서광범, 홍영식, 유길준, 이동인 등을 만나게 되면서 개화당을 결성한다. '국방력을 키워야 된다.'는 김옥균의 권유로 일본 토야마 군관학교에 입학하여 신식 군사훈련을 받은 서재필은 고종으로부터 신식 군대를 키우는 조련국 사관장, 즉 사관학교 교장에 임명되지만 청나라의 반대로 무산되고 그를 비롯한 사관생도들은 궁궐수비대로 편입된다.

1884년 개화당은 신분제 폐지, 문벌 폐지, 청나라에 잡혀간 대원군의 복귀 등을 담은 혁신정강을 발표하고 우정국 새 건물 낙성식이 있는 날 갑신정변을 일으키게 되는데, 서재필은 갑신정변의 전위대장으로 나서 큰 공을 세우고 병조참판에 제수되지만 청나라의 개입으로 3일 만에 실패한다. 이로 인해 서재필의 가족들은 역적으로 몰려 모두 살해되는 비극을 맞았고, 그는 일본으로 피신했다가 다시 미국 망명길에 오른다.

갑신정변이 3일 천하로 실패하게 된 두 가지 이유는 첫째, 개화파들이 일반 민중의 지지를 받지 못했다는 점이고, 둘째, 일본을 너무 쉽게 믿고 의존하였다는 점이라고 한다.

미국으로 망명한 서재필은 영어를 몰랐기 때문에 광고지 붙이는 일로부터 온갖 막노동을 하면서 영어를 배우고, 운 좋게 '해리 힐만'이란 후원자를 만나게 되어 명문사립고를 거쳐 워싱턴 컬럼비아대(지금의 조지워싱턴대) 의학부를 졸업하게 되는데 이때 미국에서 한인 최초로 미국 시민권을 받았고, 세균학 전공으로 의사가 되었다. 미국 초대 철도우체국장의 딸 뮤리엘을 만나 결혼하면서 미국 주류사회에 편입하게 된다. 뮤리엘을 만나게 된 인연이 흥미로운데, 뮤리엘이 길거리에서 치한들로부터 위협을 받고 있을 때 마침 그곳을 지나던 서재필이 그동안 단련한 태껸, 마상무술 등 무예실력을 발휘하여 그들을 물리치고 무사히 그녀를 구해주면서부터 비롯되었다고 한다.

워싱턴에서 10년 전 헤어졌던 박영효를 우연히 만나 그의 권유로 귀국하게 되는데, 귀국 후 1896년 한국 최초의 한글신문인 독립신문을 발간하고, 신문 사설을 통해 러시아와 일본이 한반도를 둘러싸고 대립하고 있는 조선의 상황에서 국민들을 계몽해나가기 시작한다. 이 외에 배재학당에 나가 이승만, 주시경 등을 가르쳤고 학생토론모임인 협성회를 지도한다. 또한 청나라 사신을 영접하기 위해 사용되었던 영은문 자리에 독립문을 세우고, 이완영 등과 독립협회를 조직하여 대중토론회로 확대시켜 만민공동회로 발전시킨다.

### 미국에서의 본격적인 활동

수구파가 다시 정권을 잡게 되자 러시아와 일본의 추방 압력으로 인해 독립신문을 윤치호에게 인계하고 다시 미국으로 망명길에 오르게 된다. 1904년 을사조약이 체결되던 해에 '큰일을 도모하기 위해서는 재정적 능력이 필요하다.'라고 생각하여 미국 고등학교 후배와 함께 문구 및 인쇄사업을 펼쳐 제법 규모가 큰 사업체로 성장하게 만든다.

1919년 3.1운동 소식이 전해지자 필라델피아에서 150여명의 한

Jaisohn at the time of operating a printing and stationery company, Philip Jaisohn & Co.

필립 제이슨상회를 차려 인쇄 및 문구점 사업을 운영할 때의 서재필

Membership card of the National Security League

서재필의 미국 국방위연맹 회원증(1915. 12)

Site of Philip Jaisohn & Company

인들이 모여 제1차 한인의회를 소집하게 되는데, 이승만, 정한경, 유일한, 조병옥 등이 참여한다. 이후 한국친우회를 조직하여 한국의 3.1운동을 지지하는 집회를 열었으며, 미국인들에게 조선의 사정을 알리기 위해 《KOREA REVIEW》지를 발간하여 미국 대통령에게 조미수호조약 준수를 요구하는 사설을 싣는 등 독립운동을 펼친다. 유일한이 귀국할 때 서재필은 화가인 딸 스테파니에게 유일한의 성씨 '버들 류'를 상징하는 버드나무 그림을 그려 달라고 부탁하여 기념 선물로 주게 되는데, 유일한은 이 그림을 유한양행의 회사 상표로 사용했다고 한다.

해방 후, 미군정의 하지 중장은 트루먼 대통령으로부터 이승만을 다루지 못한다는 질책을 듣고 이승만을 견제할 인물로 서재필을 미군정 고문 및 남조선 과도정부의 특별의정관으로 초빙하게 되는데, 귀국한 후 라디오 연설 등을 통해 민주주의, 교육, 과학의 중요성을 역설하면서 국민 계몽운동에 앞장선다. 백인제, 최능진, 김대중을 비롯한 1,929명이 초대 정부 대통령으로 그를 추대했으나 미국 시민으로 남겠노라고 불출마 선언을 하게 되면서, 제자이면서도 미묘한 라이벌 관계에 있던 이승만에게 대통령을 양보한다.

## 서재필의 이미지와 후광

서 박사에 대한 이미지를 키가 크고, 비쩍 마르고 문약한 사람으로만 생각했었는데, 갑신정변 당시 행동대장인 장군으로 큰 공을 세웠을 만큼 강한 면모를 보게 되어 놀라웠다. 서재필은 요즘 말로 풀이하면 '글로벌 리더'이자 헌신적으로 남을 돕는 '서번트 리더십'의 실천자이기도 했다고 생각한다. 서 박사가 활동하던 때는 격동의 시기였고 이 시기에 동학혁명, 을미사변(민비시해사건), 아관파천, 단발령(상투 자르기),

3.1운동, 손기정 마라톤 우승 등 굵직한 일들이 많이 일어났다.

전남 보성에는 서재필 기념공원이 조성되었고 외갓집을 복원한 서재필 기념관이 세워졌으며, 미국 필라델피아 근교 서재필 박사가 살던 집을 개조하여 서재필 기념관이 되었다. 워싱턴시에 그의 동상이 세워졌고, 워싱턴시는 5월6일을 '서재필의 날'로 지정했다. 1950년 한국전쟁이 발발했다는 소식을 들으시고는 혼절하여 몸져누우셨다고 한다. 다음 해 1월, 미국자택에서 음반 가야금소리를 들으며 87세로 생애를 마감했던 서재필은, "신이여, 코리아에게 축복을 내리소서!"라는 마지막 기도를 하시면서 눈을 감았다고 한다.

장례식이 열리던 날 미국의 지역신문에는 아래와 같은 부고 기사가 실렸다.

> 미디어시 지역의 의사이며, 세계적으로 유명한 한국의 독립운동가 필립 제이슨 씨가 오늘 안장되었다. 한국 태생인 제이슨 씨는 소년 시절부터 한민족의 자유와 독립을 찾기 위한 불타는 열정을 가졌고, 그 갈망을 행동에 옮긴 사람이다. 불행하게도 그의 작은 조국은 열강의 세력이 교차하던 곳이라 침략국들에 대한 그의 투쟁은 끝이 없었고, 더욱이 승리할 수도 없었다. 그는 미국 시민이 된 후에도 한국 독립운동을 포기하지 않았다. 필립 제이슨 씨의 생애는 그의 고국과 귀화한 나라인 미국의 자유를 구현하기 위한 정열로 점철되었다. 그는 국민들을 짓누르는 정부 제도에 반대했으며, 이런 의미에서 그는 여러 나라 역사에서 이기적인 권력욕을 위해 행동한 요란한 인물들과 달랐다. 필립 제이슨 씨는 역사상 진정한 위인들처럼 생존했을 때보다 서거 이후 미국 국민들에게 더욱 존경을 받을 것이다.

이런 위대하신 분들이 우리나라의 미래를 위해 헌신적으로 흘리신 피와 땀으로 오늘날 우리들이 편안하고 풍성한 삶을 누리게 된 것이라고 생각하니, 우리나라 선각자들의 삶에 대해 좀 더 적극적으로 알아보고 우리가 지금부터 해나가야 할 일을 찾는 노력이 필요한 시점이 아닌가라는 생각을 다시 해보게 된다.

# 오뚝이 인생, 조희웅 회장

미국에서 CVE(Creativity Vast knowledge Experience unrivaled) 테크놀러지 그룹을 경영하고 계신 조희웅 회장께서 얼마 전 미국정부로부터 소수민족 기업인에게 주는 MBDA 내셔널상을 수상하셨다. 미국 소수민족 기업 62만개 중에 제조, 건설, 금융 등 9개 분야에서 그 해 가장 우수한 경영을 하여 미국에 큰 도움을 준 기업인에게 수여하는 상으로 개인의 영광일 뿐만 아니라 한국인의 위상을 세계 최강국에서 떨친 자랑스러운 일이다.. 미국판 중앙일보에 게재된 조 회장님의 수상 기사를 중심으로 그의 인생과 경영철학을 함께 생각해본다.

미상무부 산하 정부기관인 MBDA(Minority Business Development Agency)에서 주최한 '소수민족 기업개발 2009 컨퍼런스'에서, CVE사 조희웅 회장(Howard Cho)이 영예의 '내셔널 어워드'를 수상했다. 지난 8월, '소수민족기업과 더불어 미국경제에 활력을 불어 넣자'란 주제로 열린 컨퍼런스에서 개리 록 상무장관은 기조연설을 통해, 현재 미국경제가 장기적인 침체로 어려움을 겪어왔지만 정부와 기업들의 노력으로 불황의 그늘을 벗어나고 있으며, 소수민족기업들이 새로운 사업을 통해 일자리를 창출함으로써 미국경제의 성장원동력이 되어달라고 당부했다. 상무부 MBDA에 의해 소수민족기업 중 제조업 분야에서 올해의 최우수기업으로 선정된 CVE는, 조그만 전자제품 수리점으로 출발하여 20년 만에 뉴저지 리버데일, 플레이노, 앨라바마 등지에서 하루 수만 대의 셀루라폰 수리와 가전제품 A/S를 담당하는 중견기업으로 성장했는데, S전자 창설요원으로 17년간 근무하고 1984년 도미한 조 회장의 탄탄한 기술력과 탁월한 경영능력, 그리고 1,200여 명의 직원들에게 '파파 조'로 통하는 인간미가 바탕이 되었다. 특히 플레이노 시에서는 2007년 10월 12일 플레이노 공장 창립기념일을 'CVE의 날'로 선포해 매년 기념하고 있다.

상무부 산하 MBDA 데이빗 힌슨 내셔널 디렉터 조희웅 회장에게 내셔널 어워드를 수여하

이 상을 받고 나서 댈러스에 있는 한국인들의 모임인 KAPN의 강연 요청으로 조희웅 CVE 테크놀러지 그룹 회장은 간담회에서 '사람이 재산입니다.'라는 제목의 강연을 하셨다. "사람이 살아가

면서 무엇이 필요한지, 미국에 와서 어떤 일을 했고, 살아가면서 한 가지 일에 전념하다 보면 일인자가 되는 결과가 나오더라. 실패란 건 실패가 아니라 순간적으로 벽에 부딪친 것이기 때문에 조금만 기다리고 해결책을 모색하면 반드시 돌파구를 찾을 수 있다. 실패가 마치 자신에게만 찾아오는 것으로 생각하여 고민하는 사람들을 보게 되는데, 실패란 누구에게나 계속 발생되는 것이라는 사실을 간과해서 그런 것이다."라는 요지인데 이 강연에 관해서도 언론에 소개된 바 있다.

이 외에도 지난 달 10월에는 샘 존슨 미연방하원의원이 플레이노 CVE그룹을 방문하여 조 회장에게 '의회 기록증서'를 전달하며 격려했다고 한다. 샘 존슨 의원은 10월 6일 미연방의회에서 특별히 CVE그룹에 대한 소개를 했는데 이 발표사항은 의회도서관에 영구적으로 남게 되는 영예를 거뒀다. Mr. Howard Cho(조 회장님 미국명) 또는 CVE라는 약명으로 검색할 경우 기록을 발췌해볼 수 있다.

미연방의회 샘 존슨 하원의원으로부터 '의회 기록증서'를 전달 받고 계신 조 회장님

## 조희웅 회장님과의 만남, 정겹게 배우다

조 회장께서 모처럼 한국에 들어오셨을 때 골프를 같이 하게 되었다. 미국에 가셔서 성공하게 되신 이야기를 들은 것을 정리하여 소개한다. 조 회장께서는 1969년 S전자 창립멤버로 입사하신 후, TV 생산과장 시절에는 라인이 3교대를 하였는데 사원수가 2,000명을 넘었고, 통금으로 인해 일단 퇴근을 하게 되면 다시 회사로 갈 수 없었던 시절이었지요. 그런데 언젠가 자재가 밤 늦게 들어왔는데 사원들이 불량여부를 판단하지 못해 모두 손을 놓고 조 과장을 기다리고 있었다고 합니다. 조 과장께서도 직접 눈으로 확인하지 않은 상태라 사용하라는 지시를 할 수 없어서 잠도 못 자고 통금이 해제되는 4시를 기다려 부리나케 회사로 출근하였는데, 밤새 지친 사원들 모두 다 졸고 있었다고 합니다. 양동이를 두드리며 라인을 돌아다니면서 사원들을 깨우시고는 커피와 음료수 등을 준비하여 사원들을 독려하면서 생산했던 기억이 새롭답니다.

어느 크리스마스이브 날, 본인이 갑자기 신장결석으로 입원하게 되셨고 맹장에 걸려 고통을 받기도 하다가, 어느 날 마침내 쓰러지고 말았지요. 위가 구멍이 났는데, 의사 말씀이 회사에 다니지 말고 치료하라는 권유가 있어서 수술을 하고는 3~4개월 요양하시다가 다시 회사에 나와 보니 아랫사람이 일을 잘 해나가고 있고, 따로 할 일도 없어 사표를 내셨다고 합니다. TV사업부 시절 당시 자재구입을 담당했던 저를 엄청 혼내시더니 어느 날 안보이셨는데, 회사를 그만 두신 것이더군요.

당시 처갓집 식구들이 미국에 살고 있었는데, “기술이 있는 사람은 미국에 오면 무슨 일이든지 할 수 있고, 잘 살 수가 있으니 미국으로 들어오라”는 이야기를 듣고 미국으로 가게 되셨는데, 그 당시 미국에서 생활할 때 말도 통하지 않는데다 직장을 구할 수가 없어서 퇴직금에다 집 판 돈 전 재산을 2년 동안 놀면서 허황된 꿈을 꾸다가 다 까먹게 되셨지요. 그 당시 S전자 뉴저지 공장을 찾아가서 일거리를 부탁하니, "사정은 충분히 이해가 되고 도와드리고는 싶지만 실제 공장도 없고 일할 사람도 없는데 어떻게 일을 드릴 수 있느냐?" 해서 수긍은 되었지만……. 사업 조건은 부족했으나 기술력을 인정받아 TV를 수리하는 곳에 취직하게 되셨는데, 직원들이 간단한 부품 하나만 바꾸면 되는데도 비싼 수리비를 청구하는 것을 보시고는 양심에 따라 경영층에게 바른 말을 하시다가 쫓겨나게 되셨다고 합니다.

겨우 조금 남은 돈으로 보증금을 내고 집기를 사서 일을 시작하게 되셨는데 그 일이란 것이 그 당시 버려지는 TV를 주워다 고쳐서 다시 파는 거라고 하시네요. 외관상태가 좋고 화면이 잘 나오는 것은 $100에, 시원찮은 것은 $50에 팔았다고 하는데, 의외로 잘 팔려서 조금씩 돈을 벌기 시작하셨다고 합니다. 쓰레기는 한 달에 한 번 날을 정해 버린다는 걸 알고는 그날 새벽엔 남보다 일찍 그 곳을 찾아가서 버려진 제품들을 모두 주워오셨다고 합니다. 후에는 VCR까지를 수리하게 되었답니다. 전자가게를 차려 1년 정도 운영하고 나니 그동안 수리한 제품들을 팔아 하루 매출이 어느 정도 오르게 되면서부터 점점 돈을 벌게 되셨고, 셋집에서 지내다가 집을 샀고, 2년이 지나자 조그만 빌딩을 살 수 있게 되셨지요. 고객들로부터도 일을 잘한다고 인정하기까지 되었답니다.

1990년대 멕시코 티후아나 시절의 이야기입니다. 전장물인 D-Coil, Harness 사업을 시작하게 되셨지요. 현지에 진출한 한국기업들의 것을 같이 하다 보니 자금이 부족하게 되어 흑자도산하게 되셨지요. 자금력이 부족한 영세사업자로서는 감당하기가 어려운 사업이라 판단하시고, 물량을 넘겨주시고는 1994년에 다시 뉴저지로 돌아오게 되셨답니다. 1984년~1989년 사이에는 돈을 많이 버셨던 시기였고, Harness 사업을 하게 되는 1990년~1994년 사이엔 번 돈을 몽땅 까먹게 되어 제 2 좌절의 시기를 맞이하게 되셨다고 합니다.

이 시기에는 말씀도 하지 않으시고 완전히 바보가 되셨다는데, 지출이 월수입보다 늘 초과되어서 더 이상 버틸 수 없었다고 합니다. 데리고 있던 12명의 종업원들 봉급도 안 될 형편이 되고 말았지요. 주위 분들께서 많은 도움과 격려를 해주셨지만 창피하기도하고 도움 주시는 분들께 누를 끼치지 않기 위해서라도 사업을 포기하게 되셨답니다. 뉴저지로 컴백하신 후에 전에 했던 전자제품 수리업을 하면서 입에 풀칠을 하다가 S사의 믿음으로 S사 제품의 수리 전문회사로 안정을 찾기에 이르셨답니다.

몇 년 동안 노력하여 뉴저지에 이어 댈러스에서도 전화기 A/S를 시작하셨습니다. 작게 시작한 댈러스 수리회사는 고객들의 도움과 시 정부의 협조로 자리를 잡게 되었으며. 미국 내 휴대폰 시장의 큰 성장 판매에 힘입어 함께 발전하는 회사로 키우게 되었답니다. 건물을 준비할 때 시에서 공무원이 나와서 공장조사가 있었는데 직원 440명, 이들 적지 않은 사람들이 주변에서 식사하거나 물건을 사게 되면 주변 상권이 형성되어 댈러스 시로서도 도움이 된다고 판단했나 봅니다.

혹시 세 들어 살면서 공장을 하다보면 떠날까봐 도와줄 수 없다고 하면서, 시에서 신용보증을 서주고 10년 동안 세금감면을 해주겠다는 조건을 제시했지요. 그래서 $50,000 정도의 Cash로 건물을 구입할 수 있었고, 매달 붓는 금액도 줄어들어 회사로서도 큰 부담이 되지 않아 안정적인 운영을 할 수 있게 되셨답니다.

CVE사는 일반 협력회사들과는 다르게 모기업에서 이야기하기 전에 미리 개선 제안을 하는 등 적극적인 활동을 통해 신뢰가 점점 쌓이게 되었지요. 이런 과정에서 댈러스 시에서 10인의 CEO로 선정되셨다고 합니다. 댈러스에서의 결과가 좋으니 다른 것도 하고 싶으면 하라고 해서 지문인식기, LED 등으로 사업 확장을 할 수 있게 되셨답니다. 이 때 '돈은 벌려고 하면 달아나지만 사람을 잘 관리하면 나도 살고 돈도 따라 오더라'라는 경영의 지혜를 터득하게 되었다고 하시네요.

CVE사가 결정적으로 성장할 수 있었던 것은 "조 회장이 제품을 팔아보면 어떻겠느냐?" 라는 제안을 받고 물건을 떼어 와서 구입가격에 \$5~\$10을 붙여서 팔기 시작했는데 1차로 받아온 400대를 쉽게 팔게 되면서 신뢰를 얻기 시작했지요. 뉴저지에서 A/S를 해서 댈러스로 보냈는데 납기독촉으로 물류비가 배로 들어갔지요. 그래서 S사 통신거점인 댈러스로 가겠노라고 해서 옮기게 되었다 합니다. 당시 휴대폰 A/S를

CVE사의 내부 모습

하고 있던 업체가 8개사가 있었는데 대당 수리비를 계속 낮추는 바람에 다 떨어져나가 전체물량을 할 수 있게 되셨지요.

얼마 전 한국 고객께서 CVE사를 방문했을 때, "어떻게 수리하는 데가 한국 공장보다 더 잘 해놨느냐!"라고 크게 칭찬해주셨다고 합니다. "CVE사가 이렇게 일을 잘 할 수 있었던 것은 그동안 도움을 주신 분들 덕택이다."라는 감사의 말씀도 잊지 않으셨습니다.

현재 CVE사는 종업원 1,300명(한국계 10%)에 2009년 매출은 $5,000만이 예상되고 휴대폰, 가전, 디지털카메라의 A/S까지 맡아서 하고 있다고 합니다. 제품수리 뿐만 아니라 게임회사를 인수하여 Software 회사로도 발돋움했지요. 이 게임 Soft는 전화기와 연결하여 하는 것인데 일부 수수료를 CVE사가 받고 있습니다. 회사의 장기 Vision은 녹색산업으로의 변신인데, 비록 현재는 효율이 낮지만 LED(조명기기), 태양열광 기술을 확보하여 무인신호등, 전화기 등에 적용할 계획이라고 하셨습니다.

조 회장의 목표는 매년 회사를 2배로 성장시키는 것이라고 합니다. 종업원들에게는 책임감과 Vision을 심어주기 위해 "텃밭에 씨앗을 뿌리는 것까지는 내가 하는데, 싹을 틔워 잘 자라게 해서 거목으로 키우고 꽃을 피워 열매를 맺게 하는 것은 너희들의 몫이다."라는 말을 자주 해주신다고 합니다.

지금은 경영권을 아들에게 넘겨주시고는 Adviser 역할만 하고 계신다 하네요. 회사의 경영방침으로는, 종업원들의 급여인상은 정상적으로 해주면서 급여의 10%를 별도계좌에 누적 예치해놓고 큰 사고가 발생했을 때 충당하거나, 매년 연말에 보너스로 지급한다고 합니다. 미국 기업들은 보너스란 게 없는데 보너스를 주다 보니, 종업원들이 집을 사고 자동차를 구입할 수 있게 되어 사기충천하게 되었다고 하네요. 또한 수리한 Low data를 고객의 해당부서에 Feed back 해주고 불량품들을 모아 제출하고 Worst 10 불량, 5대 불량원인을 중점 분석하여 보고해주고 있다고 합니다.

처음에는 고달프게 하지 말라고 하던 담당자들을 이해시켜가면서 지속적으로 실시한 결과 지금은 담당자들로부터도 고맙다는 인사를 듣고 있다고 합니다. 조 회장님은 고집이 세고, 집념이 강하시며, 어떤 일이든 뿌리를 뽑고 마는 성격이시라 종업원들이 어떤 일에서 2등을 하고 행복해하면 야단을 치신다고 합니다.

S 사에 근무할 때인 VCR 초창기 시절(1975년 경)에는 사내체육대회

조 회장님 가족사진, "손주가 정말 귀엽군요"

가 있었는데 조 과장 부서에서 출전한 사원들이 마라톤에서 1등~5등을 휩쓸게 되면서 뒤져 있던 점수를 단번에 만회하여 종합우승을 했다며 그 당시를 회상하시네요.

TV 시절에는 S전자에도 줄빳다가 있었다는 이야기, 식당에 갈 때도 군대식으로 구보로 갔고, 식사 후에도 집합한 후 해산을 시켰다는 이야기 등 당시에 고생하셨던 일을 회상하시면서 잠시 눈시울이 젖으셨습니다.

철저하게 금연하고 계시고, 혼자서는 술을 마시지 않지만 모임에서 술을 마시게 되면 술집에 있는 술이 바닥이 날 때까지 마시는 폭주가이기도 하신 조희웅 회장님, 가족으로는 4대 독자 아들에게서 3명의 손주를 두고 있다고 하시는데, 늘 건강하시길 후배가 빌어봅니다.

# 껌팔이 최성봉의 넬라 판타지아

'당신의 재능으로 세계를 감동시켜라.' 끼와 재능만 있다면 우리 국민이면 누구나 도전할 수 있는 tvN의 〈코리아 갓 탤런트〉 프로에 평범해 보이는 스물두 살 청년이 등장했다. 그의 이름은 '최성봉'.

## 한국의 폴 포츠, 희망을 노래하다

"지금 하는 일이 뭐냐?"는 질문에, 담담하게 "막노동을 하고 있다."고 답한다. "가족사항에 아무 기록이 없다."라는 질문에는 "세 살 때 고아원에 맡겨졌으며, 다섯 살 때 구타를 피해 고아원을 도망 나와서 껌과 박카스를 팔면서 10년 정도 혼자서 살았고, 계단이나 공중화장실에서 하루살이처럼 잤다."고 털어놨다. 초등학교와 중학교는 다닌 적이 없고 검정고시를 통해 고등학교만 다녔다고 했다.

그리고 그는 무표정한 얼굴로 〈넬라 판타지아(환상 속에서)〉를 부르기 시작했다. 아무도 기대하지 않았던 그에게서 뿜어져 나오는 풍부한 성량과 맑은 음색은 온 스튜디오를 뒤흔들기에 충분했다. 그가 지금껏 경험했던 고난의 삶이 그대로 묻어 나오는, 말 그대로 그의 인생이 노래로 다시 태어나는 순간이었다.

심사위원들과 관객들은 모두 감동의 눈물을 멈출 수가 없었다. 심사위원 박칼린 씨는 "악기가 어딘가에 있다. 잘 하는 사람들도 가지기 힘든 패션을 가지고 있다."라며 그의 노래와 열정에 찬사를 보냈다.

나이트클럽에서 껌을 팔다 우연히 한 성악가의 노래를 듣게 된 최성봉은 성악가가 되는 꿈을 갖게 되었고 고된 삶에도 희망을 놓지 않았다. 인터넷 레슨광고에서 우연히 본 음악연습실을 무작정 찾아간 최성봉은 그곳에서 평생의 은인인 스승 박정소 씨를 만나게 된다. 당시 대학생이던 박 씨의 도움으로 노래를 배우게 된 최성봉은 대전예술고등학교 성악과에 당당히 입학해 성악가로 인생의 새로운 도전을 시작한다.

이후 그는 경희사이버대학교 문화예술경영학과 2013학년도 신입생으로 입학하는데, tvN의 〈코리아 갓 탤런트〉 준우승 수상실적을 인정받아 문화예술특기 장학생으로 대학생활을 하게 되었다. 문화예술 전반에 대한 이론, 전문지식에 대한 필요성을 느낀 그는, "음악 뿐 아니라 공연, 미술, 전시 등 문화예술분야 전반에 대해 폭넓은 전공지식을 배울 수 있다는 점이 경희사이버대학교 문화예술경영학과를 선택한 가장 큰 이유였다."라고 했고, "특히 매년 재학생들이 현장에서 직접 공연을 기획하고 제작할 수 있는 학과특성화사업이 기대된다. 학교생활을 많이 하지 못했던 터라 오프라인에서 동기들과 함께 공연을 기획 · 제작하며 다양한 경험과 추억을 쌓을 수 있을 것 같다."라며 학과 생활에 대한 기대감을 나타냈다.

얼마 전에 〈파파로티〉 영화를 보았다. 성악 천재 건달인 이제훈과 문제적 선생 한석규의 까칠한 만남으로 시작하여 정규 음대 졸업 후 음악의 나라 이태리에서 성공한 후 귀국하여 옛날 문제적 선생님을 찾는다는 감동적인 이야기이다. 이야기는 지극히 평범하지만 실제 주인공들의 어려웠던 삶을(김호중 성악가와 서수용 선생님) 근거하여 코믹함을 곁들여 꽤나 재미가 있었다.

최성봉의 이야기와 노래는 파파로티 영화의 실제 주인공 이상으로 널리 퍼져(인터넷과 방송) 청와대 행사 참석 등 많은 사람들에게 큰 감동을 주고 있으며 어려운 젊은이들에게 힘과 용기를 주는 것은 물론이고 어려운 세상살이의 극복 방법을 제시해주고 있다.

최성봉의 이야기는 국내의 관심을 넘어 폴 포츠와 비교되면서 CNN 등 세계적인 매스컴들이 관심을 갖게 되면서 그들의 주목을 받았다.

그는 스페인 마드리드에서 열린 제1회 유 튜브 페스티벌 〈YOU-FEST〉에서 세계적인 아티스트들과 한 무대에 섰다. 〈YOU-FEST〉는 무료 동영상 공유사이트인 유 튜브를 통해 전 세계적으로 돌풍을 일으키며 인기를 끌었던 아티스트들이 모여, 음악, DJ, VJ, 익스트림 스포츠 등 다양한 장르의 공연을 라이브로 선보인 첫 번째 무대다.

최성봉은 〈YOU-FEST〉의 하이라이트인 마지막 무대에서 영국의 오페라 가수 폴 포츠와 함께 'Friend for life(원제 : Amigos para siempre)'를 듀엣으로 불렀다. 최성봉과 폴 포츠는 어려운 환경에도 불구하고 감동적인 노래를 선사하여 주목을 받았다는 점에서 공통점을 가지고 있다.

또한 최성봉이 부르는 〈넬라 판타지아〉 동영상은 유 튜브에서 최단기간 7천만 건 이상의 조회 수를 기록했고, 폴 포츠의 'Nessun Dorma'

동영상도 누적 조회 수 1억 건으로 당시 유 튜브 기록상 최대 조회 수를 기록하며 일약 세계적인 스타로 발돋움한 점도 비슷하다. 캐나다 출신의 아이돌 가수 저스틴 비버는 자신의 페이스 북에서, "대단하다. 이 친구에게 행운이 있기를 빈다. 꿈을 포기하지 않기를 바란다."라고 격려했다.

CNN은 최성봉은 물론 그가 지금이 있기까지 역할과 도움을 준 많은 사람들과의 관계나 환경을 인터뷰하여 널리 알리기도 했다. 미국을 비롯한 전 세계 언론들은 최성봉의 사연과 놀라운 재능에 주목, 이를 통해 감동받고 있는 전 세계인들의 반응을 앞 다퉈 다루고 있다.

### 단 한 번의 삶, 소중함을 일깨우다

그는 최근 자신의 이야기를 담은 자서전을 펴냈다. 희망을 잃지 않고 노래로 고통을 이겨낸 최성봉의 아름다운 삶! 절망의 끝에서 희망을 노래한 최성봉의 에세이 『무조건 살아, 단 한 번의 삶이니까』.

이 책은 저자가 마음속 깊이 묻어놓고 발로 다져둔 이야기들, 언제까지나 파헤쳐지는 일이 없길 바랐던 이야기를 들려준다. 그는 부모님이 살아 계시다는 것을 기초수급자 신청 과정에서 알게 되었고 수소문 끝에 이혼해 따로 살고 있는 부모를 찾아갔지만 모두로부터 싸늘한 외면을 당했다. 부모 간에 어떤 말 못할 사연이 있었는지에 대해서는 알 수 없지만…….

그러나 술과 담배와 폭력과 마약을 하면서 망나니로 살아온 그에게 따뜻한 손길을 베풀었던 분들이 계셨기 때문에 최성봉은 다시 태어날 수 있었다. 다섯 살 꼬마였던 최성봉에게 먹고 사는 방법을 가르쳐준 껌팔이 형, 지금의 최성봉이 있기까지 돌봐주고 노래를 가르쳐준 박정소 선생, 복지혜택을 주려고 뛰어다닌 김경은, 유현정 복지사와 야학 선생님들, 고아 껌팔이 소년에게 지성이란 이름을 지어주었던 떡볶이 아줌마, 그 외에도 그에게 많은 도움을 주신 후원자들……. 세상은 삭막한 것 같으면서도 어딘가에는 따뜻함이 살아있음을 느끼게 된다. 이 책을 통해 저자는 '나는 왜 살아야하는가'에 대한 답을 찾고자 한다.

이 메시지는 내 주변, 아니 내가 오랫동안 지켜보아왔던 아이들에게 보여주고 싶어서 쓴 메시지이다. 최성봉이 사회의 어두운 밑바닥에서 겪은 이야기를 읽고 그의 노래를 들으면서 우리나라 보통 청소년들의 모습과는 다르다는 것을 느꼈기 때문이다.

요즘 일부의 청소년들은 부모님의 재력에 의존하여 나약해지고, 쉽게 좌절하며 편한 것만을 생각하고, 자신만을 생각하는 이기주의에 빠져있는데 반해, 최성봉은 도저히 헤쳐 나올 수 없을 것 같은 삶의 밑바닥에서도 끈질기게 살아남아 꿈을 버리지 않고 자신이 하고 싶은 노래를 통해 거듭 태어나면서 세상에 우뚝 서게 된다는 감동적인 이야기는 많은 청소년들에게 귀감이 된다. 라고 생각했기 때문이다.

"초년의 성공은 독이 된다."라는 말이 있다. 최성봉이 지금의 인기와 환호에 자만해 자신의 원대한 꿈을 잃지 말았으면 한다. 자서전에서 어떠한 난관에 부닥치더라도 좌절하지 않고 힘차게 헤쳐 나가는 그를 보면서 한편으론 안심이 되기도 하지만…….

디지털방송이 시작되었고, 종편과 tvN 같은 많은 채널들이 생겨났다. 이들이 지상파방송에서 미처 다루지 못하고 있는 부분들을 심층 발굴하여 우리나라 방송의 수준을 한 단계 끌어올리고 있다는 점에 대해 칭찬해주고 싶다. 이런 감동적인 프로들이 자주 방영되면서 우리나라 청소년들이 힘을 얻어 좀 더 강해지고, 원대한 꿈과 목표를 가지고 자신을 이겨낼 수 있는 힘을 얻는 밑거름이 되었으면 하는 바람을 가져본다.

"최성봉 파이팅!, 우리나라 청소년들이여 모두 파이팅하자!"

〈넬라 판타지아〉 번역가사

환상 속에 옳은 세상이 보여요
모두 평화롭고 정직하게 사는 곳
난 언제나 자유로운 영혼을 꿈꿉니다.
마치 하늘을 떠가는 구름처럼
영혼 깊이 인간애가 꽉 찬
환상 속에 어떤 밝은 세상이 보여요
밤에도 별로 어둡지 않은 곳
난 언제나 자유로운 영혼을 꿈꿉니다.
마치 하늘을 떠가는 구름처럼
환상 속에 따스한 바람이 있습니다.
도시로 불어오는, 마치 친구 같은
난 언제나 자유로운 영혼을 꿈꿉니다.
마치 하늘을 떠가는 구름처럼
영혼 깊이 인간애가 꽉 찬

# 젊은 그대, G세대!

## – 밴쿠버 올림픽을 보면서

사회의 일반적 현상인지는 모르겠지만 '요즘 젊은이들은 예의가 없고 막되 먹었다.' 나이 드신 분들이 가끔 이런 말씀을 하시는 걸 들었다. 어른들에게 공손한 태도를 보이고 공경하는 것이 몸에 익었던 세대들이라 당연히 그런 말을 할 수 있으리라는 생각이 들기도 한다. 하지만, 그러한 기우는 젊은이들의 세계를 잘 모르는 세대차이로 인한 편견일 수도 있다는 생각을 이번 밴쿠버 동계올림픽을 보면서 절감하게 되었다.

G세대(G-Generation)란 1988년 서울올림픽 전후로 태어난 신세대로서 푸른색을 뜻하는 'Green'과 세계화를 뜻하는 'Global'의 영어 첫 문자를 따온 것으로 건강하고 적극적이며 세계화한 미래지향적인 젊은 세대를 말한다.

### 한국적 열정을 되살린 밴쿠버 동계올림픽

밴쿠버 동계올림픽이 진행되던 열전 17일 동안 우리 국민들은 매일 매일 메달소식을 들으면서 몸 깊은 곳에서 솟아오르는 환희의 엔도

르핀으로 행복하기 그지없었다. 우리 국민들은 세계 여러 민족 가운데 쏠림현상, 집중현상이 유독 강한 민족이어서 작은 감동에도 모두 일손을 놓고 열광한다. 하물며 이번 밴쿠버 올림픽에서는 더 말할 나위가 없었다. 물론 올림픽이나 월드컵 축구에 열광하지 않는 나라와 국민들은 없을 것이다. 자기나라 선수들이 좋은 성적을 내지 못해도 전 세계 국가들과 국민들은 열광한다. 하물며 자기 선수들이 좋은 성적을 낸다면 그 열기는 한국에서 보는 것과 다를 바 없을 것이다.

그러나 한국은 다르다. 한국은 절대로 감동과 환희를 일회성 축제로 넘기지 않는다. 그 기쁨과 감동을 반드시 국가와 국민들의 역동적 에너지로 승화시킨다는 것이다. 밴쿠버 올림픽에서 우리 선수들이 선

이상화

전하게 되자 몇 안 되는 스케이트 링크엔 벌써부터 엄마 손을 잡고 나온 꿈나무들로 붐비고 있다. 이미 김연아가 세계무대에서 두각을 나타내면서 세계적인 스타로 부상하자 그녀가 처음 스케이트화를 신었던 과천 실내 아이스링크는 이른바 연아 키즈(Kids)들로 붐비고 이번 대회 중에도 이 꿈나무들은 아이스링크에서 얼음을 지치며 응원하고 환호했다. 이번에 16위라는 놀라운 성적을 낸 김연아의 군포 수리고 후배 곽민정(16. 수리고1년)도 바로 연아 키즈이다.

밴쿠버의 예가 아니라도 우리에겐 그런 사례가 많다. 프로권투의 미들급 세계챔피언 김기수가 이탈리아의 벤베누티를 꺾고 최초로 세계타이틀을 딴 후 한국은 프로복싱 강국으로 변한다. 이 작은 나라, 아

모태범

직은 배가 고팠던 나라가 김기수의 감동으로 '하면 된다.'라는 희망을 심어주면서 수많은 김기수 키즈가 배출됐고 그들은 세계의 사각 링을 석권했다. 4전5기의 홍수환도 그 아류이다. 당시엔 우리 모두가 배고팠었고 배를 채우기 위해 권투를 했었다. 그러기 위해서는 세계 챔피언이 되는 것만이 최선이었다. 우린 그들을 헝그리 복서라 불렀고 배고픔의 투지를 헝그리 정신이라 했다.

여자골프도 마찬가지다. 1997년 나라가 이른바 'IMF(국제통화기금) 구제금융'으로 파산 지경이 되면서 을사조약 때처럼 '을사년(을씨년)'스러웠을 때, 박세리가 메이저대회인 US여자오픈에서 우승했다. 당시 우리 국민들은 또 다른 국민적 집중력을 발휘하고 있을 때였다. 국가가 경제적 위기에 처하면 다른 나라는 대체로 정부가 어떻게 해주든지, 아니면 세계가 원조해주기를 기다리는 것이 일반적이었다.

그러나 한국은 또 달랐다. 일제 강점기에서 수많은 독립투사와 조선인들이 끈질긴 투쟁을 벌였던 것처럼 그 근성과 민족적 집중력이 또 다시 발휘되어 세계사에 유례없는 '금모으기'가 벌어졌다. 아이 백일, 돌 반지부터 금메달, 목걸이, 팔찌 할 것 없이 어린 고사리 손부터 할머니, 할아버지에 이르기까지 집안에서 소중히 간직하고 있던 금을 들고 나왔다. 세계는 경악했다. 그 금이 모아져서 나라 부채를 갚으리라고는 생각하기 어려웠겠지만 중요한 것은 '뭉치면 극복할 수 있다.'는 한국인 특유의 집중력을 보여 준 것이다.

그렇게 분연히 일어섰지만 국민 모두의 마음 한 곳은 여전히 뻥 뚫려서 아프고 쓰라렸다. 그런 순간에 박세리의 맨발 투혼은 그 허전하고 실의에 빠졌던 모든 국민들의 시선을 집중시켰고 TV에서 흘러나오는 승리의 소식은 쓰러져 있던 국민 모두의 텅 빈 머리와 가슴을 채우면서 역시 우리는 '하면 된다.'라는 희망의 메시지로 전파되고 우

이승훈

리가 그 어느 나라의 사례에서도 볼 수 없었던 최단 시일 안에 '위기극복국가'로 다시 일어서는 원동력이 된 것이다.

그처럼 박세리의 승리는 국민 전체의 감동이었으며 대한민국의 자존심을 일깨워주었다. 역시 우리민족은 그런 감동을 일회성으로 넘기지 않았다. 동네 곳곳, 전국 방방곡곡의 골프장이 골프 꿈나무로 붐비기 시작한 것이다. 이른바 박세리 키즈들이다. 신지애, 최나연, 박인비, 최송희, 서희경 등 세계무대에서 새롭게 빛나는 한국의 낭자들이 바로 그들이다.

### 월드컵, 4강 신화 이상의 가치

그뿐 아니다. 차범근을 보고 축구화를 신고 미래를 향해 달려왔던 어린 꿈나무들이 있었기에 한국은 월드컵 4강에 오를 수 있었다. 우리는 1988년 올림픽으로 국운상승의 절호의 기회를 맞이했음에도 불구하고 정치권의 잘못으로 이것이 결실로 맺어지지 못한 것은 참으로 안타까운 일이다. 새삼 기억해보지만 88올림픽은 세계에서 유례없이 잘 치룬, 세계가 극찬하며 경악했던 대회였다. 당시만 하더라도 해외에서 우리를 보는 시선이 미덥지 못했던 것이 사실이다. 정치 · 경제적으로 개발도상국의 위치에 머물러 있었고, 언론자유도 지극히 제한적이었던 미지의 국가였다. 과연 잘 치룰 수 있을까? 회의적이었다.

그러나 하나 둘 선수들과 임원들 그리고 각국의 기자들이 속속 입국하면서, 그리고 선수촌과 경기장 등을 샅샅이 둘러보면서 입을 쩍쩍 벌리기 시작했다. 수 만 명의 자원봉사로 무장한 서비스 편의는 감사와 찬사를 불렀고 경기가 끝나는 즉시 구석구석에 설치된 기록용 컴퓨터에 기록이 실시간으로 제공됨으로써 한국의 IT실력에 외국기자들이 극찬을 아끼지 않았다. 각 나라 방송사들은 최고의 화질로 빈틈없이 제공되는 화면에 대해 올림픽 사상 최고라고 칭찬했다. 나라의 이미지가 몇 단계 업그레이드되는 순간이었다. 실제로 그 이후 해외에 나가면 비로소 코리아를 제대로 알아주었다. 그러나 그것뿐이었고 올림픽의 감동은 1~2년 만에 사라졌다. 특수를 누렸지만 일회성으로 끝난 것이다. 우리에게 남는 것이 없었다. 올림픽을 열었다는 자부심만 있었을 뿐 이를 국민적 총화를 통한 국가발전의 토대로 승화시킬 능력이 없었던 것이다. 참으로 안타까운 일이었다.

그러나 2002년 월드컵축구대회는 달랐다. 물론 2002년 월드컵축구는 한일공동개최여서 미리부터 일본과 비교될까봐 모두 걱정했던 것이 사실이었다. 전 세계에서 몰려드는 관광객들이 한국과 일본을 번갈아 다니다 보면 교통, 숙박시설, 음식점 등에서 분명히 비교가 될 것이고, 한국이 매우 뒤떨어진다는 것을 느낄 것이 뻔했기 때문이었다.

그러나 어떠했는가? 막상 뚜껑을 열어보니 일본은 우리와 비교도 되지 않을뿐더러 한국이 월드컵 역사를 다시 쓰고 있었던 것이다. 일본에게 지거나 비교당할 수 없다는 애국적 다짐도 있었겠지만 올림픽보다도 더 세계적인 대회를 잘 치러야 한다는 국민적 공감이 또다시 이 '한국인'들로 하여금 집중하게 한 것이다. 우선 전국으로 분산 건설된 경기장이 설계부터 내부 시설의 편리함까지 완벽했고, 숙박시설들은 최고의 서비스로 대접했다. 모든 음식점들도 스스로 최고의 위생적 조리와 맛으로 국위를 떨쳤다. 걱정했던 교통은 오히려 국민적 단결로 승용차 짝 · 홀수제로 대응했는데 스스로 전화 통시통역 시설을 갖춘 택시들로 해서 외국인들은 전혀 불편함을 느낄 수 없었다. 게다가 버스와 지하철이야말로 세계적 수준이어서 그 편의성은 두말할 나위가 없었다.

그러나 이런 것들은 하드웨어에 속한다. 월드컵축구의 역사를 바꾼 것은 '붉은 악마'였다. 붉은 악마는 한마디로 한국인들의 집중과 쏠림을 그대로 보여준 경이로운 것이었다. 붉은 악마로 대표되는 국민적 응원의 열기가 온 나라를 뒤덮고 이를 넘어 전 세계로 확산시키면서 응원문화의 새 장을 열었던 것이다. 붉은 악마는 그 어느 누구도 시키지 않은 우리 젊은이들의 애국적 착상과 용기의 결과였다. 스스로 만들고 구입한 붉은색 응원 유니폼으로 너도 나도 갈아입고 수십만, 전국적으로 수백만, 아니 집집마다에도 붉은 악마 유니폼을 입었으니 수천만이 태극기를 들고 휘감고 얼굴에 붙인 채로 응원했다. 경기장은 말할 것도 없고 시청 앞 광장, 광화문 태평로 거리에 수백만이 모여서 건물마다에 있는 대형전광판을 통해 중계를 보면서 열광했다. 이런 모습이 전 세계로 급속도로 전파되고 외국의 한국 교민, 유학생 상사직원 여행객들까지 너도 나도 붉은 악마가 되어 응원했다. 이제 한국의 붉은 악마는 세계적 뉴스가 되고 "대~한~민~국 짝짝짝 짝짝"은 응원의 상징이 되었다.

우리 선수들도 이와 같은 응원열기에 고무되고 자극받아서 4강에까지 진출하는 기적을 일궈냈다. 그 엄청난 결집의 열기가 4강 진출을 가능케 한데 이어 급속히 성장한 오늘 한국의 현주소를 만들었다고 해도 과언이 아니다. 그 때를 주도했던 것이 오늘날의 20~40대 초반의 청장년들이다. 특히 20~30대는 오늘날 G세대로 통칭되는 한국의 미래 세대들이다. 그들은 독재와 배고픔을 모르고 한국적 유교주의적 교육을 받지 않고 자유분방하게 자란 세대이다. 그들의 컨셉은 당당함이다. 그들은 태어난 대한민국이 마냥 자랑스러운 나라이다. 태극기를 사랑하고 떳떳하게 생각하며 경제적 풍요 속에서 자란만큼 어디가도 꿀리지 않는다. 주눅 들지도 않는다. 오직 자신감으로 실력대로 경쟁해서 승리할 뿐인 것이다.

### G세대의 진정한 아이콘, 김연아

김연아가 그런 우리의 신세대 모습을 당차게 보여주었다. 김연아에게 올림픽은 13년에 걸친 자신의 피나는 노력의 최종 결실의 현장이기도 했지만 너무나 커져버린 자신에 대한 국민 모두의 기대치가 있었고 전 세계가 불세출의 피겨여왕이 그랜드슬램을 이룩할 것인가를 보기 위해 스포트라이트를 집중하고 있었다. 엄청난 중압감이 어깨를 짓누르는 상황, 게다가 쇼트프로그램에서는 경쟁자인 아사다 마오가 먼저 연

기하는 불리한 상황이었다. 아사다는 보란 듯 최선의 연기를 펼쳤고 위태롭던 트리플 악셀을 성공시키면서 승리를 자축하는 표정으로 흥분했다. 이를 조바심하며 지켜보던 우리 국민과 전 세계는 가슴이 철렁했다.

김연아가 과연 저만치 해낼 수 있을까? 김연아의 실력으로 보면 당연히 해낼 것을 믿어 의심치 않았지만 심판진의 구성도 걱정스럽고, 마오의 연기도 훌륭해서 웬만하면 다음 연기자가 주눅들만한 상황이었다. 그 순간 우리들은 연아의 표정이 궁금했다. 그런데 다음 순서를 대기하던 김연아의 모습이 화면에 비쳐졌다. 마오의 점수가 73.78로 아주 높게 나온 것을 연아가 듣고 있는 모습인데, 김연아는 대수롭지 않다는 아주 평범한 예사로운 표정으로 입을 삐죽하고는 휴지로 코를 훔치고 코치 오서와 눈빛을 마주친 뒤 쏜살같이 링크로 흘러들어갔다. 보는 우리는 기절할 것 같은데 그녀는 그렇게 태연한 강심장이었다. 그리고는 늘 하던 대로 아니 늘 보다 더 아름답고 역동적으로 연기를 해냈다. 그 정도로는 어림없다는 듯 78.50이란 세계신기록을 해냈다.

2월 26일 프리스케이팅은 더욱 우리를 긴장시켰다. 아사다 마오와는 불과 4점 정도의 차이이고 마오가 트리플 악셀을 성공시킬 것이 확실시되어서 김연아가 단 한번이라도 실수하면 점수를 무차별로 깎고 뒤에서 연기하는 마오의 손을 무작정 들어주어도 어쩔 수 없을 상황이었다. 빙상경기의 심판들을 보면 능히 그런 결과가 나올법하기 때문이었다. 우리는 프리의 연아 프로그램을 알지 못했다. 다만 그동안 연습한 것을 모두 보여드리겠다는 오서 코치와 연아의 말만 믿을 뿐이었다. 코발트블루 의상을 입고 연아가 등장했을 때 우린 유심히 표정을 살폈다. 오서 코치의 표정도 살폈다. 오서 코치는 얼굴이 벌겋게 달아올라 초조한 빛이었다.

세계가 숨을 죽였다. 그 순간에도 많은 경기가 열리고 있었고 피겨 외에도 인기종목이 많이 있지만, 전 세계는 불세출의 김연아와 그에 대적하는 아사다 마오의 세기적 대결에 오래전부터 매스컴들이 흥분하고 있었던 상황이어서 극도의 긴장 속에 침묵하고 있었다. 연아의 연기가 시작되었다. 여러 차례 보도가 되었지만 연아가 연기할 때 아나운서와 해설자가 말을 잊고 침묵하는 상황이 계속됐는데 모두가 연기에 몰입하고 있었다. 물 흐르듯, 하늘을 나는 듯, 깊은 심연을 유유히 헤엄치듯, 그리고 놀라운 스피드와 경이로운 높이와 거리의 강력한 점프로 세계의 시선을 사로잡았다. 연기가 끝나는 순간 연아는 전에 없이 울컥 솟구치는 울음을 터트리며 가슴을 손으로 쳤다. 이 순간 방송하던 모든 캐스터와 해설자들이 함께 울컥 눈물을 쏟았다고 아나운서가 전했다. 관중들은 모두 일어서서 함께 눈시울을 적시며 피겨여왕의 탄생을 우레와 같은 박수로 환호했다. 미국방송 캐스터는 "여왕폐하 만세!"를 외쳤다. 더 이상 인간이 해낼 수 없는 연기였다. 어떤 표현으로도 제대로 묘사할 수 없는 천상의 연기였다. 무결점이란 말이 오히려 어색하고 만점이란 점수가 나오지 않은 것이 섭섭했다.

그 어린 나이에 얼마나 국민들의 기대치가 높아 그 동안 부담이 됐으면, 얼마나 이 연기 하나에 모든 것을 걸었으면 그렇게 설움이 북받치는 울음이 터졌을까? 그러나 그녀는 해낸 것이다. 그 정신력, 강심장은 우리 미래세대의 모습인 것이다.

### 젊은 세대, 아니 우리 모두를 위한 제언

김연아의 모습에서 우린 수영의 박태환을 기억해낸다. 박태환은 수

영세계선수권 우승과 함께 2008년 8월 10일 베이징의 2008년 하계올림픽에서 아시아선수 최초로 수영 400m 자유형에서 3분41초86의 기록으로 그랜트 해켓, 장린 등을 꺾고 금메달을 획득했다. 박태환도 겨우 21살이다. 김연아, 모태범, 이상화 등과 함께 겁 없는 G세대이다.

야구가 2008년 베이징 올림픽에서 금메달을 따고 2009년 월드베이스볼클래식(WBC)에서 준우승한 것도 같은 맥락이다. 기라성 같은 베테랑 고참 선수들을 빼고 20대 초반의 새파란 선수들로 구성한 한국이 야구 종주국 미국, 일본, 아마추어 최강자 쿠바를 무너뜨리고 베이징 올림픽에서 우승한 것은 겁 없는 신세대, G세대의 힘이었다. 세계가 경악했다. 일본이 할 말을 잃었다. 불과 인구 4천500만의 강소국이 1억2천만의 일본과 13억의 중국에 조금도 뒤지지 않고 오히려 그들을 능가할 수 있었던 것은 그들이 자랑스럽게 생각하는 대한민국의 젊은이라는 강한 자부심이 있기 때문이다. 이 모든 것에는 나라가 뒷받침 되어야 가능하다. 그러나 어떻게 보면 나라가 뒷받침하는 것보다도, 어린 그들이 더 잘해준다고 해야 맞을 것이다.

이번 밴쿠버 동계올림픽은 이 모든 것의 총체적 결과라고 할 수 있다. 세계 최강국들 사이에서 5위라고 하는 전대미문의 결실을 맺은 것은 우리 젊은 미래 세대들의 자부심과 국가관, 국민적 결집으로 나타난 성원이 있었기에 가능한 것이었다. 아쉬운 것은 과연 그들의 노력과 투혼에 국가가 뒷받침을 얼마나 했을까 하는 것이다. 세계적 대회가 있고 거기서 우리 젊은이들이 기대 이상의 결실을 얻을 때면 언론에 이런 글이 등장한다.

"제대로 된 국제규격의 경기장 하나 없으며 경기단체의 지원도 없이 오로지 외롭게 혼자서 사투를 하듯 훈련해온 의지의 결실이다."

김연아가 피겨여왕으로 등극하고 스피드 스케이팅에서 쇼트트랙에서 스피드로 전환한지 불과 7개월 만에 2관왕이 된 이승훈도 외롭게 스스로 훈련했다. 조련사 브라이언 오서 코치도 안무를 맡은 데이비드 윌슨도 김연아 부모님의 쌈짓돈으로 고용해야 했다. 그래놓고 그들의 승리를 연맹의 승리라고 할 수 있겠는가? 연맹이 나서면 오히려 파벌이나 만들고 선발전의 잡음만 일으키는 경기단체의 고질적 병폐가 없었다면 더 많은 우리의 젊은이들이 세계를 제패할 수 있었을 것이다. 비단 빙상뿐만이 아니기에 하는 소리다.

다른 문제 하나는 선수층을 넓히지 못하는 단기성과 위주의 스포츠당국의 단견이다. 김연아 이후에 어떻게 하려는가? 경기연맹관계자들에게 쓴 소리를 하고 싶다. 한명의 스타가 나오면 그 스타가 지쳐서 쓰러질 때까지 매달려 연맹의 생색만 내려고 한다. 단기간에 효과가 없어도 미래를 보고 선수를 키우려고 하지 않고 한명의 스타에게 모든 것을 부담지우는 못된 짓을 해왔다. 마라톤의 이봉주를 보라. 마라톤의 영웅이 결국 요행으로 생색을 내려고했던 몰상식한 연맹관계자들에 의해 처절한 모습으로 무너지지 않았는가. 이번 밴쿠버의 열기를 다시금 국민적 총화로 결집해야 할 것이다. 좀 더 넓게 저변을 최대로 확대해서 제2의 김연아, 모태범, 이상화, 이승훈, 이정우가 나오도록 국가가 꿈나무를 조직적으로 키워주어야 한다. 다른 종목은 말할 나위도 없다. 결코 올림픽의 승리는 요행으로 얻을 수 없다.

밴쿠버 동계올림픽을 보면서, 수영의 박태환을 보면서, 우리는 대한민국이 선진국 반열에 들어가면서 스포츠도 선진국형으로 바뀌고 있음을 깨닫는다. 국가나 관계자들만 미래지향적으로 사고하고 노력한다면, 대구세계육상선수권대회나 차기 하계올림픽에서 사상 처음으로 육상 금메달이 나오지 말란 법이 없다. 창던지기, 투포환, 넓이

뛰기, 높이뛰기, 육상 5천 미터 등 어디에선가 금메달이 불쑥 나올 수도 있다. 지금 전혀 세계 랭킹에 없던 우리의 젊은이들이 불쑥 금메달을 따고 있는 것처럼 우리도, 전 세계도 한국의 G세대들의 한계가 어딘지를 모른다. 그 잠재력과 가능성이 어디까지인지 알 수가 없는 것이다. 그 한계의 최고치에 우리 젊은이들을 올려야 한다. 승리하고 개선할 때 퍼레이드나 해주고 포상이나 하면서 오히려 생색이나 내는 그런 국가적 뒷받침은 우리 젊은이들의 미래를 단축할 뿐이다.

# 한국의 빙상과 피겨여왕 김연아

## 한국 스케이팅의 역사

한국은 2010년 밴쿠버 동계올림픽에서 금메달 6개를 획득하며 세계 5위에 올랐다. 지금까지 쇼트트랙에 의존하던 한국빙상은 스피드스케이팅과 피겨(김연아)에서 4개의 금메달을 더하며 아시아에서 유일하게 빅5에 진입했다. 이후 우리의 관심에서 사라졌던 한국빙상이 2013년 세계선수권대회에서 김연아, 이상화, 모태범의 부활로 국민들을 흥분시키고 있다. 밴쿠버의 좋은 성적을 우연(?)이라고 생각한 사람들이 꽤 많지만, 소치올림픽에서 다시 한 번 일을 내서 빙상강국으로 우뚝 서게 될 것으로 기대된다.

지난 주 초, 캐나다 런던 시에서 김연아 선수의 쾌거 소식에 이어, 밴쿠버올림픽에서도 ISU스피드스케이팅 종목에서 이상화와 모태범이 나란히 세계선수권 2연패의 위업을 달성했다. 빙속의 24세 동갑내기들이 이룬 쾌거였다. '효자종목'인 쇼트트랙에서의 선전도 여전하다. 신다운, 곽윤기, 이호석, 노진규, 김윤재로 이어지는 한국 남자 쇼트트랙은 매년 황제를 배출하고 있으며, 여자부에서도 박승희와 신 에이스 심석희(16)의 등장으로 활력을 더해주고 있다.

우리나라의 역대 올림픽 메달 획득은 주로 레슬링, 복싱, 유도, 마라톤 등과 같이 힘과 헝그리 정신으로 하는 운동 위주였지만, 최근에는 빙상에서 좋은 성적을 내어 한국 스포츠에도 많은 변화가 있다. 특히 김연아가 3월17일 캐나다 런던 시에서 열린 ISU세계선수권대회에서 우승을 차지한 순간은 무척 감동적이었다. 무려 1년 8개월이란 긴 공백 끝에 이뤄낸 결과라 국민 모두를 열광케 했다. 시상식에서 캐나다 런던 시 아마빌레 여성합창단이 한국말로 애국가를 제창하는 모습을 보면서, 대한민국 국민들의 눈시울이 뜨거워지기도 했다.

세계최초의 피겨스케이팅클럽은 1742년 영국에서 시작되었다고 한다. 서구식 스케이트가 한국에 들어온 것은 1894년~1897년 조선에 머물렀던 '이사벨라 버드 비숍' 여사가 그의 저서 『조선과 이웃나라들』에서 '경복궁 향원정에서 열린 스케이트파티에 초대받았다.'라고 쓴 기록에서 찾아볼 수 있다. 스케이팅은 1910년대부터 일반에게 알려지기 시작했으며 동계스포츠 빙상종목이 도입된 지 110년의 역사를 가지고 있다. 한국에 들어온 때는 1927년이지만 1948년 한국 최초의 피겨대회에서 우승한 홍용명 여사를 피겨의 시초로 보고 있다.

### 피겨 여왕 김연아가 탄생된 배경

김연아는 1990년 9월 5일 경기도 부천에서 태어났다. 아버지 김현석(개인사업) 씨와 어머니 박미희(올댓스포츠 대표) 여사의 둘째딸로 태어났다. 언니 김애라 씨는 김연아보다 세살 위로 간호사로 일하고 있다. 아버지 김현석 씨는 박미희 여사가 김연아의 뒷바라지를 하느라 버려둔 집안일을 도맡아 하면서 김연아가 운동에만 전념할 수 있도록 숨은 조력자 역할을 했고, 어머니 박미희 여사는 예전에는 평범하고 소심했던 주부였으나 딸이 스케이트에 재능이 있다는 걸 발견한 뒤로는 딸에게 매달려 여장부로 살아왔다. 마치 어려운 가정형편 가운데에서도 자식교육을 시키기 위해 허리띠를 동여매던 60~70년대 우리의 부모님들을 떠올리게 되는 느낌이다. 언니 김애라 씨는 동생에게 짐이 되지 않기 위해 가수가 되려던 꿈을 접고 간호사로 일하고 있다고 한다.

7살 때 부모님을 따라 집 근처 과천 빙상장에 놀러갔다가 재능을 알아본 코치의 추천으로 김연아는 선수의 길로 접어들게 된다. 어머니 박미희 여사는 집안일은 제쳐두고 딸 연아의 뒷바라지에 몰두하게 되는데, 그때부터 딸 연아와 함께 연습과 연습을 거듭하는 힘든 길을 걷게 되었고, 결국 김연아는 중학교 1학년 때에 국가대표로 선발되었다고 한다.

김연아는 밴쿠버올림픽 금메달 이후 2010 · 2011 세계선수권대회에서 모두 준우승에 그쳤고, 그 뒤로는 스케이트 슈즈를 벗은 듯했다. 본인도 목표(올림픽 금메달)를 이룬 뒤에 공허함을 느낀다고 했다. 음악가, 무용수, 스포츠 선수에게 몇 년 간의 공백기는 대개 은퇴를 뜻한다. 김연아가 다시 현역선수 생활로 돌아오긴 힘들지 않겠냐는 말들이 나왔으며 '한물 간 김연아'라는 악플이 인터넷에 떠돌아다니는 상황이었으니 얼마나 마음고생이 심했을까 하는 생각도 든다.

그러나 김연아는 작년 말 1년8개월의 긴 공백을 깨고 독일 NRW트로피대회부터 다시 빙판에 섰다. 그 뒤 국내대회를 치러내면서 점프 · 스텝 · 스핀을 다듬었다. 점프는 다른 선수보다 훨씬 높고 훨씬 멀리 뛰었고 잔 실수도 없앴다. 기술 · 예술 점수에선 따라붙는 선수가 안 보였다.

체력을 얼마나 다져놨던지 경기 후반에도 몸놀림이 가벼웠다. 농구의 마이클 조던이나 축구의 지네딘 지단도 옷을 벗었다가 재기에 성공한 적은 있다. 김연아의 부활은 조던과 지단을 넘어서는 감동을 세계 팬들에게 선물했다. 경기를 지켜본 국민들은 김연아가 마지막 스핀을 마무리하는 순간까지 마음을 졸였다. 하지만 김연아는 국제대회 15차례 우승자로서의 완벽한 관록을 자랑했다. 은퇴에 가까운 공백을 딛고 절정의 기량을 드러낸 김연아는 단 4분간의 연기로 '다시 한 번' 도전하는 스포츠 선수의 진정한 힘을 보여주었다.

밴쿠버 동계올림픽에서도 대한민국의 딸 '피겨여왕'은 화려한 대관식을 가졌다. 1년8개월의 공백기가 있었고, 그 틈새에 수많은 도전자들이 여왕등극을 노렸지만 김연아는 역시 현존하는 최고의 스케이터임을 증명해보이며 우승한 것이다. 김연아의 수준은 여타 세계적인 선수들과는 비교될 수 없는 천상의 연기여서 2014년 소치 올림픽까지는 물론, 김연아가 은퇴한 후에도 김연아를 능가하는 선수를 찾아보기는 어려울 것 같다.

이번 캐나다세계선수권대회에서도 김연아는 2위인 상대선수를 20점 넘게 따돌릴 수 있었다. 그의 원숙한 연기는 다른 선수들과는 차원이 다른 것이었다. 국민들은 김연아의 우아한 스핀, 점프 뒤의 안정된 착지, 절묘한 표정 연기에서 세계에 군림하는 여왕의 모습을 다시 보았다.

### 김연아 선수의 훌륭함

이번 출전은 긴 공백기의 핸디캡과 체력, 국민적 기대와 세계적인 관심 때문에 그녀로서는 밴쿠버 동계올림픽 이상으로 엄청난 부담을 느끼지 않을 수 없었을 것이다. 모든 선수들의 연기를 지켜보면서, 이해할 수 없는 채점을 하는 심판들, 경쟁선수들이 높은 점수를 얻는 것을 보면서 얼마나 초조했을까. 그래서 프리스케이팅 4분여 동안 김연아는 아마도 엄청난 중압감을 느꼈을 것이다. 하지만 김연아는 강심장이었다. 애절한 표정연기와 발레 그 자체인 유연한 몸동작, 누구보다도 높이, 누구보다도 멀리 그리고 당당하게 내려앉는 그녀의 회전연기는 너무나도 완벽해서 한 치의 부담감을 읽을 수조차 없었다. 그녀의 연기가 끝나기도 전에 관중들은 일어서서 박수로 여왕의 귀환을 환호했고, 쇼트프로그램에서 애매한 감점을 주었던 심판들마저도 모두 일어서서 박수를 쳤다. 어느 외국 전문가는 "역시 김연아는 자신만이 적

vancouver 2010

수일 뿐이다."라고 하였다.

연기가 끝나자 김연아는 울컥하며 황급히 손으로 입을 막았다. 한없이 지켜주며 사랑해주는 국민들이 얼마나 부담이 됐으면, 가냘픈 어깨에 짊어진 한국 피겨스케이팅의 자존심이 얼마나 무거웠으면 울컥했을까. 그러나 그녀는 울지 않았다. 그래서 그녀는 온 국민들을 울렸고 큰 감동으로 세계를 울렸다. 김연아의 코치들도 "저 움직이고 있는 게 과연 사람이 맞나? 마치 스케이트가 살아서 사람을 움직이게 하는 것 같다."라고 했는데 이 말에 어느 누구도 이의를 달지 못했다고 한다. 외국 언론들도 "다른 별에서 온 것 같다."라는 격찬을 했다. 더욱 감동적이었던 것은 시상식 때 캐나다 런던 시의 아마빌레 여성합창단이 애국가를 또렷한 한국말로 부른 것이었다. 일장기를 아래로 한 태극기를 향하여……. 어느 네티즌이 쓴 "김연아는 보물!, 김연아는 보물!"이란 말이 실감나는 순간이었다.

김연아는 빙판 위에 서기만 하면 한없이 강해진다. 평상시에 귀여운 여동생, 조카 같고 수수한 차림으로 겸손한 모습을 보이다가도 빙판 위에 서면 무서운 강심장이 된다. 피겨 출전순서에 일희일비하며 흔들리고 흥분한 나머지 실수를 연발하며 제 기술을 제대로 발휘하지 못하는 여타 선수들과는 달리, 김연아는 어떤 경우에도 담담하고 당당하다.

그녀는 아사다 마오처럼 자신의 승리에만 집착하지 않고, 낳아준 국가를 생각하고, 지켜봐주며 응원하는 국민들을 생각하고, 한국 피겨스케이팅의 미래를 생각하면서, 그녀의 뒤를 이을 후배들에게 기꺼이 길을 열어주려고 한다는 것이다. 김연아 선수는 천사 같은 마음을 가지고 있어서 지금까지 기부한 금액만도 무려 20억 원이 넘는다고 한다. 2018년 평창 동계올림픽 유치에서도 유창한 영어로 스피치를 하면서 큰 힘을 보탠 김연아! 정말 자랑스러운 대한민국의 딸이다.

## 한류와
# 강남스타일

새해가 밝은지도 열흘이 지났다. 계사년 새해를 맞아 약 일 년 간 쉬었던 메시지(글, 사진과 음악) 만들기를 다시 시작한다. 첫 작업으로 '한류와 강남스타일'을 테마를 정하고 내용을 만들어 보았다.

메시지 만들기를 다시 시작하는 즈음에 생각이 많았다. 지속적으로 과제를 잘 발굴하고 의미 있고 매끄러운 메시지를 만들 수 있을까? 나의 짧은 지식 혹은 단편적인 견해로 인해 누군가에게 피해를 주거나 거부감을 갖게 하지는 않을까? 배포선을 재편성, 조정할 필요가 있는 것은 아닐까? 등등.

아래 메시지를 만들고 하루를 보내면서 결정 했다. '종전과 같이 저장된 주소록 모두에게 보내드리는 것으로' 저의 아마추어 실력은 여러분들께서 이해해 주실 것이라 믿고, 무엇보다 '소통의 기쁨'이 더 클 것이란 기대가 들기 때문이다. 게을러진 탓도 있겠지만 주소록 정리가 만만치 않다. 나로서는 전보다 더 잘 만들도록 노력할 생각이며, 가능하다면 메시지 만드는데 도움 될 수 있는 지적과 코칭을 부탁드린다. 독자 여러분 모두가 나의 '멘토'이시다.

새해를 맞아 "세계경기와 관계없이 해외 한국교민들의 표정이 밝더라."는 뉴스가 들린다. 기자는 그 이유가 결국 한류韓流인 것 같다고 한다. 한류가 한국인들의 신바람을 불러일으키고 다이내믹한 코리아를 알리면서 대한민국의 위상을 높이고 있어서 그런 게 아닌가 하는 이야기다. 한국이란 작은 나라가 세계의 중심이 되는 듯해서 마음 뿌듯해진다.

한류는 한국의 대중문화와 인기연예인을 동경하고 추종하며 배우려고 하는 문화현상을 일컫는데 1997년부터 나타나기 시작한 현상이다. 열기가 뜨거워지면서 일반에서 한류란 용어를 사용하기 시작했으나 언론에서는 2000년 2월 한국 아이돌 댄스그룹 HOT가 북경공연을 성공리에 마치면서 공식적으로 사용하기 시작했다. 지금 중국에서는 한류라는 신조어가 한국의 유행 엔터테인먼트라는 좁은 의미에서 벗어나, 한국문화 그 자체를 통칭하는 대명사로 쓰일 만큼 의미의 폭이 넓어지고 있다. 최근에는 싸이의 〈강남스타일〉이 전 세계적인 돌풍을 일으키면서 전 세계가 싸이의 노래 〈강남스타일〉과 〈말춤〉에 들썩이고 있어서 더욱 실감이 난다.

### 한류 열풍의 진원과 현황

- 1세대 한류 : 태동

* 드라마 중심

* 중국, 대만, 일본, 동남아

〈사랑이 뭐 길래〉(1997년 중국 방영)

한류가 터진 것은 1997년 드라마 〈사랑이 뭐 길래〉가 방송되고 나서 부터다. 〈사랑이 뭐 길래〉는 중국에서 인기를 모았던 최초의 한국드라마다. 시청률은 15%, 중국 내 1억5,000만 명이 시청했다.

〈별은 내 가슴에〉(1998년 중국 방영)

주인공 안재욱은 최초의 한류스타라고 할만하다. 중국인들은 안재욱을 '안자이쉬'로 불렀다. 그가 나타나는 행사장마다 5만~6만 명의 팬들이 몰려 원조 한류스타로 군림했다.

- 2세대 한류 : 장르의 확산

* K-POP 아이돌 스타 중심
* 아시아, 북 · 남미, 일부 유럽

HOT(1998년), 클론(1999년)

드라마로 촉발된 한국 대중문화에 대한 관심은 대중음악으로 이어졌다. 포문은 역시 당대 최고의 인기 아이돌 그룹이었던 HOT가 열었다. 중국 청소년들은 모두 HOT에 열광했다. 이듬해에는 중국 최초로 클론이 유료공연을 개최했고, 2000년 2월 HOT는 중국문화부 초청으로 1만 여명이 운집한 베이징 공인체육관에서 공연을 열었으며, 이후 이 댄스음악의 열풍은 한류문화가 되어 패션으로까지 연결되었다. 중국 신세대들은 헤어스타일, 패션 등에서 HOT 등 한국스타들을 따라했다.

- 3세대 한류 : 활황기

* 한국문화 전반으로 확산
* 전 세계

〈겨울연가〉(2004년 일본 방영)

한류 그 자체라 불리는 사나이, 욘 사마 배용준을 탄생시켰다. 한류라는 말이 대중에게 익숙해지게 된 것은 2004년 〈겨울연가〉가 일본에서 방영된 이후부터다. 말로 설명할 필요가 없는 인기를 구가한 〈겨울연가〉와 배용준, 최지우, 이들이 만들어 낸 순수한 사랑 이야기는 아직까지도 추억이 되어 수많은 일본인 관광객들을 한국으로 불러들이고 있다.

이후 〈대장금〉, 〈궁〉, 〈커피프린스〉, 〈아이리스〉같은 작품들이 일본에서 인기를 얻었다. 〈대장금〉을 본 일본 시청자가 "한국이 이렇게 아름다운 나라인 것을 처음 알았다. 이런 아름답고 훌륭한 나라인 한국을 (일본이) 침략한 사실이 굉장히 창피하고 부끄럽다. 우리는 한국에 대해서 더 많이 알아야하고 이웃나라에 대해 호의적인 감정을 가져야겠다."라는 편지를 NHK에 보낸 일화도 있다.

이어서 역사드라마가 해외로 수출되는 한류상품으로 발전했다. 〈주몽〉은 드라마 종영 이전인 2006년 8월에 일본, 중국, 홍콩, 필리핀 등 9개국에 수출되었고 2010년 이란에서는 80% 이상의 시청률을 달성했다. 〈광개토태왕〉도 우리나라에서 방영되기도 전에 이미 일본에 수출되었다. 사극 한편이 학자들의 논문보다 더 큰 영향력이 있다는 점을 학자들도 인정하게 되었다. 사극 한편으로 한국의 역사를 전 세계로 알릴 수만 있다면 그 파급력은 돈으로 환산할 수 없는 엄청난 무형의 가치를 창조할 것이다.

타블로 솔로 1집 〈열꽃〉(2011년)

이후 한류의 영역은 동아시아를 넘어 세계로 뻗어나가게 되었다. 최근에는 유럽과 미 대륙까지 진출했다. 타블로의 솔로 앨범인 〈열꽃〉은 미국 빌보드 월드앨범차트 2위에 오르는 기염을 토했다. 또 세계 최대수준의 음원판매처인 '아이튠즈' 힙합차트 1위를 기록하기도 했다.

한류의 흐름을 만들어왔던 가수들은 다음과 같다.

패티김-일본, 미국, 동남아 등 활발한 해외진출로 한류의 원조

조용필-미국 카네기홀 초청공연, 미국과 일본 주요도시 순회공연, 수교조차 없었던 중국 베이징에서 최초공연, 일본에서 총 600만 장의 음반판매.

HOT-중국에 한류를 퍼뜨리고 북경청년보에서 HOT 인기를 한류라고 표기했다.

클론-한류라는 신조어를 만드는데 결정적인 역할을 했다.

류시원-일본에서 가수와 배우라는 두 개의 이미지로 자리매김했다.

소녀시대-2009년 발매된 소녀시대의 '지Gee'는 2012년 3월, 7천만 건에 가까운 유 튜브 조회수를 기록하기도 했다. 이러한 인기에 힘입어 록, 팝 등 주요 음악 장르를 중심으로 배열된 유 튜브의 음악 카테고리에 2011년 K-POP이 추가되기도 했다.

동방신기-글로벌 아이돌로서 일본에서 최다 앨범판매와 최대 콘서트 인원동원을 했다.

카라-일본에 음악, 문화콘텐츠, 관광, 음식에 대한 홍보효과를

불러일으켰다.

장근석-일본에서 연기와 가수활동으로 배용준, 류시원을 잇는 계보로 자리매김하고 있다.

### 성공과 호황을 계속 누리기 위해서는 어떻게 해야 할까?

중요한 것은 내실 있는 콘텐츠를 만들어내는 것이다. 싸이는 미국 진출을 염두에 두고 곡을 작곡하거나 뮤직비디오를 만든 것이 아니다. 〈겨울연가〉 역시 외국 관객을 겨냥해 만든 드라마가 아니다. 싸이나 타블로, 〈겨울연가〉의 사례로 비추어볼 때, 잘 만들어진 콘텐츠는 사람들의 마음을 사로잡게 되어 있다. 프랑스의 일간지 '르몽드'도 '유럽을 덮친 한류'라는 제목으로 기사를 내보냈고 또 다른 일간지 '르피가로'도 '한류의 유럽 진출에 성공'이라는 단어를 사용하며 긍정적인 보도를 내보냈다. 전자 제품과 자동차 부문에서 가장 앞선 나라, 세계 경제위기를 가장 잘 극복해가고 있는 나라, 반기문 유엔 사무총장, 김용 세계은행 총재, 피겨의 여신 김연아, LPGA 선수들의 우승이 보여주듯 한국은 지금도 성공의 역사를 이어가고 있다.

어느 때보다 문화관광이 중시되고 있는 시점에서, 한류현상이 일시적인 거품으로 끝나지 않고 한국의 문화를 각국에 널리 소개할 수 있는 기틀을 마련하고 열풍을 지속시키기 위한 장기적이고 체계적인 대책마련이 요구된다.

물론 한류는 경제적인 효과를 수반한다. 음반, 드라마, 영화, 게임 등 한류중심에 있는 장르와 관계있는 상품의 수출증가 등과 같은 직접적인 효과가 나타나기도 하고, TV나 영화의 내용 중에 등장한 자동차, 핸드폰, 의류, 가전제품 등 제품들에 대한 인식을 통해 한국제품 전체에 대한 구매욕과 품질에 대한 만족감이 상승한다. 가수나 연예인이 착용한 각종 액세서리, 화장품, 헤어스타일에 대한 관심도 증가한다.

진정한 한류는 한국의 멋과 흥과 아름다움이 어우러진 문화상품이라고 할 수 있다. 예를 들어 중국의 경우, 한국의 음식을 〈대장금〉을 통하여 관심을 갖게 한 후 한국의 음식과 중국의 요리와 취향을 융합하여 퓨전화한다면 그것이 곧 한류로 인한 문화진출의 성공이라고 할 것이다.

드라마, K-POP에서 시작된 한국문화에 대한 관심은 최근 한글, 한식, 한국의 순수예술 등 한국 전반에 대한 관심으로 확대 중이다. 예를 들어, 신경숙 작가의 소설 『엄마를 부탁해』는 최근 영문판으로 발간되어 온라인 서점인 아마존에서 55위를 기록한 바 있고, 아마존 올해의 책 문학부문 베스트 10에 선정되기도 했다. 외국에서 한국어교육을 하는 세종학당의 수강생 수는 '08년 17개소 3,971명에서 '11년 60개소 23,709명으로 급증하는 추세에 있다.

이러한 한류현상이 나타나게 된 이유는 무엇일까?

첫째, 한류 콘텐츠의 높은 완성도
둘째, 한류 콘텐츠의 국제화 지향성
셋째, 한류 콘텐츠의 특수성
넷째, SNS 등 디지털미디어의 활용 등이다.

기획사가 유 튜브, 페이스북 등에 소속가수의 뮤직비디오를 올리고 적극적으로 홍보하면서 세계 곳곳에서 K-POP에 열광하는 팬들이 나타나기 시작하고 있다. 대표적인 기획사 대표인 이수만, 양현석, 박진영 등은 한류의 일등 공로자로서 그 가치가 인정되어야 하고, 국민들에게 크게 칭찬 받아야 할 숨은 주역이라고 할 수 있다.

매경은 '12년 한류의 경제적 파급 효과를 12조원으로 예상하고 있으며, 더 나아가 한류는 국가 브랜드 제고에도 크게 기여하고 있다. 미국의 유력일간지 워싱턴포스트(WP), 콧대 높은 영국의 파이낸셜타임스(FT) 등이 앞 다퉈 'Gangnam Style boots South Korean brand'(강남스타일이 한국 브랜드가치를 높이다) 등의 타이틀로 〈강남스타일〉의 열풍을 소개한 것이 이를 입증한다. 또한 한국이 반세기만에 세계 11위의 경제대국으로 성장했으며, 1988 올림픽개최, 세계최고 IT강국 , 2002 월드컵개최, 2010 서울 G20 정상회의, 2018 평창 동계올림픽을 유치한 나라의 위상에 걸맞게 한류가 이를 뒷받침하고 있다.

### 인간 '싸이' 와 작품 〈강남스타일〉이 보여준 미래 한류

최근 누가 뭐래도 세계적으로 중심에 서있는 가수는 싸이다. 애초 〈강남스타일〉의 해외진출에 대해 큰 노력을 기울이지 않았다. 많은 아이돌과 가수들이 한류를 위해 저마다 미국, 일본, 프랑스를 비롯한 해외로 진출하며 많은 공을 들이는 마당에 이 같은 자발적 한류는 더욱 더 의미가 깊다.

### 〈강남스타일〉의 구체적인 성과사례

* 유 튜브 조회 수 11억 건 돌파

* 미국 빌보드차트 6주 연속 2위 달성
* 세계 35개국에서 아이튠스 다운로드 1위
* MTV 뮤직어워드 최우수 비디오부문 수상
* 타임지 선정 '수요일의 단어'
* 미국, 유럽 등 전 세계 공연에서 폭발적인 반응
* 미국 대통령후보 수락연설 및 전 세계에서 〈강남스타일〉 패러디 물 등장
* 오바마 대통령, 반기문 유엔사무총장과의 만남
* 싸이의 경제적 효과 추산 1조원

이러한 성과가 6개월 정도 만에 이룩된 것이라니 더욱 놀랍다.

반기문 유엔사무총장과 월드스타로 도약한 싸이가 새해 1일 뉴욕 맨해튼 유엔한국대표부에서 열린 신년하례식에서 두 달 여 만에 다시 만났다. 반 총장은 "이제까지 누구에게 경쟁심이 있거나 그런 적이 없었는데, 싸이가 작년에 나타나면서 처지가 이상하게 됐다."며 "새해가 되면 결의하는데 올해 결의 중 하나는 어떻게 하면 싸이만큼 유명해질까 하는 것"이라고 농담을 해서 행사장을 웃음바다로 만들었다. 그러면서 반 총장은 "지난해 12월 유엔기자단 송년모임 때 내가 출연한 싸이 패러디 동영상을 선보였는데 그걸 누군가 유 튜브에 올렸더라."며 "그런데 여태까지 조회 수가 채 5,000건이 안 되어서 이런 속도로 가면 싸이 〈강남스타일〉 유 튜브 조회 수 11억 건을 깨려면 2만년이 걸리더라. 싸이가 정말 대단한 업적을 이뤘다."고 덕담을 건넸다.

### 전문가가 분석한 싸이의 〈강남스타일〉의 성공요인

첫째, 전 세계인들의 어깨를 들썩이게 한 신바람
둘째, 저작권을 요구하지 않고 자유자재로 패러디를 허용한 개방성
셋째, 데뷔 때부터 돌쇠 같은 자신만의 스타일을 고집하고 유지해온 독창성
넷째, 세계적인 스타가 페이스 북이나 트위터 등 SNS를 통해 강남스타일을 언급하면서 전 세계로 확산되었음.

싸이와 〈강남스타일〉의 경제적, 문화적, 대한민국의 이미지 업등 효과를 수치로 평가하기는 어렵다. 하지만 분명한 것은 지구촌을 흥겹게 하면서 대한민국의 브랜드 가치를 높인 싸이는 최고의

외교관이라고 평가하고 싶다.

싸이(박재상)는 1977년생으로 뱀띠 생이다. 기업가 집안에서(디아이의 박원호 회장이 부친) 부유하게 태어났으며 집안의 반대에도 불구하고 청개구리처럼 자신이 하고 싶은 음악의 길로 접어들어 성공을 이뤄냈다. 보스턴대학의 경영학 공부를 중도에 접고, 버클리음악대학에서 아르바이트하여(모조품CD제작) 음악공부를 한 것은 유명한 일화이며, 유학생활에서 익힌 영어실력이 요즘같이 전 세계적인 조명을 받고 있는 그의 인기에 힘을 실어주고 있다.

싸이는 자신의 일에 대한 사랑과 열정, 뚝심을 소유하고 있으며 약속한 공연은 어떤 일이 있더라도 지킴으로써 신뢰를 주고 있다. 군대에 2번 간 것도 병역특례로 근무하던 기업에서의 근무가 부실했음을 인정하고 현역으로 재입대했는데, 이런 시련의 과정이 그를 큰 인물로 만든 게 아닌가 생각된다.

싸이는 뱀띠 생이고 2013년 새해 계사년도 뱀띠해이다. 뱀은 지혜의 영물이고, 풍요, 다산多産, 치유, 혁신의 의미를 가지고 있다. 뱀은 신성한 존재로 업 지킴이이며 허물을 벗고 영원한 생명을 누리는 상징이다. 뱀띠 해에는 큰 변화와 함께 혁신이 이루어진다고 알려져 있다. 베를린 장벽붕괴, 소련붕괴, 천안문사건, 한국전쟁 휴전 등이 뱀띠 해에 발생했다. 제18대 대통령과 새 정부가 들어서는 해이기도 해서 대한민국의 혁신이 이루어지는 희망찬 새해가 되었으면 하는 바람을 가져본다.

# 제4부
# 나의 삶

## 내 고향 용인

누구나 '고향故鄕' 하면 수많은 기억들이 떠오를 것이다. 대부분 좋은 기억들이겠지만 어려웠던 시절이었기에 나쁜 기억들도 많이 있을 것이다. 이제 나이 들어 생각해 보면 모든 게 아름답고 그리운 추억으로 남게 되는 것 같다.

용인龍仁은 내가 태어나 초 · 중 · 고등학교를 다녔으며, 어린 시절 나의 꿈과 심신을 단련시켜준 곳이니 나의 고향이란 데에 이론의 여지가 없다. 이렇게 닦여진 기초체력 덕택에 어려운 일을 잘 극복하고 세상을 원만히 잘 살아왔음에 고향 용인을 그리워하며 감사하지 않을 수 없다.

이제 40여년 객지생활 후에 기회가 좋아 모교의 동문회 활동을 하게 되었고 사는 곳마저 용인시 수지로 옮기게 되었으니 '인간 연어'가 어디 따로 있겠는가?

지금 생각해 보면 나의 어린 시절 용인은 경기남부에서는 산이 많고 들이 적어 농지가 부족하고 인구밀도가 낮은 가난한 시골이었다고 생각된다. 지금은 사통팔달 교통의 요지이면서, 인구 100만에 수많은 대학, 골프 8학군과 이름 있는 관광지, 수도권 최고의 베드타운 역할

등 도농都農의 대표적인 도시로 엄청난 변화를 이루었다. 시쳇말로 골프에서 호쾌하게 공을 날려 좋은 자리에 안착되었을 때 '용인군수(시장) 자리다.'라고 말할 정도로 훌륭한 도시로 발전한 것이다. 강산이 네 번이나 변한 세월이니 당연하다는 생각이 들며, 지역사회에서 용인 발전에 기여하신 많은 분들의 수고에 감사하는 마음이 든다.

### 최근의 용인의 모습

얼마 전부터 용인의 산을 돌아보게 되었다. 엄청난 도시의 변화에도 그래도 변하지 않은 것은 산하로구나 하는 생각이 들었다. 나 혼자서가 아니고 그동안 용인이 발전하는데 역할과 과정을 지켜본

용인 시가지

몇 분들과 함께 하니 얼마나 유익하고 즐거운 일이었겠는가? 그들과의 동행으로 용인의 모든 것을 압축공부하게 되었으니 큰 행운을 잡게 되었다. 그저 고맙고 감사할 뿐이다.

어린 시절 멀리서만 바라봤고 객지생활 시절에 소홀히 했던 고향의 산을 다시 찾으면서 감개무량했다. 아직은 둘러보는 과정에 있지만 조만간 용인의 산 모두를 섭렵한다는 생각을 하니 가슴이 벅차오른다.

지금까지 나는 '죽어 용인死居龍仁'이란 말을 그렇게 탐탁하게 생각하지 않았다. 지금의 장점이 아닌 죽은 자의 천국이 무슨 의미가 있는 것인가를 생각했기 때문이다. 그러나 이 말은 "용인의 빼어난 산세와 풍광에 걸맞게 생긴 말이구나."를 절실하게 느끼게 되었다. 음택(산소자리)으로서가 아니라 지금 심신을 단련하여 기초 체력을

사궁산 시산제 산행

튼튼히 하는데 활용하도록 해야겠다.

너울길로 명명된 용인의 산하가 이렇게 멋졌나하는 새삼스런 느낌은 감동하기에 충분했다. 얼마 전부터 제주의 올레길, 지리산과 북한산의 둘레길, 강원도의 바윗길 등 등산이 수직 개념에서 수평적으로 천천히 즐기면서 걷는 변화를 보여 왔다. 너울길은 용인의 산봉우리를 오르고 주변의 산세와 계곡을 돌아보게 되어 수직과 수평을 병행하게 된다.

### 용인 산의 정상 모습

용인의 너울길 조성은 이름 있는 명산을 중심으로 10개 정도가 계획되어 있단다. 지금은 만들어 가고 있는 과정에 있으며, 금년 봄에 우선 3개가 열릴 예정이란다. 용인의 산은 산세가 부드럽고 유하게 생겨 등산 초보자도 쉽게 오를 수 있어 남녀노소 구분 없이 다양한 등산객을 모은다. 용인의 너울길을 걷는 것은 신체를 단련시키는 것은 물론이고 용인의 산과 들에 있는 작은 돌, 풀 한 포기까지를 잘 살펴보게 될 것이며, 용인의 변천사, 전통문화, 어르신들의 구전이야기, 자연생태를 어우르는 명품 도보길이 될 것이다.

고향의 이야기를 글로 써보려고 하니 우선 가슴이 벅차고 흥분부터 된다. 한편으로 내가 용인을 알면 얼마나 알겠는가? 이미 전 국민들에게 잘 알려진 용인을 어떤 내용으로 표현하는 것이 의미가 있을까? 걱정이 되고 정리가 잘 안 된다. 그동안 너울길을 함께한 동반자들에게 들은 산하山河 중심으로 정리하여 본다.

### 용인 지명의 유래

용인龍仁은 본래 용구현龍駒縣과 처인현處仁縣을 합치고 용구龍駒

에서 용龍자와 처인處仁의 인仁 자가 합쳐져 용인현龍仁縣이라고 칭하다가 후에 양지군陽智郡을 합쳐서 오늘의 용인시龍仁市가 되었다.

용인지방은 부족국가시대 이래 광주지방廣州地方과 깊은 관계를 맺어왔다. 이후 백제, 고구려, 신라의 영토로 변화가 있었으며, 용인지방이 용구현이란 명칭으로 기록상에 나타난 것은 서기 475년(고구려 장수왕 63년)이며, 이것이 최초이다.

## 용인의 산세

경기도 한수 이남의 산악지대로 산지가 용인시 면적의 70%를 차지하고 있다. 용인의 산세는 산 높이가 최고봉이 600m를 넘지 않으며 부드럽고 완만한 산세의 산릉이다. 용인의 진산 석성산을 중심으로 타

석성산

시군과의 경계가 산릉으로 이루어졌다. 북서쪽에서 뻗어 내려온 바라산, 백운산, 광교산, 응봉으로 수지, 기흥으로 연결되며, 북동쪽에는 광주산맥의 중심 산인 대화산, 노고봉, 정광산, 벌떡산, 휴양림봉(큰 산), 마락산, 말아가리산, 용화산은 모현면, 포곡읍 양지면으로 이어진다.

용인 중심을 가로 지르는 향수산, 할미산, 석성산, 부아산, 문수봉, 독조봉, 건지산으로 또 문수봉에서 남쪽으로 뻗은 구봉산, 쌍령산이 있으며, 남쪽에는 삼봉산, 시궁산, 갈미봉, 묘봉 등이 나의 삶터 용인의 골격 같은 산릉이다. 이런 용인의 산릉 중에 우리나라 산맥의 일부가 한남정맥이다.

## 한남정맥

우리나라의 산맥을 우리 고유의 마루금으로 백두대간과 1개의 정간 13개의 정맥으로 구분한다. 정맥은 북한에 5개, 남한의 8개 중 한남정맥이 용인을 통과한다. 한남정맥이란 한강 남쪽의 능선(마루금, 산맥)을 말하며, 김포 문수산에서 안성 칠현산까지의 130km 정도로 용인의 백운산, 광교산, 석성산, 부아산, 함박산, 문수봉, 구봉산, 가현산으로 이어지는 산 능선으로 한남정맥의 중심이 된다. 겨울에는 서울, 수원보다 기온이 2~3도 낮고, 여름에는 2~3도 높은 것을 보면 용인이 지대가 높고 내륙의 산지라는 것을 알 수 있다. 그래서 용인에는 하천의 발원지가 많은 것이다.

## 용인의 7개 하천 발원지

우선 경안천은 문수산에서 발원하여 팔당댐 상류인 한강으로 유입된다. 또 탄천은 사기막(법화산-향수산 사이)에서 발원하여 서울 삼성동 한강으로 유입되며, 오산천은 동백동 향림동산 내 동백저수지에서 발

원하여 서해로 유입된다. 또한 진위천은 시궁산 시궁샘에서 발원하여 서해로 유입되고, 한천(목신천)은 문수봉 능선 줄기에서 발원하여 서해로 유입되며, 청미천은 삼성물산 북쪽골짜기 처녀샘에서 발원하여 남한강으로 흘러가고, 추계천은 독조봉 청소년수련원에서 발원하여 남한강으로 유입되는 하천이다.

용인의 7개 하천인 경안천, 탄천, 추계천, 청미천은 한강의 지천이며, 오산천, 한천은 진위천의 지천으로 서해로 유입되는 것을 알 수 있다.

### 경기남부 대부분의 하천의 시작은 용인

탄천은 용인 법화산에서 발원하여 성남시 중앙부를 흐르는 한강의 줄기로 '숯내'라고도 한다. 옛날에 '삼천갑자 동방삭'이가, 글자 그대로 삼천갑자를 살았으니 햇수로 따져보면 약 18만년의 장수한 기록 보유자로서 온 세상에서 큰 골칫거리가 되었다고 한다. 그래서 천상의 옥황상제가 동방삭을 잡기로 결심하고 저승사자를 탄천 부근으로 보내어 탄천에서 숯을 씻도록 하였다.

저승사자가 탄천의 냇물에다 숯을 씻으니 물은 자연적으로 검게 되었다. 그때 마침 동방삭이 탄천에 검은 물이 흐르고 있음을 보자, 이상하게 생각하고 탄천을 이리저리 헤매던 중 냇가에서 숯을 씻고 있는 건장한 청년을 만나게 되었다. 동방삭이 "왜 숯을 물에 씻고 있느냐?"라고 물었더니 "숯이 희어지도록 씻는다."라고 말했다. "나는 삼천갑자를 살았지만 숯을 씻어서 희게 되는 것을 보지 못하였다."라고 말하며 크게 웃는 것을 보고, 저승사자는 "이 자가 동방삭이다." 하고 그를 잡아 옥황상제께 데리고 가니 동방삭의 인생은 종말을 고하게 되었다고 한다. 이후로 이 내를 '숯내' 또는 '탄천'이라고 했다.

### 전쟁의 격전지

용인은 반도의 중심으로 삼국시대부터 3국의 각축장이었으며 나라에 큰 전쟁이 있을 때마다 큰 전투가 있었던 아픈 과거 역사가 있는 곳이다. 용인의 전투는 알려진 바로는 크게 4개로 볼 수 있다. 처인성 전투, 임진왜란 때 치욕의 4대 패전사, 병자호란 때 유일한 승전, 한국전쟁 중 우방 터키군의 승전 김량장 전투 등이다.

먼저 처인성 전투를 보면, 몽골은 고려가 조약을 지키지 않고 다루가치와 사사건건 충돌하자, 수도를 다시 개경으로 옮기라고 요구하며 2차 침입을 시도한다. 고려가 수도를 개경에서 강화로 옮긴 것은 몽골군이 물에서 하는 싸움에 약하다는 점을 이용한 것이다. 그러나 문제는, 지배층은 이미 안전한 강화로 피난을 갔지만, 힘없는 백성들은 육지에 남아 고스란히 몽골군에 희생되어야만 했다.

이때 승려인 김윤후가 남은 백성들을 모아 처인성을 지키고 나섰다. 살리타이는 낮은 도성에 불과한 처인성을 가볍게 생각하다가 그곳에서 김윤후가 쏜 화살에 맞아 죽는다. 총사령관을 잃은 몽골군은 힘이 빠져 서둘러 후퇴하고 만다. 몽골군의 침입이 시작되었을 때 고려의 정부군은 크게 약체화되어 사실상 제 구실을 할 수 없었다. 그럼에도 몽골군의 침입을 오랫동안 견딜 수 있었던 것은 육지에 남은 농민과 천민들 덕분이었다. 그 대표적인 항쟁 중의 하나가 처인성 전투인 것이다.

광교산 용인전투는 임진왜란이 발발된 지 두 달이 채 안 된 1592년 음력 6월 5일 경기도 용인 일대에서 전라도순찰사 이광李洸, 충청도순찰사 윤선각尹先覺 등이 이끄는 5만 명의 조선군이 일본군에게 참패한 전투다. 임진왜란 당시 치욕의 전투로 기록된 슬픈 역사로서 이후 10여일 만에 수도가 짓밟힌 것이다.

병자호란 때 광교산에서 청나라 군사들을 물리친 김준용 장군의 전승지에 비 모양으로 바위에 새긴 글자이다. 김준용은 원주 김 씨로 광해군 원년(1609)에 무과에 급제한 뒤 여러 관직을 거쳐 전라도 병마절도사로 재임 중 병자호란이 일어나자 병사를 이끌고 광교산에 이르렀다. 그곳에서 격전을 벌인 끝에 적장이자, 청 태종의 사위인 양고리 등의 목을

베었다. 이에 조선군은 사기가 크게 높아져 대승을 거둘 수 있었다.

세상을 떠난 후 영의정에 추증되었으며, 충숙이라는 시호도 붙여졌다. 전하는 말에 의하면 정조 때 수원성 축조에 필요한 돌을 구하러 광교산에 갔던 사람에게서 이 이야기를 들은 채제공이 그 사실을 새기게 했다고 한다. 암반에 '충양공 김준용 전승지'라 새기고 그 좌우에 '근왕지차살청삼대장', '병자청란공제호남병'이라는 전승 내용을 새겨놓았다.

터키는 한국전쟁 당시 미국, 영국, 캐나다에 이어 네 번째로 많은 1만5천여 명의 병력을 파병했으며 이 가운데 3,200여명이(사망자로 두 번째) 전사하고 부상당하는 등의 피해를 입었다. 특히 터키군은 1951년 1월 용인시 김량장동과 151고지 일대에서 전개된 '썬더볼트 작전'에서 중공군 1,900여명을 사살하는 전공을 올렸으며, 특히 김량장리 전투에서 백병전으로 승리함으로 용맹성은 당시 유엔군의 귀감이 되었다. 그 뜻을 기리기 위해 동백동 영동고속도로변 잣고개에 참전비를 건립했다.

### 생거진천사거용인生居鎭川死居龍仁

이 말의 유래는 여러 가지 설이 있지만 그중에 제일 많이 알려진 내용 한 가지만 소개한다.

옛날 진천 땅에 추천석이란 사람이 살았다. 하루는 그가 잠시 잠들었다가 애절한 통곡소리에 잠을 깬다. 그는 저승사자들의 실수로 이승을 떠나왔다는 것을 알게 되었다. 염라대왕은 진천 땅의 추천석을 즉각 풀어주고, 용인 땅 추천석을 데려오라고 명을 다시 내렸다. 그러나 이미 자신의 육신은 땅에 묻히고 집에는 위패만 자리하고 있을 뿐이다.

진천의 추천석은 궁리 끝에 용인의 추천석 몸을 빌어서 깨어났다. 모습이 달라 믿지 않게 된 가족들은 고을 원님을 찾았다. "진천의 추천석은 사자의 잘못으로 저승에 갔다가 다시 살아왔으나, 자기의 육신이 이미 매장되었으므로 할 수 없이 용인의 추천석이 버리고 간 육신을 빌린 것이라 생각하노라. 그러므로 앞으로 생거진천사거용인生居鎭川死居龍仁할 것을 판결하노니, 양가의 가족도 그대로 실행토록 하라!" 이후 추천석은 혼이 있을 때는 진천에서 살았고 세상을 떠나자 용인 땅에 묻히기 위해 그곳 가족이 찾아가게 되었다고 한다. '생거진천사거용인生居鎭川死居龍仁'이 된 것이다.

용인은 산세가 금계포란형으로 금닭이 후손의 영광을 위하여 알의 부화를 기다리며 품고 있는 천하의 명당자리라고 한다. 용인에는 공원묘지가 10여 군데가 있으며, 유명한 분들의 묘만해도 210여기 정도 있다고 한다.

고려시대 대몽항쟁의 전승지인 처인성 전투의 김윤후 장군, 포은 정몽주, 정암 조광조, 교산 허균, 삼학사 중 한분인 오달제, 반계 유형원, 이순신 장군의 조카로 우의정을 지낸 이완, 대마도를 정벌한 이종무 장군, 번암 채제공, 을사조약에 항거하며 자결한 민영환 등 역사적인 인물들의 묘가 자리 잡고 있으며, 우리나라 최초의 천주교 신부 김

정몽주 선생 묘지

대건 신부는 용인 양지에서 어린 시절을 보냈다. 서소문밖 새남터에서 순교한 후 양지 은이골(남곡리)은 천주교 성지로 손꼽히게 되었다. 삼성그룹의 창업주 이병철 회장의 묘가 에버랜드 내에 있고, 김수환 추기경의 묘는 용인의 천주교 공원묘지에 있다. 두 분(김대중, 전두환)의 전직 대통령께서 조상의 묏자리를 용인으로 이전하여 대통령이 되었다는 것은 잘 알려진 일화이다.

### 출가외인이란 말의 유래

시집간 여성을 가리켜 출가외인이라 하는데 이 말이 생기게 된 데에는 이런 유래가 있다. 포은 정몽주가 죽은 뒤 가족들이 정몽주의 상여와 함께 고향인 포항으로 향해가던 중에 용인 모현 땅을 지나면서 갑자기 요령방울이 바람에 날려 어느 곳에 가서 떨어졌다. 모두 기이하게 여겨서 지관에게 물으니 이 자리가 천하명당자리라고 했다. 가족들은 의논하여 하늘이 뜻이니 이 터에다 묘를 쓰자고 결정했다.

날이 어두워 그 주변에서 묵기로 했는데 정몽주의 손녀가 그 터가 탐이 나서 인부들에게 독한 술을 먹여 잠들게 한 뒤 밤새도록 그 자리에 물을 퍼 날라다 부었다. 아침에 가족들이 그곳에 가보니 땅이 축축하게 젖어있는 게 아닌가? 다시 지관에게 물어서 그 자리보다는 못하지만 명당자리인 그 위에다 묘소를 썼다. 훗날 손녀의 남편인 연안 이씨가 죽자 원래 정몽주의 묘 터에다 남편의 묘소를 썼다. 이후 연안 이씨 후손들은 대발복하여 크게 번성했다고 한다. 이로 인해 영일 정씨와 연안 이 씨와는 사돈 간임에도 사이가 좋지 않았으며 그때부터 출가한 손녀를 출가외인이라고 부르게 되었다고 전해진다.

### 송병준(오적五敵)의 99칸 집

'가을에 흐르는 물이 아름답다.'는 추계리 내 순교자기념관(기독교100

주년기념관)은 조선말 매국노 일진회 송병준의 사저(99칸)가 있던 곳으로 지금은 현대식 리조트가 들어서 있다. 원래 송병준의 별저는 일진회 본거지로 많은 일화를 남긴 곳이다. 해방이 되면서 일제 때 김두환과의 관계로 유명했던 하야시는 원래 한국(선우영빈)사람이었는데, 선우 씨는 해방 후 부산에서 갑부가 되었고 사후에 부인이 이곳을 매입했다가 하야시의 젊은 시절의 아픔을 달래주기 위해 한우리교회 재단에 기증했다. 기독교 순교 100주년 기념관은 순교자기념관으로 이름이 바뀌었다.

벧엘교회 앞 계단으로 오르면 벽돌집 기도처를 지나 추계리 별장촌으로 이어지는 길이 있다. 오봉산 등산의 최고 난코스는 코가 닿을 만큼 경사가 심하다. 줄을 잡고 올라서면 9부 능선에 계밀양(추계)에서 올라오는 길옆으로 묘지가 있다. 아래위로 50여m를 두고 두 기의 묘지는 前 전두환 대통령의 부인 이순자 여사의 조부모의 묘지라고 해서 화제가 됐던 곳이다. 이곳에서 용구리 고개를 보면 양지와 평창리를 안고 있어 마음이 편안해지는 명당자리다. 원래 용구리 고개에서 보면 오봉산 봉우리가 큰 봉이 3개, 작은 봉이 6개가 있어서 삼정승 육판서를 거느린 좋은 땅이라 대통령을 낳았다고 화제가 됐던 곳이다.

## 내 고향 용인 화산리

나는 용인군 이동면 화산리에서 태어났다. 그곳에서 어린 시절을 보내면서 꿈과 심성을 키워갔던 곳이다. 그때 고향에서 같이 놀던 불알친구들이 지금까지 고향을 지켜오거나 객지에 살다가 귀향한 경우가 많다. 그들과 만나면 반세기 세월을 거슬러 어린아이가 되곤 한다.

요즈음 '나이의 평준화'란 것이 있다. 60대가 되면 지식, 용모, 돈과 지혜 등이 의미가 없고, 오직 건강한 것이 필요하다는 것이다. 젊은 시절에는 사람들 간에 엄청난 차이가 난다고 느꼈지만, 나이 들어 생각

저자의 선조가 심었다는 350살 은행나무

追慕碑文
趙昌跃 先生은 1917年生으로 東國大를 卒業하고 同大學 國文學科敎授 在職中 韓國戰爭에서 離散家族이 되어 지금까지 消息이 杜絶되었다.
張壯相 女史는 1926年生으로 21歲에 婚姻하여 두자녀(玉京, 柄五)를 出産하고 不過 五年에 夫婦 生離別 後 經濟的이나 精神的으로 심했던 苦痛을 克服하면서 孟母三遷을 敎訓삼아 子息을 훌륭하게 成長시켜 國家에 棟梁이 되었으니 張 女史의 偉大한 恩德이 아니겠는가?
子息은 말합니다. 어머니는 이런 분이라고
逆境을 이기고 그 意志와 希望을 잃지 않고 꿋꿋하게 살아오신 어머니.
誠實을 信條로 眞實만을 지니고 不義를 排斥하신 어머니.
家族과 親舊들에게 配慮하고 讓步하여 그들의 稱頌이 남다른 어머니.
媤同生이 겪어 본 兄嫂님께
가슴 속 깊이 말린 하고 싶은 이야기는 시작도 못했는데...
兄嫂님의 가심은 사라짐이 아니고 偉大한 變化이지요.
地上에서 행한 崇高한 理想과 精神은 永遠히 빛나고 記憶되리.
이 땅에서 힘들고 괴롭고 아팠던 일들은 다 잊으시고 즐겁고 좋은 記憶과 아름다움만을 간직하고 便安하옵소서.
記錄日 2005. 4. 5
子 趙柄五

저자 모친의 추모 비문

追慕公園

해보니 그 차이가 별 것이 아니구나하는 느낌이 든다. 지금까지 중요하고 필요하다고 생각했던 많은 것들이 이리 저리 더하고 빼면 마지막 계산은 엇비슷하게 되는 것 같다. 우리가 자랑하거나 교만하지 말아야 할 이유가 여기에 있고, 친절하고 겸손한 마음으로 서로를 사랑해야 할 이유도 바로 여기에 있는 것 같다.

초등학교도 졸업하지 못한 친구 중에는 지금 장안평에서 큰 자동차 중고상을 하면서 주변의 어려운 사람들에게 베풀면서, 자식들의 교육을 잘 시켜서 훌륭한 가정을 꾸리고 사는 사람이 있는가 하면, 또 한 친구는 어린 시절에는 어려웠으나 그동안 열심히 살아온 결과 야무진 또순이 집사람과 함께 재산을 일구어서 남부럽지 않은 삶을 누리고 있으며, 농전農專을 나와 시골에서 조합원으로 일하면서 조합장의 명예까지 얻은 친구는 재산뿐만 아니라 자식농사를 잘 지어 교수 사위에다 선생님 며느리까지 얻어 우리가 보기에도 부럽고 편안한 모습을 보여주고 있다.

고향 친구 부부동반 치앙마이 여행

이들은 학교나 직장에서 사귄 친구 못지않게 소중한 인연으로 나의 고향 나들이를 자주하게 한다. 요즘 고향의 향기가 그리워 자연스레 고향을 자주 찾게 된다. 특히 가족 묘지를 다시 만들고 공원을 조성하면서 주변과의 조화를 생각하게 되어 동네는 물론 근처 보이는 곳을 다니곤 한다.

화산리에는 '시궁산時宮山'(513.9m)이 있다. 용인의 남쪽에서 가장 높은 산으로, 전설에 의하면 이 산 정상에 연못이 있었다고 하며 하늘에서 선녀가 내려와 목욕을 했다고 해서 '시궁時宮'이란 이름이 붙여졌다고 한다.

개발이란 명분으로 숲과 작은 산들이 훼손되는 안타까움에 늘 아쉬움이 있지만 어릴 때 동네 한가운데를 지키고 서있던 큰 은행나무와 이웃 마을로 넘어가는 서낭당 고개를 지키고 있는 느티나무가 아직도 그 우람하고 푸근한 품으로 우리를 반기며 맞아준다.

이 은행나무는 나의 선조께서 이 고장에 터를 잡으실 때 심은 것으로 얼마 전에 전문가로부터 약 350년의 수령으로 평가 받았으며, 우리 가문의 중시조께서 자리 잡으신 년대와 비슷하여 그동안 구전되어 오던 것이 증명되었다고 한다.

시궁산과 고향 화산리

## 어느 대담interview에서 만난
# 나의 초상肖像

고려대학교 경제인회에서 계간으로 발행하고 있는〈高友經濟〉2010년 봄호에 '바쁜 세상 숨 고르며 成功街道 달려온 中企人-조병오(공경68) (주)GNS 대표이사'라는 제목으로 인터뷰 기사가 실렸다. '지혜로운 사람도 복이 있는 사람보다는 못하다(지자막여복자智者莫如福者)'라는 말을 실감하며 기사를 옮겨 본다.

2009년 11월, 그동안 지인들께 보내온 메시지를 묶어서 '바쁜 세상 숨 고르기'란 에세이집을 발간하여 기업가로서 뿐만 아니라 주변 사람들에게 봉사와 베품의 정신을 전하고자 노력한 조병오(공경68) 교우. 용인 출신으로 용인고를 졸업했고, 고려대학교 재학시절에는 취주악부의 트럼본 주자로 활동했다. 그는 삼성전자에서 28년간 근무하며 쌓아온 구매 전문가로서의 경험을 바탕으로 2003년에 창립한 (주)GNS를 불과 6년 만에, 매출 1,900억 달성과 7천만 불 수출의 탑을 수상하는 등 작지만 강한 회사로 만들었다.

삼성전자의 신화가 궁금했다. 삼성전자가 2009년 세계 전자업계에서 휴렛패커드, 지멘스를 누르고 수위를 차지하게 된 것은 도전적인 삼성

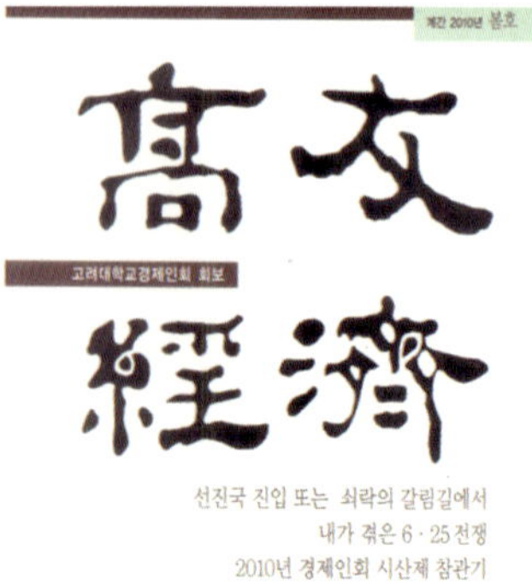


전자의 전략방향이 전자업계의 변화패턴과 맞아떨어졌기 때문이고, 아날로그에서 디지털로 변하고 있는 시기를 역전의 기회로 잘 활용했기 때문이다. 그는 삼성맨의 특징으로 도전적인 자세를 이야기했다. 최선을 다해 치밀하게 일하면서도 새로운 일에 도전하는 것이 삼성맨이라고 했다. 삼성은 앞으로 10년 후인 2020년의 비전으로 매출 4배 확대, 브랜드 가치 세계 5위를 목표로 하는 도전적인 비전을 작년 11월에 채택하였다.

조병오 회원님의 하루는 아침 6시 30분에 시작된다. 여느 사람과 마찬가지로 신문으로 하루를 시작한다. 그리고 몸 생각을 해서 휘트니스 클럽에서 운동하고는 9시경 회사에 출근한다. 회사에 도착하여 가장 먼저 하는 일은 무엇일까? 그것은 어느 직장인과 크게 다를 바 없이 컴퓨터를 켜는 일이다. 그리고 실시간 뉴스를 읽어보고 온라인으로 전달된 메시지를 보고 상대와 대화한다.

오전 일과를 마치고 점심을 먹게 되는데 그에게 점심시간은 가장 중요한 시간이다. 평소에 직원들과 접하는 시간이 많지 않은 조 교우가 직원들과의 교감을 갖기 위함이란다. 또한 점심시간을 이용하여 지인들을 두루 만나 일을 하는 것이다. 저녁 시간에는 가능한 한 약속을 피한다고 한다. 그 이유는 저녁 시간에는 당연히 술을 먹게 되고 과식하게 되니까? 그러나 여러 가지 이유로 저녁식사와 술자리가 일주일에 세 번 정도는 된다고 한다. 술 마신 다음 날은 그가 휘트니스 클럽에 빠지는 날이 되어 기분이 우울하단다. 그래서 점심시간에는 그가 좋아하고 만나고 싶은 분들과 자연스럽게 시간을 만들어 같이 식사하면서 교분을 나눈다고 한다. 그에게 점심식사 시간이 바로 오찬BIZ이자 외교인 셈이다. 이 시간에 그는 세상사 돌아가는 이야기와 업무 이야기를 하면서 식사시간을 절묘하게 활용하고 있다고 한다.

### 점심시간을 마케팅과 사교의 기회로 삼는다

회사를 살펴보면 그가 2003년에 창립한 회사인 (주)GNS(Global Network Service Trading CO, Ltd)는 삼성전자의 구매대행회사이다. 삼성전자의 많은 협력회사 중 규모가 작은 회사들의 관리를 아웃소싱 하여 삼성전자 구매부서의 일을 대신하고 있는 것이다.

회사 창립 목적은 '구매대행회사로서 최적의 네트워크 시스템을 구축하고 고객회사, 협력회사에 대한 신뢰와 삼성출신 직원들의 노하우를 바탕으로 최고수준의 구매대행서비스를 제공한다.'이며, 해외사업을 지속적으로 확대시켜, 해외에 진출한 삼성과 동반 진출한 1차 Vendor 및 현지기업에 한국, 동남아산 부품을 수출하기도 한다. 중소기업에서 필요로 하는 여러 가지 부품을 통합구매해주기도 하며, 금년부터는 한국부품을 일본에 수출하는 것을 추진 중이며 크게 기대하고 있단다.

작년 무역의 날에 '7천만 불 수출의 탑'을 수상하기도 했으며, 직원은 모두 14명으로 11명이 삼성출신이라고 한다.

1975년 삼성전자에 입사해 2003년 삼성SDI에서 퇴임할 때까지의 28년 동안 구매업무만 20년을 함으로써 정통의 구매통으로 인정받고 있으며, 지금도 삼성의 구매업무 연장선상의 일을 함으로써 준 삼성맨으로 살아가는 셈이다. 현재의 일을 하게 된 것은 본인에게는 큰 행운이라고 한다. 이와 같은 일을 할 수 있도록 관심과 지원하여 준 삼성전자에게 감사한다는 말도 덧붙인다. GNS의 로고 테두리를 삼성의 로고와 똑같이 한 것은 삼성과 함께 동반성장 한다는 의미란다. 사훈은 '신뢰信賴 Trust'로서, 실수를 하더라도 신뢰를 잃어서는 안 되며, 거짓말을 하지 않는 정직한 회사를 운영방침으로 하고 있단다.

삼성맨이 아니랄까봐 거래관계에서 삼성 같은 고객은 없다고 강조하고 있다. 거래관계에서의 기본요소 중 중요내용인, 결제대금 일정준수, 거래질서의 투명함, 40년간 꾸준히 성장하는 물량과 앞으로도 계속 증가할 물량 등은 세계 어느 회사도 따를 수 없는 장점을 갖춘 고객이란다. 협력회사의 구입가격을 지나치게 운영한다는 세간의 평이 있다. 사실이다. 거래조건이 좋기 때문이기도 하고, 당근과 채찍으로 강한 협력회사를 육성하기 위한 구매방침이란다. 삼성과의 거래에서는 절대로 잘못되는 협력회사가 없다고 생각하며, 간혹 삼성 거래선의 불상사는 다른 이유로 발생되는 것이란다. 또한 삼성에서 인정받은 경쟁력은 다른 고객 확보에 절대 유리하다는 것은 업

저자의 직계 가족

계의 통념이란다.

가정 이야기로 화제가 바뀌었다. 자녀들은 현재 모두 미국에서 살고 있다. 딸이 먼저 유학을 간 후에 미국에서 만난 유학생 사위와 결혼하여 아기를 둘 키우면서 이제 곧 학위 취득을 앞둔 남편과 필라델피아에 살고 있다. 본인의 전공(의상 디자이너)을 일시 접고 두 아이를 잘 키우면서, 학생 남편의 뒷바라지를 잘하고 있는 딸이 대견스럽단다. 아들은 고려대학교에서 학사와 석사를 마치고(父子 동문), 위스콘신대 반도체 분야에서 박사과정 공부 중이라고 하며, 지난 연말연시에 부부는 미국으로 이동하여 6명의 직계가족이 모처럼 한자리에 모여 어머니의 기제사와 신년을 함께 보내는 즐거운 시간을 가졌단다.

그러면서 그는 노년의 부부금실에 대해서도 이야기했다. 아내가 혼자 집에 있는 것이 신경이 많이 쓰인단다. 둘만 사는 집에서 평일에는 회사생활과 모임활동, 주말에도 운동으로 집을 비우니 오죽하겠는가! 아내에 대한 걱정이 많으시다. 아들이 미국 유학을 떠난 후에 회사가 있는 수원으로 이사하는 것을 검토한 바 있는데, 아내의 생활권이 서울이어서 망설이고 있단다. 아내의 친구들이나 처갓집 가족들이 대부분 서울이어서…….

가끔 운동(골프, 등산)을 같이 하기도 하고, 아내에게 친구들과 여행을 다니게 한단다. 아내를 위해 극장에도 자주 다닌다고 한다. 최근 영화관에서 상영하는 '2012, 전우치, 하모니, 공자, 아바타, 5인의 여배우, 의형제' 등 한 달 3번 정도는 극장엘 간다. 아내 덕택에 그도 어느새 열렬한 영화 마니아가 되었다고 했다.

### 월북하신 아버님이 그리운 부자간의 정

그의 어린 시절은 불우했다. 그의 부친은 동국대학교에서 국문학과 조교로 일하시다 한국전쟁 때 월북하셨다고 하며, 모친이 자신과 누이를 키웠다고 한다. 한국전쟁 후에 가족은 조부모가 계신 용인으로 이사를 했고 결국 어린 시절을 용인에서 보내게 되었다. 모친께서는 용인 시장에서 장사를 하셨다고 한다. '청상과부'로 자신을 키워주신 어머니에 대한 고마움과 모친께서 본인이 미국 출장 중에 돌아가셔서 임종을 지키지 못한 이야기를 할 때에는 잠시 숙연해지는 분위기를 느끼게 되었다.

숙연한 분위기는 여기서 끝난 것이 아니고 이산가족 이야기로 계속된다. 90년대 이산가족 상봉을 몇 차례 신청하기도 했는데(사실은 모친은 말리셨다) 순위에서 밀리는지 참여가 안 되어 포기했단다. 이제 부친께서는 연세가 많으시어 돌아가셨을 것으로 생각되며, 생사 여부조차 확인할 수 없어서 안타깝다고 했다. 시대의 아픔이 만든 슬픈 사연인 셈이다.

이런 사실 때문에 본의 아니게 피해를 입기까지 했다. 80년 초 삼성의 과장시절 일본에 출장갈 일이 있었는데 여권 발급이 안 되었다고 한다. 회사의 보증(?)으로 단수여권을 발급 받고서야 일본에 출장을 갈 수 있었다고 한다. 불편했던 단수여권은 제5공화국 시절에 연좌제가 없어져서 정상여권을 발급 받게 되어 해소되었단다.

"기자! 화제를 바꾸자"라는 조 회원의 제안으로 선물로 받은 책 이야기를 했다. 그는 그동안 사내직원 및 고객과 친지들에게 보낸 메시지들을 묶어서 2009년 11월, 『바쁜 세상 숨 고르기』라는 제목의 에세이집을 출간했다.

그동안 그가 만들어 온 메시지는 여행지나 어디에서 좋은 글을 보았을 때 받은 감흥에다 그의 생각을 덧붙이고 거기에 걸맞은 사진과 음악을 곁들여 3박자 메시지를 만들어서 사내직원들이 Smart

하고 Soft한 생각을 갖도록 하기 위해 시작한 것이었는데, 하다 보니 가까운 친지들까지 공유하기에 이르게 된 것이라고 한다.

처음 그의 메시지는 짜깁기 형식을 벗어나지 못했다고 한다. 횟수를 거듭할수록 많은 분들께서 "좋은 글이다, 유익했다."라는 격려 말씀을 해주셔서 메시지 만드는데 더욱 신경을 쓴 결과, 글 쓰는 주기는 점점 길어졌지만 질과 량은 조금씩 늘어나게 되었다고 한다. 특히 여행지의 특이사항을 다른 분들에게 전달하면서 유익하기를 바라는 욕심이 생겨 더 많은 곳을 찾아다니게 되었다고 한다.

그는 '책은 많은 독자들에게 즐거움을 주어야 하고 유익해야 한다.'라는 생각을 갖고 있으며, 그가 글을 쓰게 된 직접적인 동기는, 그의 작은아버지 한 분이 글을 쓰고 계신다고 하는데, 조 회원의 메시지를 보고 책을 써보라고 권유하셨기 때문이라고 한다. 부친의 국문과 전공의 피를 받아서가 아닙니까? 라는 기자의 질문에는 대답이 없었답니다.

삼성의 조직문화 특성에 대해서 이야기가 오갔다. 농민적 근면성(일벌레)은 물론이고, 일의 성과에 대한 인센티브가 확실하게 운영되며, 잘못에 대한 페널티가 있어 온정주의가 통하지 않는다고 한다. 신상필벌의 원칙은 선대 회장께서 틀을 확실히 한 것이란다. 이 대목에서 금년 2월 12일이 '호암 탄생 100주년'이었다고 소개하면서 삼성의 문화를 알려면 이병철 회장의 사상을 알면 된다고 그에 대한 이야기를 곁들이게 되었다.

호암은 궁핍하고 서럽게 살아온 우리 국민들을 생각하여 기업을 일으켜 번영된 오늘의 대한민국을 있게 한 원동력이 되었다. 세 사람 한국 경제영웅(이병철, 정주영, 박정희) 중 가장 먼저 태어나신 분으로서 광개토대왕에 필적할 만큼 우리의 영토(세계시장)를 넓힐 수 있도록 기초체력을 튼튼히 하신 분이다.

그가 펼친 사업의 전개과정 그 자체가 바로, 새로 써내려간 한국 경제의 발자취가 아니었던가! 그는 단지 한 사람의 기업가가 아니라 나라와 국민의 미래를 앞에 두고 항상 고민했던 위대한 사상가로서 추앙받아야 한다고 강조하신다.

이병철 회장의 사업관을 요약하면 아래의 네 가지가 될 겁니다. 라고 그는 '이병철을 기리며'의 기록에서 인용하여 주었다.

- 기업은 단순 이익보다는 사회, 국가, 인류의 유익함을 추구해야 한다.
- 기업의 성패는 인재가 좌우하므로 직원육성과 배려에 집중해야 한다.
- 큰 비전을 세우고 불가능하게 보이는 목표에도 도전해 나가야 한다.
- 끈질기게 고민하고 연구하는 경영자의 솔선수범이 선행되어야 한다.

이공계 기피현상에 대해서도 일갈하셨다. 우리의 산업이 이렇게 발전하게 된 축의 하나가 젊은 엔지니어의 육성과 활동이라고 강조한다. 그런데 점점 심해지는 이공계 기피현상은 우리의 앞날을 어둡게 한다며 큰 걱정을 하신다. 지금 청년실업이 점점 늘어 걱정들을 많이 하고 있다. 이공계 인력은 아직도 모자란다. 중소기업에 인력난과 경영난이 심각하지 않은가? 일반 조립공의 부족도 있지만 기술력을 발전시킬 이공계 인력이 없어 경영의 선순환이 안 된다는 것이다. 대기업에 모두 취업이 되기 때문이라고 생각된다. 왜? 우리의 학교 교육은 사회에서 필요한 인재양성이 안 되는지 답답하다. 수능의 상위권들은 모두 법과, 상경계, 의과로 쏠리고 이공계 지원의 부족이나 이공계 대학, 고교의 정원을 늘리는 노력을 왜 안할까? 교육부에 묻고 싶다.

물론 이공계의 공부가 어려운 것은 사실이다. 요즈음 기술의 발전을 감안해 볼 때 끊임없이 공부해야 뒤쳐지지 않을 것이고, 공부해야 할 내용이 끈기와 우직함을 갖추어야 하는 재미없는 일일 수도 있다. 또한 사회적으로 이공계의 저급 대우와 잘못된 인식도 문제다. 이공계 출신들이 사회 각 계층과 고위직에 고루 안배가 되는 사회가 빨리 되어야겠다. 단편적이지만 고시제도를 폐지하고 의학대학원이나, 로-스쿨 도입은 다행이라 할 수 있겠다. 아직은 늦지 않았다고 생각한다. 이공계 인력을 늘리고, 그들이 대접받는 분위기를 만들어 서구 사회나 일본같이 되는 것을 막아야한다. 이공계가 조화롭게 운영되는 중국, 인도가 금융 위기에서도 별 문제가 없었던 것은 우리에게 이공계의 중요성을 일깨워 주는 대목이라고 주장한다.

진실과 신용 두 글자가 인생의 나침반 역할을 했다. 대한민국의 산업이 대기업에 편중되어 있다는 지적에 대한 고견을 들어보았다. 그렇다. 나의 생각도 우리의 경우는 대기업 지향적인 듯싶다 동의를 하면서. 우리와 비슷하게 산업화를 진행시켜왔던 대만은 중소기업 지원 스타일이란다. 지금 이 시점에서 평가하여 보면 어느 방향이 좋았는가가 판단될 것이다. 압축 경제성장을 위해서는 대기업을 집중 육성하는 것이 좋은 것 아닌가? 선진국이 되기까지는 우리 식이 맞다 생각한다. 선진국 진입방안에 대해 그는 선진국으로 가는 시발점이 된 것은 1988년 이후부터로 우리나라의 의식이나 문화수준이 많이 달라졌다고 한다. 요즈음 G세대들의 역동성을 여기저기에서 보고 있지 않습니까? 경제력은 70점, 정치, 사회적으로는 50점, 문화, 체육계는 80점을 주고 싶다. 평균 80점이 되면 우리는 선진국이 되는 것 아닙니까? 사람의 10%는 어긋나려는 성질이 있고, 상위 10%는 교육을 시키지 않아도 올바른 사람인데 나머지 80%는 교육여하에 따라 달라진다고 한다. 이런 80%의 사람들을 상위권으로 가도록 하는 것이 선진국을 이루는 방법이라고 조심스레 밝혔다.

### 비전과 계획, 일과 여유, 두 마리 토끼를 다 잡을 터

(주)GNS의 앞으로의 계획과 비전을 들어보았다. 2009년도 매출액은 1,900억이라고 하며, 직원 14명이 생활하는데 큰 지장이 없다고 한다. 그런데 본인의 입장에서는 만족하나 직원 입장에서는 비전이 있어야 한다는 주장이 나와, 중장기 비전과 도전목표를 정하고 새로운 일을 찾는 노력을 하면서 성장을 추구하고 있다고 한다. 그래서 삼성의 일과 기타 일을 현재의 8대 2에서 5대 5로 만들자고 강조한다고 한다. 이런 활기찬 분위기가 회사 방문에서도 잘 느껴지는 것 같았다. 또한 조 회원은 이제 어느 정도 중견기업으로서의 위상을 갖춘 만큼 상장기업으로 진입해야겠다는 꿈을 가지고 계신다고 했다.

재학시절의 추억으로 화제가 이어졌다. 그는 고등학교 때 교육대학(모친의 권유)에 가기 위해 밴드부 활동을 하였다. 고대에 입학하자 동아리 회원모집으로 취주악부에 들어갔다고 한다. 그는 초기에 시골출신이라 같이 어울릴 친구가 적었다고 했다. 열심히 취주악부 활동을 하게 되었으며 재미도 있었다고 했다. 요즘에는 운동경기장에 방송시스템이 잘 설치되어 있어서, 오디오, 비디오로 응원단을 리드하여 취주악부의 필요성이 작아졌지만 그 당시에는 반드시 필요했다고 한다. 4년 동안 그는 나팔을 불고 다녔다. 여름방학 동안 합숙훈련도 했고 고연전이 끝나면 시가행진을 하게 되는데 기마병이 먼저 나오고 그 다음 밴드부 순서로서, 트럼본을 불었던 그로서는 제일 앞에 서서 나왔다고 한다. 학창시절의 소중한 추억인 셈이다.

강원도 화천에서 군대생활을 했고 포병부대에서 행정병을 했으나 졸업하고 군대를 갔기 때문에 나이가 많아 어린 고참들에게 힘들었다고 한다. 군대를 간 72년도에는 월남전이 끝마무리 시점이었는데 월남병장이 많이 들어와 하사와 병장들의 식기를 닦느라 힘들었다고 회상한다. 그는 친구를 무척이나 소중히 여기는 스타일인데 친구의 층이 매우 다양하다고 설명한다. 동네친구 10쌍의 부부들과는 분기별 계모임, 학교 동창회에 적극 참여, 삼성 퇴임임원 모임 활동 등 각 모임의 회장이나 임원으로 활동하면서 적극적인 참여를 하여 친구들과의 시간을 많이 가질 수 있다는 것이 행복하단다. 이로 인해 집사람에게는 밖으로만 나돈다고 핀잔을 듣는다고 하시고는 웃어버렸다.

특히 고려대학교 68학번 동기들을 만나는 모임에서는, 그가 삼성에서만 오랜 생활을 한 사람으로서 한정된 지인과 전자업계 만의

고대 68학번 동기생들과 환갑 기념여행 : 68동기회장으로 있을 때

경험, 그것도 회사목표 달성에만 치중했기 때문에 부족한 부분이 많았는데, 다양한 사회생활을 한 68동기생들을 만나 많은 것을 배우고 가르침을 받고 있단다. 그리고 그는 2009년도에 고대68동기회장으로 봉사하기도 했다.

인생에서 가장 중요한 것이 무엇이라고 생각하시는지에 대한 질문에는, '봉사정신'이라고 힘주어 말하는 그의 종교는 불교이며, 모친과 아내가 열성적인 불교신자이시란다. 두 사람의 영향을 받아 그도 불사 찾아다니기를 좋아하고, 부처님을 바라보고 있으면 마음이 편하다고 말한다.

고대 선후배님과 고대경제인회 회원에게 드릴 당부말씀을 묻자, 사양하다가 굳이 한 말씀 드린다면 하면서 들려주신 덕담은 진리인 듯하다. '지자막여복자智者莫如福者(지혜로운 사람도 복이 있는 사람보다는 못하다)'라는 말을 믿고 좋아 하신단다.

지자가 추구하는 것과 복자가 추구하는 것은 다르다고 한다. 복자는 바쁘지 않고, 까다롭게 하지 않는 생활을 한다. 복자는 여유롭고 봉사하면서 베푼다고 한다. 지자가 똑똑하고 카리스마도 있고 마케팅에 귀재가 되어 명예와 재물은 많을지라도 복자의 여유로움보다는 못하다는 것이다.

그렇다면 어떻게 하면 복자가 될 수 있을까? 복자의 길에 정답이야 없겠지만 본인 생각으로는 두 가지 생활신조가 필요하다고 강조한다. 긍정적인 사고가 첫째이고 다음은 봉사와 베품의 생활이라고 한다. 아쉽지만 못다 한 이야기들은 다음 기회를 기약하며 인터뷰를 마쳤다.

# 고대 취주악부의 68학번 3인방

짧지 않은 인생을 살면서 기억할만한 많은 일 중에서 빼놓을 수 없는 것이 바로 학창시절 취주악부(고교시절은 밴드부, 지금은 관악부) 동아리활동이다. 고교 2년, 대학에서 4년 모두 6년간 공부만 해야 할 시기에 취미생활을 한 것이니 재미는 물론이고 청년기 심성을 가꾸는 데에 큰 영향을 미쳤을 것이다. 대학졸업 이후 악기라곤 기타(guitar)를 잡아본 게 전부였던 나로서는 항상 취주악부 시절이 큰 추억이 된다. 마침 '고대 관악부 95주년 기념집'을 만든다니 기억을 더듬어 그리웠던 그 시절로 돌아가 본다. 어디서부터 무슨 이야기를 할까 자료도 없고 기억도 가물가물해서 두서없는 글이 되지나 않을까 걱정이 앞선다.

## 가을 정기 고 · 연전에서의 활약상

나는 고등학교 1~2학년 때 밴드부에서 악기를 다루어 본 인연으로 고대 입학 후에 취주악부 동아리방을 찾게 되었다. 악기 다루는 실력이 엉성해서 퇴짜 맞지 않을까 내심 걱정했는데 대환영을 받았다. 내가 전공(?)한 트럼본 주자가 마침 필요했고 운동장에서 가장 효과가 좋은 악기이니 열심히만 하면 된단다. 그렇게 시작된 나의 고대 취주악부 동아리활동은 학교 다니는 4년 내내 계속되었다.

68학번 6~7명의 부원들 중 나는 같은 공대생이었던 김기주(트럼펫)와 서재하(클라리넷)와 많은 활동을 하게 되었다. 그들은 악기 다루는 실력이 뛰어나 윤세영 지도교수나 선배들로부터 칭찬을 받곤 했다. 나보다는 동아리에 나오는 시간이 절반밖에 안 되는 듯싶은데도 취주악부 내에서 중심역할을 잘했던 것으로 기억된다. 이제 당시 동아리활동을 추억해보고 이후 3명은 어떻게 음악을 가까이 했는가를 정리해볼까 한다.

고대 취주악부의 역할은 뭐니 뭐니 해도 가을 고 · 연정기전에

68년 효창운동장 정기전 모습(재하, 기주, 저자가 보인다)

서 응원을 리드하는 것이었다. 지금은 운동장의 위치가 달라졌다든지, 응원방법의 디지털화, 참여자들의 태도변화 등 현대화한 응원방법 때문에 밴드부의 역할이 많이 축소되긴 했지만, 당시에는 취주악부의 리드 없이는 응원이 될 수 없을 정도였다. 특히 음악대학이 있는 연세대의 전문가들로 구성된 밴드부와 맞서려니 여간 열심히 하지 않으면 안 되었다. 운동장에서 크고 우렁차게 연주해야 함은 물론이고 경기가 끝난 후에 벌이는 거리행진에서도 기마병 다음으로 취주악부(특히 트럼본은 제 일열)가 중심역할을 했으며 많은 사람들의 구경꺼리가 되었던 게 기분 좋았다. 몇 년 전에 정기고·연전을 보러 잠실운동장을 찾은 일이 있었다. 옛날의 아날로그적 추억의 모습은 디지털 음향기기와 영상의 발전으로 대치되어 더욱 화려했다.

고대관악부 연주모습

초가을 정기고·연전을 위해 취주악부는 여름방학 때부터 분주해진다. 합숙훈련(68~69년 미사리와 덕적도, 71년 대천에서 실시)으로 당해년도 레퍼토리를 연습한다. 기초가 부족한 나는 다른 부원들보다 더 열심히 했고 선배들에게 개인교습을 받았다. 덕적도 합숙 때는 태풍을 만나 며칠 더 묵는 바람에 연습을 더 많이 할 수는 있었지만 배가 고팠던 것도 생각이 난다. 이렇게 집중훈련 뒤 정기전까지의 약 2개월간은 소위 동아리방으로 준비된 판자촌에서(당시 여학생회관을 지나 중앙산업과의 경계선 근처) 더 많은 인원이 모여 화음을 맞추고 부족한 부분을 보충하였다. 정기고·연전이 다 되어서는 기수단과 호흡을 맞추기 위해 합동훈련을 했다. 기수단에는 예쁜 여학생들이 많았던 것 같다. 지금은 여학생 비율이 삼분의 일이나 되지만 당시 68~69학번은 여학생이 각 학번별 50여명 내외로 전체 여학생의 절반 가량이 기수단으로 징집(?)되곤 했다. 경기장에서 기수단과의 합동응원은 신바람이 났고, 경기에서 이겼을 때는 더욱 활력이 생겨 힘이 드는지도 모를 지경이었다.

이때 듣기 좋은 말 두 가지가 있었다. 응원석 반대편에 우리 악기소리가 잘 들리는지 정탐 갔던 선배가 "조병오 트럼본 소리가 잘 들리더라."와, 여자 친구에게 듣는 '도날드 덕'(연주 후에 입이 툭 튀어나오는 현상)이란 호칭이었다.

당시의 연주곡은 교가와 응원가 외에 〈Sloop john B〉, 〈You are my sunshine〉, 〈희망의 나라로〉, 〈Cotton field〉, 〈바나나 보트 송(Day-O)〉, 〈당신의 뜻이라면〉 등과 많은 행진곡을 연주한 것이 생각난다. 지금 들어도 참 좋은 곡이구나라는 느낌이 온다. 갈고 닦은 실력을 틈틈이 점검할 기회도 있었다. 정기전 외에 춘계·추계로 많은 운동경기가 있게 마련인데 취주악부는 실력을 다듬고는 운동장에 간다. 당시 아무리 늦거나 좌석이 없어도 취주악부 악기를 들고 가면 공짜로 좋은 자리에서 경기를 볼 수 있었다. 친구들로부터 악기를 빌려달라는 요구가 있어서 악기의 속과 겉을 따로 들고 들어갔던 기억도 난다.

### 남달리 잘 단합했던 취주악부

그밖에도 학교에는 크고 작은 행사가 많이 있었다. 5월 개교기념일, 조지훈 교수님 장례식, VIP 내방행사 등 그때마다 취주악부가 동원되었다. 3학년 때로(70년) 기억하는데 시민회관(현 세종문화회관)에서 개최된 비음악인들의 음악경연대회에 참가하여 대상을 수상한 일이 있다. 당시 음악을 비전공으로 한 사람들이 고대 취주악부같이 대규모로, 더욱이나 잘 훈련된 연주팀은 없었다는 것이 후일담이었다. 생전 처음 금남의 집 이화여대에서 예선을 치루고 그 당시 한국 최고의 공연장에서 본선 연주를 했다. 시쳇말로 시골 촌놈이 '꿈의 연주회'(무명 음악인이 메트로폴리탄에서 연주하는 것과 버금감)를 한 것이다.

당시 연주곡은 '서곡 십자훈장'으로 지금도 음악제에 자주 등장하는 좋은 곡이었다. 나는 연주하는 것에는 자신이 있었지만 앙상블 화음을 위해 많은 연습을 했다. 그때 받았던 상패는 내가 졸업하기 이전(72년)까지는 취주악부 동아리방에 걸려 있었는데 지금도 있는지 궁금하다.

한 번(71년)은 본관 인촌동상 앞에서 김상협 총장을 모시고 취주악부 퍼레이드를 한 일이 있었다. 나는 입고 갈 흰 와이셔츠가 없어서 삼촌 것을 빌려 입고 행사를 치룬 기억이 난다. 그 해는 학교설립 66주년으로 이를 기념하고자 5월 5일 개교기념일에 만든 자리인데 보통 군악대나 의장대에서나 할 수 있을 정도로 무리한 일이었다. 그렇지만 당시 이성규(69학번) 취주악부장의 의지와 여러 부원들의 "해보자!" 라는 의욕으로 우리가 해냈다는 것에 가슴 뿌듯해진다. 당시 야외 퍼레이드 연습장의 시끄러움으로 도서관과 여학생회관으로부터 항의를 받고 조심했던 기억이 난다.

그 당시 취주악부는 군대처럼 빳따를 때리는 일도 있었다고 이재봉(65학번) 선배께서 말씀하셨다. 한두 번 있었던 개그수준의 사건이었겠지만 화음의 중요성과 연주의 집중을 위해 애쓴 사례로 보아야겠다. 이 선배님께서는 70년도쯤일 거라시면서 악기 분실사건으로 취주악부의 위기가 있었으나 학교의 지원으로 새로운 악기를 보

60대 중반을 넘어서보 색소폰으로 재능봉사 하고 있는 재하

충하여 더욱 더 발전하는 계기가 되었다고 하신다.

선배께서 입학한 65년도에는 취주악부가 유명무실했었는 바, 제3공화국시절 집회를 억제하였기에 반세기 가까이 지속되어왔던 취주악부 활동이 소원했던 시기였단다. 선배는 이것을 윤세영 교수님, 김승수 선배님 등과 힘을 모아서 신입회원을 모집하고 취주악부 활동을 재건하느라고 힘쓴 것이 보람 있었다고 회고하신다.

이재봉, 장윤철, 윤춘식, 장강재, 안재명, 김두한, 안재창, 이성규 등이 즐거웠던 취주악부 시절의 선배·동료들인데 반세기 가까이 지난 뒤 다시 그 이름들을 불러보니 감개무량하다. 이제 기억의 한계로 당시의 상황은 여기서 접고 우리 세 사람의 이야기를 시작한다.

지금도 트럼펫을 열심히 연주하는 기주

취주악부 활동 시의 저자

취주악부 68학번 3인방 이야기

먼저 서재하 군은 연주 실력이(클라리넷) 출중하여 취주악부장까지 역임하면서 고대 취주악부를 크게 발전시킨 리더였으며, 71년도에 김두환과 전국 대학생 보컬경연대회에 나가서 좋은 성적을 내기도 했다. 72년도 졸업과 군(학사장교)을 제대 후 25년간 건설회사에 다니다 은퇴한 후, 그때 유행했던 색소폰 연주에 동참하여 다시 악기를 잡고 지금까지 취미로 하고 있다. 전공한 토목보다 나팔이 흥미 있고 즐거웠기 때문에 세월이 많이 흐른 지금까지도 손에서 놓지 않고 있단다.

특히 그는 몇 년 전 내가 68동기회장으로 취임할 때 색소폰으로 훌륭한 연주를 해주어 옛날 취주악부 시절의 향수를 물씬 느끼게 해주었다.

김기주 군은 학교 졸업 후 일찌감치(75년도) 호주로 이민을 갔다. 그는 음악에 대한 열정을 잊지 못하고 좋은 오디오시스템과 트럼펫 악기를 수집하는데 열심이었으며, 얼마 전(6월초) 그의 초청으로 호주방문시 들린 그의 집에는 음악의 향기가 가득하였다. 여러 해를 거쳐 수집한 하이엔드 음향기기 시스템들은 원음에 가까운 소리로 잘 감상할 수 있도록 최적의 조합이 되어 있었고 그중 한 조합으로 맞추어진 포칼 스피커와 크렐 엠프 세트를 초대된 집에서 감상할 수 있었다.

아직도 취미를 살려 틈틈이 트럼펫 연주를 한다면서 '밤을 잊은 그대에게'를 멋지게 부는 모습이 '신선이 바로 여기 있구나!' 하는 생각이 들게 했다. 최근에 좋은 트럼펫을 하나 더 장만하였다고 즐거워하면서, 시간부족으로 연습은 안 하고 악기 탓만 하는 자신의 핑계가 자꾸 평판 좋은 트럼펫들을 충동 구매하는 결과를 초래했다며 활짝 웃기도 했다.

나는 졸업 후에 군대 보충대(춘천)에서 군악대(2군단)에 차출될 뻔했다가 빠진 후로 지금까지 악기를 한 번도 잡아본 일이 없다. 그때 군악대에 갔더라면 좋았을 것이라는 생각이 들기도 한다.

얼마 전에 예비며느리를 보게 되었다. 아들의 사전 이력 설명에서 음악을 좋아하는 아가씨란다. 무조건 오케이 하고 상견례를 했다. 내 예측은 틀리지 않아 마음에 드는 아가씨였다.

음악을 좋아하는 사람들은 한마디로 '세상을 여유롭고 슬기롭게 살아간다.' 라고 말하고 싶다. 우리 시대는 물질적으론 풍요롭지만 정신적 · 문화적으론 많이 피폐해졌다. 음악을 좋아하는 사람들은 이 험악하고 극복해야 할 것이 많은 복잡한 세상을 원만히 잘 풀어가는 삶의 지혜를 음악을 통해서 얻는 듯하다. 고대 취주악부에서는 김중조 선배(64학번)와 이성규 군(69학번)이 좋은 사례다.

우리 세 사람도 고대 취주악부에서 '나팔장이'를 한 덕분에 지금까지 세상을 잘 살았고 원만하고 즐거운 사회생활을 하고 있음을 고맙게 생각하고 있다.

# 금주禁酒 100일을 지나면서

연초부터 몸을 잘 다스리지 않으면 안 되는 일들이 많았다. 지난 연말에 받았던 정기검진에서 발견된 대장의 용종 제거를 위해 2박3일 입원, 중국 주재시절 그곳에서 수술한 맹장염의 후유증이라 추정되는 혹 제거를 위해 2박3일 입원, 술을 곁들인 저녁모임에서 넘어져 발가락뼈에 금이 가 반 기브스 상태로 40일간의 불편한 생활, 기브스를 풀고 바로 운동, 저녁 모임 등 무리를 해서인지 편도선으로 이비인후과 출입, 편도선염의 초기대응을 잘못해 기관지 염증으로 병을 키워 응급실에 들어가 11일간의 입원생활을 하는 등 이어지는 건강 경고음을 받고서는 한동안 술을 마시지 않았다.

금주禁酒하는 동안 몇 번의 고비가 있었다. 두 번의 중국 출장에서 좋아하는 바이주白酒를 옆에 놓고 광천수로 건배하고 저녁자리에서 빈 소주병에 물을 넣어 특별주라고 먹는 등, 동석자들에게는 평생 마실 술의 양을 이미 소진하였다는 금주 이유를 설명하였지만, 그동안 나의 술

실력(?)과 술을 좋아하던 모습을 아는 주변사람들은 이상하다는 눈치다. 혹자는 큰 병을 얻었느냐 정신적으로 충격이 있었느냐 등등 걱정하며 궁금해 했다.

지난 7월 24일로 술을 끊은 지 100일이 되었다. 많은 생각을 하게 한다. 다시 마실 것인가! 이참에 정말 끊어버릴 것인가! 먹는다면 어떻게 얼마나 마실까? 등등. 그렇지만 결국은 마시게 될 것이고 적당한 선에서 절제하는 습관을 길러야 할 텐데 어떻게 하는 것이 모범답안일까? 여기서 결론부터 언급하도록 해야겠다. 한 달간 연장이다. 연장을 하는 이유는 간단하다. 이제부터 술 먹는 룰을 어떻게 할까를 아직 정하지 못했기 때문이다.

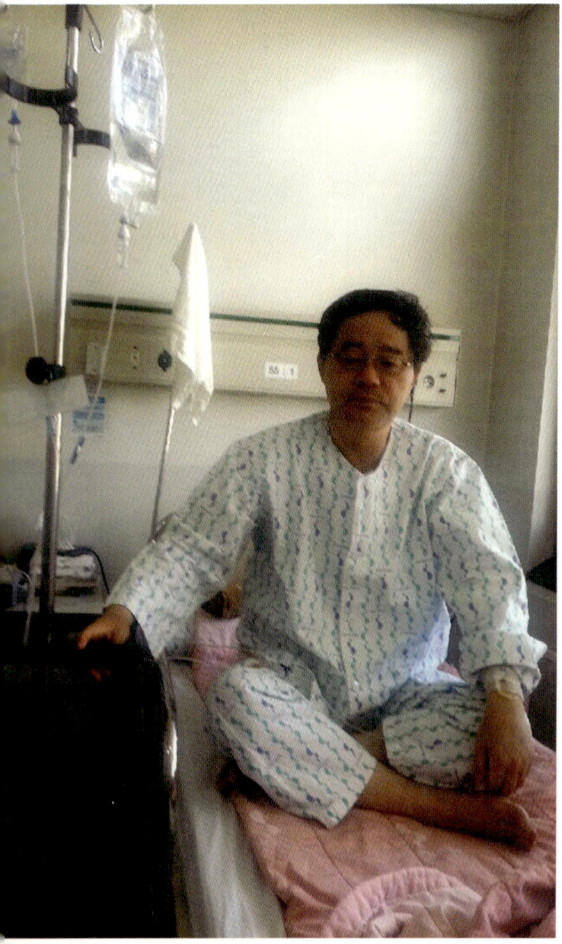

엊그제 대학 친구들과의 저녁모임에서였다. 웃긴다는 것이다. 술 먹는 룰이 어디 따로 있는가? 즐거운 일이 있어서, 친구들과 잘 어울리기 위해서, 혹 스트레스가 있으면 해소하기 위해, 밥 먹으면서 술도 음식이니 같이 반주하는 등, 지극히 평범한 것이 술 먹는 이유인데. 친구들 말이 맞다. 지금까지 이와 같은 이유로 술을 먹고 그것이 정도를 지나쳐 먹어 온 것이다. 그러나 이제는 음식 먹기를 가리듯이 술 먹기를 조절하지 않으면 안 될 듯하다.

어차피 술 먹기는 자연스럽게 다시 시작될 것이다. 당분간 더 고민해서 정리하겠지만 "어느 술이든지 하루에 3잔 이내로 한다." 살다보면 불가피한 날이 있을 텐데 걱정이다. "한 달에 한 번은 마시고 싶은 만큼 마셔볼까?" 결국 나의 경우에는 밀린 숙제 두어 가지가 해결되면 기분이 좋다, 라는 분위기와 "술도 음식인데 건강에 나쁘지 않을 만큼 적당히 먹는다."로 진행되지 않을까 예상해본다.

나의 이 야심찬 계획은 나의 의지는 물론이고 주변의 협조가 필수적이다. 이 자리를 빌어서 나의 술 관리계획을 잘 이해해주시고, 옛날식의 술 먹는 습관으로 다시 되돌아가지 않도록 도움 주시기를 부탁드린다.

금주 100일이 되면서 몸의 컨디션을 체크해보면 몸무게 목표관리 유지, 적절한 혈당관리, 혈색과 피부가 윤기가 있어 10년(?)은 젊어 보인다는 격려, 골프의 드라이버 비거리도 10m는 늘었으며 스스로 컨디션이 많이 좋아졌음을 느끼고 있다. 금번 100일간 술을 끊은 것은 건강상 불가피한 이유에서 비롯되었지만 꽤 유익했고, 평생 술 먹기의 행태

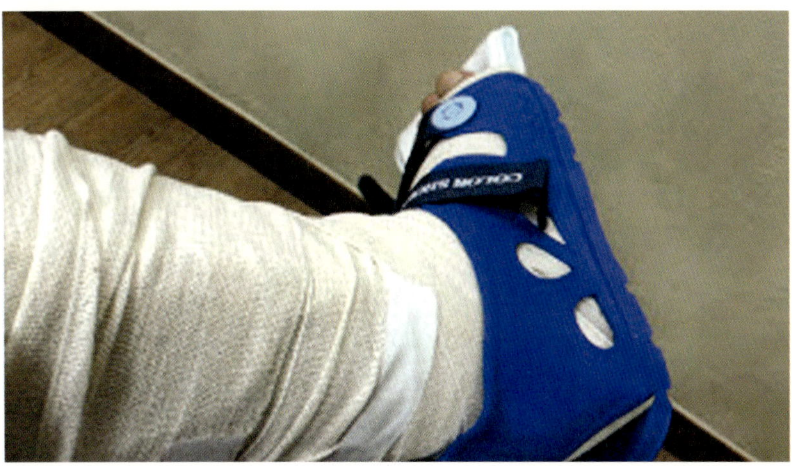

를 뒤돌아 볼 수 있는 좋은 기회를 갖게 되었다.

이제 100일간의 금주 성공을 자축하고 추가된 한 달 연장 금주를 성공하고자 술에 대한 상식과 술과 건강에 대한 이야기를 정리해보려 한다.

### 술의 기원

술은 인류가 만든 가공음료 중에서 가장 역사가 오래된 것으로 과일이나 곡류와 같은 당질 원료에서 야생의 미생물이 자연적으로 생육하여 알코올이 생성되었고, 이러한 발효산물을 우연한 기회에 사람들이 마신 결과 우리의 기호에 적합하다는 것을 알게 되었다.

그러나 가장 최초로 술을 빚은 생명체는 사람이 아닌 원숭이로 알려져 있다. 원숭이가 나뭇가지의 갈라진 틈이나 바위의 움푹 파인 곳에 저장해둔 과실이 발효된 것을 먹었으며, 인간이 이것을 맛보고 좋아 계속 만들어 먹었다. 이 술을 일명 원주猿酒라고 한다.

술은 그 나라의 주식主食과 밀접한 관계가 있다. 어패류나 해수海獸를 주식으로 하는 에스키모족들은 그들만의 술이 없다. 그리스 신화의 주신酒神 바커스는 대지의 풍작을 관장하면서 각지의 포도, 보리 재배나 양조법을 전파하였다. 인도의 베다시대에는 소마soma주를 빚어 신에게 바치는 의식이 있었고, 가톨릭에선 포도주가 예수 피의 상징이라 하여 세례에 쓰이고 주교가 미사 중에 마신다. 중동지역의 원시종교는 술에 물을 섞어 신에게 바치는 것을 의식의 중심으로 거행했다. 여기에서 물을 남성으로 상징하여 음양화합의 뜻을 나타낸 것이다.

중국 하夏나라의 의적은 주신酒神으로 숭배되고, 진나라의 강통은 주고酒誥라는 책에서 "술이 만들어지기 시작한 시기는 상황上皇(천지개벽과 함께 태어난 사람) 때부터이고 제녀帝女 때 성숙되었다."라고 적어 인류가 탄생하면서부터 술이 만들어졌음을 시사했다.

우리나라의 경우도 예외는 아니어서 천제天帝의 아들 해모수가 술자리 후에 유화와 인연을 맺어 주몽을 낳게 되었다는 설이 있고, 〈삼국지〉 부여전, 위지魏志 동이전東夷傳 등에 의하면 영고, 동맹, 무천 등 군집대회에서 밤낮으로 식음하였다고 전하며, 고구려는 발효의 나라라고 할 만큼 훌륭한 술과 장 담그기 기술이 발달했다고 한다.

### 술의 종류

술은 알코올 함량이 1% 이상인 음료를 말한다. 술은 크게 발효주와 증류주로 나뉜다. 발효주는 곡물이나 과일의 즙을 효모를 이용하여 발효한 술이다.

발효주는 대개 6~8%의 알코올을 함유하며 아무리 높아도 12% 정도이다. 효모가 생존할 수 있는 최대 알코올 함유량이 12%이기 때문이다. 증류주는 일단 만든 술을 다시 증류해서 도수를 높인 술이다. 증류의 회수에 따라 농도의 강약이 정해지는데 대략 40~50% 정도를 만들어 마신다.

발효주에는 막걸리, 청주, 포도주, 맥주, 크바스가 있고, 증류주에는 소주, 코냑, 고량주, 위스키, 보드카 등이 있다.

현재 지구상에서 가장 많이 소비되는 술인 맥주는 전 세계 약 5,000개의 양조장에서 1만 5,000여 종이 제조되고 있다. 맥주 종주국으로 불리는 독일에는 전 세계 맥주공장의 3분의 1이 자리하고 있으며, 독일은 전 세계 유명맥주들이 채택하고 있는 이른바 '하면발효下面醱酵' 맥주의 고향이다. '하면발효'란 저온에서 발효시킨 뒤 효모가 가라앉은 맥주를 이르는 용어로 알코올 도수가 낮고 부드러운 맛과 향기를 가지고 있는 것이 특징이다.

체코는 독일 못지않게 맥주가 유명한데, 미국의 버드와이저는 원래 체코 지명에서 유래된 것이다. 이 외에 덴마크의 칼스버그, 네덜란드의 하이네켄, 일본의 기린, 뉴질랜드의 스타인라거, 미국의 쿠어스와 밀러 등이 세계적으로 명성을 얻고 있다.

양적으론 맥주가 제일이겠지만 고급스런 이미지와 여느 요리에도 잘 어울리는 것은 역시 포도주(와인)라 하겠다. 지중해 연안에서 시작된 와인은 이제 지구상 어디에서나 고급술로 대접을 받고 있으며 우리나라에서도 와인 열풍으로 전문 숍과 마트에 와인 코너 등이 성업을 이루고 있다. 여기서 와인에 대한 상식을 논하는 것은 워낙 전문가들이 많아 생략하는 것이 상책이라 생각된다.

중국정부는 매년 주류 품평회를 열어 5년 연속으로 금메달을 수여받은 빼갈 종류 술 8종류를 모아 "8대 명주"라 명명하고 경쟁과 고급화를 이끌고 있으며, 그동안 상품성까지 인정받아 성공한 수정방水井坊, 우량예주五粮液酒, 마오타이주茅台酒, 죽엽청주竹葉青酒, 분주汾酒, 고정공주古井貢酒 등이 대표적인 8대 명주이다. 바이주白酒 는 우리가 흔히 부르는 빼갈(白干兒=바이깐얼이 변한 말)로서, 바이주는 대부분 쌀이나 보리, 옥수수 등 곡식을 주원료로 한다. 바이주 제조에 들어가는 곡식이 연간 2,000만 톤을 넘었다 한다. 베이징 인구(천오백만)가 3년 동안 먹을 수 있는 양이란다.

일본이 자랑하는 전통주 사케는 2,500개 정도의 양조원에서 생산되고 있다. 사케(청주)는 오늘날 일본의 국주國酒로 자리 잡았지만 사실 우리나라가 원조이다. 일본의 고대 역사서를 보면 청주는 이미 삼국시대 때부터 빚어졌음을 알 수 있다. 청주는 외국 술과는 다른 특유의 향미가 있는데 우리의 주식인 쌀을 원료로 하고, 서양에서는 그 예를 찾아볼 수 없는 누룩곰팡이를 이용하기 때문이다.

이밖에 술의 제왕 브랜디(코냑), 스코틀랜드의 위스키, 러시아의 보드카 등이 술꾼들의 입맛을 돋우고 있다.

세계에서 가장 비싼 술은 프랑스의 메종 두도뇽이라는 코냑 회사에서 만든 헨리 4세 두도뇽 헤리티지 디엔에이 오브 코냑이다. 가격은 100만 파운드, 우리나라 돈으로 환산하면 20억이 넘어간다. 현재 이 술이 가장 비싼 술병인 술로 기네스북에 올라있다. 술병 속에 담겨진 100년 넘은 원액도 귀하지만 원액만으로는 그 값어치는 되지 않고 술병에 담겨진 보석과 디자인 때문에 높은 가격이 책정된 것 같다.

## 술로 나누는 문화권

술을 어떻게 따르며 어떻게 마시는가의 주법 차이로 세 가지 문화권으로 나눌 수 있다고 한다. 첫째가 제 술잔에 제가 손수 따라 마시는 독작獨酌 문화권이다. 주로 구미歐美 사람들이 독작을 한다. 둘째가 서로 술을 따라 놓고 같이 마시고 건배를 하는 대작對酌 문화권이다. 대작은 마시기 전에 건배하는 음전대작飮前對酌과 마신 후에 건배하는 음후대작飮後對酌이 있다. 러시아 사람들이 주로 음전대작을 하고 중국 사람들이 주로 음후대작을 한다. 셋째는 마시는 사람끼리 술잔을 주고받거나 술잔을 돌려 마시는 수작酬酌 문화권이다.

세상 사람들은 세 가지 문화권의 어느 한 문화권에 속하게 되며 여럿이 둘러 앉아 잔을 돌려 마시는 우리의 순배는 수작문화의 일종으로 타인의 권유가 있기 때문에 음주 스피드가 높아지게 된다. 우리 음주 문화에 기원을 둔 일본 역시 수작문화권에 속한다.

자유의 천국이지만 술에 관한 한 자유롭지 못한 곳이 미국이다. 미국에서는 기본적으로 집 밖에서는 술을 마실 수 없다. 술 판매 제도가 매우 엄격해 지정된 업소 이외에서는 판매가 금지돼 있다. 전 세계에서 음주 가능 나이가 가장 높은 곳도 미국이다. (만21세)

술 문화를 보면 그 나라 국민성이 나타나는데, 술에 취하면 프랑스인은 춤을 추고, 독일인은 노래를 부르고, 영국인은 안주를 먹고, 이탈리아인은 자랑을 늘어놓는다. 그런데 미국인은 연설부터 시작한다.

영어의 모든 알파벳을 한 번 이상씩 사용하여 만들 수 있는 가장 짧은 문장은 "The quick brown fox jumps over the lazy dog"(빠른 갈색여우가 게으른 개를 넘어 점프했다.)였으나, 술을 사랑하는 사람들이 그들만의 문장을 만들어냈다. "Pack my box with five dozen liquor jugs" (내 상자를 60개의 술 단지로 채워주세요.)

## 술은 우리 몸에 어떤 영향을 줄까?

술이 세다는 건 빨리 분해된다는 얘기지 몸이 술에 버티는 힘이 강하다는 얘기는 아니다. 간이나 뇌 등 인체 각 장기가 술로 받는 손상은 마신 양에 거의 비례한다. 따라서 술이 센 사람은 그렇지 않은 사람보다 훨씬 장기의 손상이 클 수가 있다. 폭음은 숨골이라 불리는 연수를 마비시켜 심한 경우 호흡장애를 일으키며 뇌세포 파괴로 사고 · 기억력 감퇴, 알코올성 치매 등이 유발된다.

지나친 음주는 간에 기름기가 끼는 지방간의 원인이다. 국내 간경화 환자의 80~90%는 간염바이러스와 폭음의 합작품이다. 다량의 알코올을 섭취하면 췌장의 기능이 급격하게 떨어진다. 또 당을 조절하는 인슐린 분비가 잘 안되어 당뇨병이 생길 수도 있다. 단 한 차례의 폭음으로도 위염, 위궤양이 생길 수 있다.

술을 많이 마시면 뇌 자율신경에 이상이 오는데 협심증이나 부정맥 등이 있는 환자는 폭음 때문에 사망할 수도 있다. 폭음한 뒤 구토를 하는 과정에서 식도에 손상을 입는 경우가 비교적 흔하다. 폭음을 하면 장의 흡수과정에 부담이 돼 배탈이나 설사를 하는 사람이 많다. 뼈 특히 골반 뼈와 대퇴골두가 직접적인 손상을 받는다고 한다.

이와 같이 술은 건강에 대한 부정적 내용이 많은데 생활에서 술은 끊어지질 않고 있다. 술과 인간의 관계도 나라와 인종, 종교에 따라 다소의 차이는 있으나 생명의 물, 백약의 왕이라는 말이 있듯이 잘 이용하기만 하면 유용한 것이다. 감기, 코 막힘, 기침, 해열, 두통, 신경통, 건위, 식욕증진, 소화불량, 강장 등의 효능이 있다.

과음과 빈번한 음주가 해로운 것은 분명하지만 적당한 술은 위액 분비를 촉진시켜 소화를 돕고 혈액순환에 도움을 주어 심장병을 예방한다고 한다. 우리나라 전통주는 누룩이나 효모, 한약재를 사용해 약효를 가지고 있는 것이 특징이다. 대추술은 초조감을 해소시키고 숙면을 취하게 해주며, 인삼주는 식욕부진에 도움을 주어 허약체질을 개선하는 효과도 있다. 복분자술이나 녹용술은 남성의 정력증강에 도움을 주며, 솔잎술은 혈관을 강화시켜 고혈압을 예방하는 효과가 있다고 한다.

### 숙취와 술 깨는데 좋은 방법은?

'숙취'라는 단어는 영어로 '늘어지다', '미루어져 있다', 프랑스어로 '나무 입'이고 독일어로 '고양이들의 울부짖음'이다. 이탈리아어로 '통제 불가'이며 말레이시아어로는 '로', 노르웨이어로 '머릿속의 목수', 스페인어로 '백 레시-낚싯줄이 엉킴', 스웨덴어로 '모근의 고통'이라고 불린다.

술 깨는 데에는 물보다 다량의 전해질 성분이 있는 얼큰한 국물, 과일주스, 스포츠 이온음료 등이 훨씬 낫다. 알코올이 분해돼 소변으로 배출될 때는 다량의 전해질도 함께 빠져나가므로 숙취현상이 심해진다. 따라서 술에서 빨리 깨려면 해장국 등 전해질 성분을 많이 보충해주는 게 좋다.

## 술과 건강에 대한 특이한 학설

최근에 폭음하는 사람이 술을 입에 대지 않는 사람보다 더 오래 산다는 사실이 밝혀져 학계에 큰 충격을 던져주고 있다. 스탠퍼드대와 텍사스 주립대학(오스틴) 연구팀은 최근 '알코올중독 임상실험연구' 학회보에 논문을 발표했는데 지난 20년 동안 1,824명을 대상으로 조사한 결과 이 같은 사실을 알아냈다고 밝혔다.

논문에 따르면 조사대상은 55~65세 사이의 노장년층의 음주와 수명의 상관관계를 조사한 결과 이런 사실을 확인했다. 연구를 주도한 찰스 할러헌 교수는 하루 1~3잔을 마시는 적당량의 음주자moderate drinker와 3잔 이상을 즐기는 폭음자heavy drinker 그룹의 사망확률이 비음주자non drinker 그룹보다 훨씬 낮은 것으로 파악됐다고 말했다. 조사결과 비음주자는 20년 기간 동안 69%가 사망했지만 폭음자는 59%, 그리고 적당량의 음주자는 41%가 숨진 것으로 드러났다.

할러헌 교수는 하루 3잔 이상은 알코올 중독 등 부작용으로 이어질 수 있지만 1~3잔 가량의 술은 건강에 도움이 된다고 풀이했다. 이 같은 보고서는 폭음이 간과 심장을 해치고 구강암을 유발하며 가정의 붕괴를 가져온다는 기존의 학설과 정면으로 배치되는 것이어서 논란이 일 것으로 예상된다.

그러나 할러헌 교수는 '건강을 위해 한 잔Drink to your health'이라는 속설이 이번 연구결과 적중했다고 지적했다. 위의 학설에서 적당한 음주자가 가장 오래 산다는 것에는 어느 정도 동의를 할 수 있으나 술 안 먹는 사람보다 폭음하는 사람이 더 오래 산다는 것에는 동의하기가 어렵다. 할러헌 교수에게 문의라도 해보아야겠다.

## 최근 유행하고 있는 특이하고 재미있는 건배사(한 가지씩만 추림)

- 직원회식 : 당신 멋져(당당하고 신나고 멋지게 살되 가끔은 져주자)

- 송별모임 : 변사또(변함없는 사랑으로 또 만납시다.)
- 마케팅 : 고진감래(고객을 진심으로 대하면 감동으로 돌아온다.)
- 성공 · 행복 기원 : 나가자(나라를 위하여 가정을 위하여 자신을 위하여)
- 사랑 · 우정 기원 : 사우나(사랑과 우정을 나누자.)
- 건강 기원 : 재건축(재미나고 건강하게 축복 받으며 삽시다.)
- 남녀동반 모임 : 남존여비/여필종부(남자의 존재 의미는 여자의 비위를 맞추는 것이며, 여자는 필히 종부세를 내는 남자와 결혼해라.)
- 골프 모임 : 올 버디(올해에는 욕심을 버리고 비워서 디~이기 오래 건강하게 삽시다.)
- 술자리 끝낼 때 : 마돈나(마시고 돈 내고 나가자.)
- 분위기 띄울 때 : 지화자(지금부터 화끈한 자리를 위하여)

## 건강은 건강할 때 지켜야

100세 시대가 열리면서 건강의 중요성이 점차 커지고 있다. 병에 걸렸을 때 치료하는 것보다는 건강할 때 미리 건강을 유지하는 것에 대한 중요성이 부각되고 있다. 모든 질환은 일찍 발견해 일찍 치료하는 것이 가장 중요하며 이를 가능하게 하는 것이 정기적인 건강검진이다. 나아가 장래의 질병 유발요인을 발견하고 질병으로 발전하기 전에 적절한 대책을 세울 수 있게 하므로 건강한 사람을 위해선 건강검진은 선택이 아닌 필수라고 할 수 있다.

사람들의 평균수명이 급격히 늘어난 이유는 무엇일까? 일단계로 칫솔의 대량생산과 페니실린의 발견이며, 최근 도시화와 관련하여 철저한 상하수도의 정비를 요인으로 꼽는다.

우리나라 사람들의 평균수명은 1950년대만 하더라도 50세에 불과했다. 그러던 것이 1970년도에는 59세로 늘어났다. 요즘엔 80세에 육박하고 앞으로는 90세에 달한다고 한다. 건강관리를 잘 한다면 100세까지도 넘볼 수 있다. 실제로 100세를 넘게 사는 사람들이 해가 갈수록 늘어난다고 한다.

우리나라에서 100억 이상의 부자는 20만 명이나 되지만 100살 이상 사는 사람은 2천여 명에 불과하다. 돈을 버는 것보다 오래 사는 게 그만큼 더 힘들다는 이야기다. 여기서 100세가 넘으신 어르신들의 성별과 배우자 유무를 살펴보자. 여성은 90%이며 남성이 10% 뿐이고, 남성 200명 어르신들께서는 배우자가 있거나 최근까지 같이 사셨고, 여성 어르신들께서는 거의가 싱글로 30~50년을 살아 오셨다는 것이다. 남성들은 짝이 없으면 오래 살기 힘들고, 반면에 여자들은 짝이 없이 혼자 사시는 것이 장수하는 요인이 된다는 것이지요. 여기서 남자들이 느껴야할 진실이 있는 것이다.

또 하나 오래 살고 싶으면 최고의 명의가 남긴 최고의 건강장수 비밀을 이해해야 한다. '두한족열頭寒足熱 위팔푼胃八分 복온腹溫' 한 줄을 잘 지키자. 즉, 머리를 차갑게 하고, 발을 뜨겁게 하며, 위를 가볍게 하고, 배를 따뜻하게 하면 병을 앓지 않는다는 것이다.

### 대한민국 명의가 추천한 한국형 슈퍼 푸드 BEST 7

1.버섯 2. 토마토 &방울토마토 3. 콩 4. 현미 5. 견과류 6. 두부 7. 마늘

술은 우리가 세상을 살아가면서 도외시하기가 어려운 음식이다. 그리고 누구든지 술을 마시게 되면 기분이 좋아지면서 곧잘 솔직해진다. 어쩌면 우리는 그 솔직함이 좋아서 술을 마시는지도 모른다. 옛말에 사람이 하는 일이 수없이 많지만 술 마시는 일이 가장 어렵다는 말이 있다. 여색을 접하는 일, 벗을 사귀는 일, 학문하는 일은 그 다음이란다. 우리 모두 사회생활과 대인관계에 적당한 음주문화를 가꾸어 항상 즐거운 마음으로 건강하게 살아가게 되길 기원해본다.

## 지구온난화와
# 녹색성장

대한상공회의소 국제회의장에서 열린 재단법인 행복세상 주최 제2회 행복포럼에서, '지구 · 에너지 · 녹색성장'이란 주제로 산자부장관과 대한무역협회 회장을 지내신 이희범 STX에너지 · 중공업 회장의 특강이 있었다.

재단법인 행복세상은 고대 68동기생이자 법무부장관을 지낸 김성호 씨가 설립하고 이사장으로 재직하면서 현재 활발한 활동을 벌이고 있는 법인이다. 제1회에는 통일부 현인택 장관을 초청하여 '대한민국의 통일정책' 포럼을 개최했고 두 번째로 실시되는 포럼이었는데 정말 수준이 높고 들어볼만한 강의내용이었다.

이희범 회장께서는 정부 관료에서 기업인으로의 변신에 성공하신 분인데 이번 포럼에서 그의 풍부한 지식과 탁월한 식견을 느낄 수 있었다. 그는 서울공대 전자공학과 출신으로 공학도이면서도 행정고시 수석합격, 미국 조지워싱턴대학 경영대학원 수석졸업(MBA) 등의 화려한 이력만큼이나 인품에서도 우리 사회지도층으로 자리를 잡으신 분이라 저절로 존경스런 마음이 들었다.

매스컴에서 '지구온난화, 녹색성장'이란 말이 심심찮게 들려오고 있다. 그동안 건성으로 들어서 그 내용에 대해서는 알지 못하고 있었는데 이번 포럼에서 이 회장의 강의를 듣고는 어느 정도 정리가 되는 것 같았고 많은 분들께도 내용을 알려드려야겠다는 생각이 들어 아래와 같이 정리해봤다.

우리나라는 세계 육지면적의 0.07%(108위)를 차지하고 있으면서도 세계 인구의 0.7%(25위)를 가진 인구밀도가 높은 나라이지요. 지난 100년간 지구온도는 0.74도 정도 상승하였고 해수면은 10~25cm 상승했답니다. 이런 영향으로 태풍, 해일, 쓰나미 등의 기상이변이 도처에서 발생되고 있으며 사막화, 지구생태계의 파괴, 식수부족문제 등으로 지

구가 몸살을 앓고 있다. 한반도의 온난화 정도는 전 세계 평균보다 2배가 높은 수준으로 평균기온은 1.7도(서울은 2.4도) 상승하였고, 해수면은 동해 · 서해 5cm, 남해 15cm, 제주 23cm나 상승했다고 합니다.

해수면이 상승하는 요인은 대기 중에 배출된 $CO_2$의 50%를 바다가 흡수하게 되는데 결국은 다시 바다의 온도가 상승이 되어 $CO_2$가 방출되면서 대기 중 $CO_2$가 증가되어 지구온도가 상승하게 되는 악순환이 된다는 것입니다. 지구온난화로 인해 남극과 북극의 얼음이 급속하게 녹아내리고 있는 중인데 이 얼음이 전부 녹을 경우 해수면이 무려 5~6m나 상승한다고 합니다. 해수면이 1m 상승 시 한반도 20배의 육지가 물에 잠기게 된다는군요. 태평양 섬 국가들과 호주, 뉴질랜드, 네덜란드 등이 벌써부터 걱정하고 있다고 한다.

'앨 고어' 전 미국 부통령이 2006년 9월에 지구위기론을 역설했는데 "20년 내에 전 세계 대도시의 40%가 물에 잠기고 네덜란드는 사라진다."고 경고했다. 물론 반대론을 펼치는 학자들도 있긴 하다. 지구온난화 수준은 무시할만한 수준이고 미디어와 정치인에 의해 과장된 것이라고 하며 지구온난화를 10만년 주기설로 주장하는 학자들도 있기는 하다.

지구온난화는 주로 화석연료(석탄, 석유, 천연가스)를 사용함으로써 진행된다고 하는데 온실가스 배출의 주범으로는 탄산가스 배출을 많이 하는 화력발전소, 철강, 석유화학, 비철금속 산업과, 전 세계 차량 7억대에서 뿜어져 나오는 매연에 의한 것이라고 한다. 농축산 분야에서도 쇠고기 1kg을 생산할 때 배출되는 온실가스는 승용차 대당 250km의 주행 시 배출하는 온실가스와 맞먹는다고 한다. 소 한 마리를 덜 키우게 되면 온실가스 감축효과는 물론 세계 빈국에서 22명의 기아飢餓 문제를 해결할 수 있다고도 한다.

지구온난화 문제를 해결하기 위해 세계 각국 특히 EU, 미국, 일본 등이 '리우 정상회의'와 '교토의정서'를 채택하면서 본격적인 논의를 시작하고 있는데 각국의 이해관계가 얽혀서 제대로 진행이 되지 못하고 있는 것 같다. 그러나 2012년 이후에 우리나라를 비롯한 개도국들까지 공동참여를 해야 하기 때문에 당장 우리나라의 당면과제로 떠오르게 된 것이다. 그리고 각국은 최근 다투어 기후변화와 보호주의를 도입하고 있는데 탄소관세제, 탄소거래제, 각종 환경규제 같은 것들이다.

지구온난화 대책은 주로 화석연료 대신에 쓸 수 있는 대체에너지, 신재생에너지를 어떻게 개발하느냐에 초점이 맞추어져 있는 것 같다. 신재생에너지의 대표적인 것은 원자력, 태양에너지, 풍력, 바이오연료 등이지요. 과거에는 탄소 소비에 의한 성장에 기반을 둔 나라가 선진국이었다면 미래에는 녹색 · 청정기술을 장악하는 국가가 세계 패권을 차지하게 된다고 한다.

우리나라의 경우 에너지 수입은 세계 4위이고, 에너지 소비는 세계 10위이며, 온실가스 배출은 세계 9위라고 한다. 세계 신재생 에너지 시장도 급격하게 확대되고 있는 상황이다. 현재 신재생에너지 시장은 이미 메모리 반도체를 넘어섰고 항공기, 자동차 시장을 추격 중이라고 한다. 탄소배출권 거래제가 도입되면 그 시장 규모가 무려 1,500억불이나 되고 연평균 49.4%의 고속성장을 할 것이라고 IBRD가 예측하고 있다. 따라서 우리 정부도 '녹색성장 국가전략 5개년계획'을 수립시행하고 있으며 산업체에서도 사업장별 온실가스 배출량과 에너지 소비량을 보고하게 되어 있다. 따라서 신재생에너지, 그린IT 등 녹색기술이 유망사업으로 떠오르고 있다.

녹색(GREEN)과 성장(GROWTH)은 서로 상충되는 관계에 있지요. 그러나 규제보다는 탄소배출 절감효과에 대한 인센티브제를 도입하고 강제적인 추진보다는 산업의 자발적인 참여를 유도하는 것이 바람직하다고 하며 온실가스 감축과 성장을 병행 추진할 수 있도록 해야 한다는 것이다.

2008년 8.15 경축사에서 이명박 대통령은 향후 60년 추구해야 할 국가비전으로 '저탄소 녹색성장전략'을 제시했다. 온실가스 감축이 피할 수 없는 과제라면 기후변화의 문제를 단순히 위기로 인식하는 단계에서 벗어나 이를 성장의 기회로 전환하겠다는 전략을 채택한 것이다. '녹색성장이란 경제와 환경의 조화를 통한 국가경쟁력 강화를 비전으로 하고 고효율 저탄소 자원순환형 사회 구축, 기후산업 육성을 통해 신성장동력의 확보, 지구환경문제 해결이라는 3대 목표를 추구하는 것'이 골격이다. 녹색성장은 결국 온실가스와 환경오염을 줄이는 녹색

기술과 청정에너지로 신성장동력과 일자리를 창출해 나간다는 국가발전전략인 셈이다.

최근 녹색혁명이란 말이 유행하고 있다. 이 녹색혁명을 제5의 물결이라 한다. 미국의 미래학자 '앨빈 토플러'가 주창한 제3의 물결에 이어 바이오혁명과 녹색혁명이 추가된 것이다.

(1. 농업혁명 → 2. 산업혁명 → 3. 정보통신혁명 → 4. 바이오혁명 → 5. 녹색혁명)

세계 각국의 상황보다 우리 정부와 산업에서의 노력이 물론 중요하겠지만 국민 모두의 관심으로 온실가스 배출을 줄이는 생활에서의 노력이 더욱 필요할 것 같다. 대중교통 이용, 절전, 절수, 쓰레기 줄이기 등 손쉽게 할 수 있는 것부터 실천함으로써 몸살을 앓고 있는 하나뿐인 지구를 다시 살릴 수 있을 거라 생각해본다.

# 삶의 질을 향상 하기 위하여

사람은 누구나 오래 살기를 원한다. 그러나 오래 산다고 해도 아파서 누워있어야 한다면 그건 원하는 바가 아니다. 한국인의 평균수명은 50년 새에 30년이나 증가했으며 수명증가율이 OECD 국가 중 최고수준이다.

세계보건기구(WHO)가 평균수명 외에 수명의 질이라고 할 수 있는 건강수명을 발표하고 있다. 건강수명은 평균수명에서 질병이나 부상으로 몸이 아픈 기간을 제외한 기간을 말한다. 얼마나 오래 살았는가보다는 실제로 건강하게 산 기간이 어느 정도인지를 나타내는 건강지표로 평균수명보다 훨씬 중요하게 인용되고 있다.

한국인의 평균수명(2011년)은 81세이지만 건강수명은 71.5세 정도로 나타났다. 한국인은 그 차이 9.5년 동안은 각종 질병 등에 시달리다가 숨을 거둔다는 얘기다. 또한 최근 10년 사이에 평균수명은 3.5년 길어졌지만 불편한 생활을 하는 기간도 2년이나 늘어났다. OECD 중에서 한국인의 평균수명은 13위이지만 건강수명은 꼴찌가 된다. 한국인의 평균수명과 건강수명의 갭이 그만큼 크다는 이야기다.

이렇게 갭이 큰 것은 여러 가지 원인이 있겠지만 건강측정평가연구소(IHME)가 최근 공개한 장애보정수명 조사 결과(2011년 기준)는 시사점이 크다. 이에 따르면 한국인의 건강한 삶을 갉아먹는 주범은 잘못된 식습관, 술 · 담배, 스트레스였다. 한국전쟁 이후 압축 경제성장과 민주화운동으로 빠르고 숨 가쁘게 살아온 덕(?)이다.

이와 같은 것을 개선하여 삶의 질을 높여야 할 텐데……. 어떻게 하면 건강수명을 늘릴 수 있을까를 생각해본다. 의학적으로는 식생활의 개선, 적절한 운동 등 많은 해야 할 일이 있을 것이다. 이와 같은 것들은 전문가에게 맡기고 나는 생활의 지혜 차원에서 필요한 것을 정리해 보려고 한다. 적극적인 생활태도와 탐구생활이 필요하지 않을까 하는 생각을 감히 제안한다. 이를 위한 실천방안은 바로 '평생교육'과 '감사하는 마음'이 아닐까 생각한다.

## 이제는 '평생교육' 의 시대

최근에 정규교육 외에 국민교육과 사회정화를 위해 매스컴이나 오프라인 강연을 통해 진행되는 프로그램들이 많이 생겨나면서 각 분야의 사람들이 많은 노력을 기울이고 있다. 이제 정치인이 된 안철수 의원과 시골의사 박경철은 둘의 토크쇼를 통해서 젊은이들의 꿈을 키운 바 있었다. 매스컴(지상파, 종편, 케이블)에서도 특별히 이런 프로그램에 대해 관심을 기울이고 있는 것은 시청자들이 이런 교육 프로그램에 흥미를 느끼고 있고 필요로 하기 때문일 것이다. 이런 프로그램들은 평생교육의 일환으로 진행되고 있다고 보면 될 것 같다.

20세기 후반 이후 급속하게 이루어지고 있는 사회변화 속에서 사회생활이 정말로 피곤해지고 있다. 삶의 질을 높이기 위한 수단뿐만이 아니고 먹고 살기 위한 교육의 필요성이 대두된다. 인문학, 역사, 어학 선생님에 비해 경영, 과학, 의학 등 기술의 발전에 따라 학문의 범위와 깊이가 달라지는 연구원들이나 교수님들의 고충은 이루 말할 수 없을 것 같다.

노령화사회로 접어들면서 노년에 이르러서도 뭔가 새로운 활동을 시도해볼 수 있는 가능성을 열어주는 것이 평생교육의 필요성이라고 할 수 있다. 더불어 교육과 보건은 인류의 삶을 향상시키는 핵심이라 할 수 있다.

최근의 교육 프로그램들은 세상 사는 지혜를 들려주고 재미있게 살아가는 방법을 가르쳐준다. 꼭 교육이 아니더라도 영화감상, 전시회, 음악회 등 문화생활을 통한 평생교육도 필요하다. 각 분야 전문가나 멘토들의 삶의 지혜가 집약된 작품을 감상하고 강연을 들으면서 안목을 높이면 삶의 질을 높이는데 많은 도움이 될 것이라고 생각한다.

또한 요즘에는 동사무소나 구민회관 등에 가면 참여할 수 있는 각종 프로그램들이 많이 있다. 어학공부를 비롯해서 노래, 기타, 미술, 서예, 댄스, 탁구 등 없는 게 없을 정도로 잘 짜여 있다. 그래서 조금만 부지런하면 나이가 들어서도 외롭다고 느낄 시간이 없을 것 같다. 물론 이런 복지사회로 가는 길목에서의 부담 문제로 젊은 사람들의 불만이 나오고 있기는 하다.

저명인사들이 멘토로 나서서 지식과 경험을 바탕으로 진솔한 이야기를 들려주면서 좋은 반응을 얻고 있으며, 보통 사람들이 자신이 살아온 파란만장한 이야기를 들려주는 강연 100도C 등도 감동적이다. 세상을 살아가는데 필요한 지혜를 줄 뿐만 아니라 삶의 질을 높여주는 수단을 제공하고 있다. 이런 프로그램들이 많아짐으로써 우리 국민들의 수준이 조금씩 성숙해지는 게 아닌가 생각된다.

## 열정과 즐거움, '열정樂서' 를 하다

이와 같은 프로그램과 맥락을 같이하는 것이 '열정樂서'라 생각되어 소개한다. S그룹에서 이 땅의 젊은이들과 새로운 것을 추구하는 사람들과 소통하는 프로그램을 운영 중이다.

열정락서는 분야별 저명인사들이 청중과 직접 만나 열정을 나누는 열린 개념의 토크 콘서트이다. 경제, 경영, 예술, 연예, 스포츠에 이르기까지 우리 사회 각 분야를 대표하는 멘토들, 그리고 S그룹 임원들의 이야기와 즐거운 공연이 함께 어우러지는 소통의 장이다. 2011년 시작으로 지난 11월 20일(잠실실내체육관) 강연까지 17개 도시에서 총 64회에 걸쳐 138명의 멘토들이 21만여 명의 젊은이들에게 열정과 희망에 대한 이야기를 전했다. 제일 많이 출연했던 멘토는 서울대 김난도 교수로 7회였다.

열정락서란 이름은 '열정'과 '즐거움' 두 가지를 동시에 잡자라는 뜻에서 붙였다고 한다. 물질적인 지원도 중요하겠지만 젊은이들이 인생과 진로를 고민하며 느끼는 목마름을 해소해보자는 근본취지를 살려서 강연내용이 구성되고 있다. 출연하는 강사들은 S그룹의 최고경영자는 물론 사회적으로 성공한 것으로 회자되는 유명인들이 과거에 겪은 실패와 어려움을 극복하는 이야기를 들려주면서 젊은이들이 힘을 낼 수 있게 하고 있다.

열정락서는 콘텐츠 기획부터 장소 대관까지 준비 작업에 총 70명이 투입된다. 강연자들은 열정락서 기획팀과 수시로 상의해가며 이야기의 메시지를 잡아간다. 변화를 주기 위해 시즌별로 색다른 슬로건을 정해 전국 각지를 찾아다니면서 멋진 소통의 장을 완성해나간다. S그룹의 이러한 노력은 결국 우리 국민들의 삶의 질을 향상시키기 위해 노력하는 좋은 사례라고 생각된다.

사전 신청 절차를 밟아 강연 당일 현장 참석도 가능하며, 강연자의 강연 영상을 15분 내외로 요약한 다시 보기 영상을 인터넷, 유 튜브에 서비스하고 있다.

나는 열정락서의 열렬한 팬이다. 그런데 내 주위 분들이 열정락서를 알고 있거나 즐겨 보고 계신 분들은 의외로 많지 않은 것 같다. 그래서 저는 여러분들께서 이 프로그램 보시기를 강력하게 추천 드린다.

내가 다니는 회사에서는 매월 2회 '유익한 정보소개'라는 제목으로 직원들에게 유익하고 즐거운 각종 볼거리(동영상, 음악, 좋은 글)들을 공유해오고 있다. 벌써 40회 째를 지났으니 꽤나 부지런하게 진행해온 것 같다. 계속해서 운영할 생각이며 그 유익한 정보 중에는 열정락서의 동영상들을 많이 보려고 한다. 열정락서를 보면서 참으로 좋은 프로그

삼성전자 CE부문장 윤부근 사장

램이구나 생각된다.

삼성을 자랑스럽게 생각하는 사람들은 많은 것 같은데 사랑스런 기업으로 생각하는 사람은 드물다. 열정락서 같은 프로그램을 운영함으로써 사랑스런, 존경 받는 기업이 되는 기틀이 될 듯하다. 이렇게 해서 '삼성답다.'라는 말을 넘어 '대한민국의 대표기업답다.'라는 평가를 받기를 기대한다.

'하루라도 책을 읽지 않으면 입안에 가시가 돋는다.'라고 말씀하신 안중근 의사가 생각난다. 젊은 군인으로 조국의 독립과 민족의 계몽을 위한 고귀한 이 한마디가 귀를 울린다. 일본인들은 훌륭한 안 의사를 범죄자란다. 전쟁에서 적장을 베어버리는 것이 어떻게 범죄 행위인가? 웃기는 말 그만 두거라.

## 삶의 질을 높이기 위해 진행되고 있는 두 가지 활동을 소개한다.

* BOTTOM-UP 식의 활동사례

내가 존경하는 선배인 손욱 행복나눔125추진위원회 위원장은 감사운동을 전개하고 있다. 감사는 나 자신부터 감사하는 사람으로 변화시켜야 한다고 주장한다. 그것이 바로 손욱 위원장이 추진하고 있는 '행복나눔125'의 중심이 된다. 1주 1선(1週 1善 : 한주에 한 가지 이상 착한 일 하기) 1월 2독 (1月 2讀 : 한 달에 두 권 이상 좋은 책 읽고 토론하기) 1일 5감(1日 5感 : 하루에 다섯 가지 이상 감사한 것을 일기로 쓰기)이다.

행복나눔125의 궁극적인 목표는 한류4.0이라고 한다. 한류1.0은 홍익인간의 단군시대이고 한류2.0은 생생지락(생활과 일의 즐거움)의 세종시대, 한류3.0은 오늘의 한국이고, 한류4.0은 신바람 나는 행복한 나라를 만드는 것이라고 한다.

삶의 질을 높이는 가장 중요한 것이 바로 행복한 삶이 아닌가 생각된다. 이러한 행복한 삶을 부르는 가장 강력한 기본요소는 감사하는 마음이다. 이미 우리 민족은 행복나눔125를 실천할 수 있는 마음가짐을 가지고 있다. 대표적인 게 홍익인간, 세속오계, 생생지락, 새마을운동이다. 이처럼 훌륭한 정신문화를 다시 복원해서 발전시켜야만 한류4.0시대를 열 수 있다고 주장한다.

손욱 위원장의 행복나눔125 운동은 포스코ICT와 포항시에서 채택되어 활동을 전개하고 있다. 삶의 질을 높이고 업무효율을 높이는 다양한 노력을 하면서 좋은 결과를 얻고 있다고 한다. 이 감사운동이 전국적으로 확산되어서 국민들이 좀 더 행복해지고 삶의 질이 높아지게 되길 바란다.

* TOP-DOWN 식의 활동사례

삶의 질을 향상하기 위해 노력하고 있는 친구 김성호(전 법무부장관)는 재단법인 행복세상에서 인간이 행복을 마음껏 추구하고 누리는 세상을 만들기 위해 법치주의 확립, 경제적 번영, 국민의 안전이 확실하게 보장되어야 한다는 것을 설립취지로 활동하고 있다. 이를 위해 법과 원칙이 존중되는 나라, 기업하기 좋은 나라, 모든 국민이 안정된 삶을 누리고 약자가 보호받는 나라를 만드는 데 노력하고 있다. 이와 같은 행복한 세상을 만드는데 필요한 정책을 마련하여 당국에 건의하고, 관련연구를 수행하거나 장려하고, 국제협력과 더불어 범정부적이고 범국민적인 캠페인을 수행함으로써, 행복세상을 앞당기고자 노력하고 있다. 최근에 다문화가정을 지원하기 위해 조영남 콘서트를 여는 등 활발한 활동을 추진하고 있다.

비록 사회가 삭막하다고는 하지만 삶의 질을 향상시켜 건강하고 행복한 삶을 누릴 수 있도록 하기 위한 활동들이 많이 있고 어려움을 타개하기 위해 많은 분들과 단체들이 노력하고 계심을 느끼게 되면서 마음이 뿌듯해지고 든든해진다.

이런 분들의 노력이 뭉쳐져서 삶의 질이 조금씩이나마 향상되고 있다는 생각을 하니 고마운 마음이 든다.

6075세대는 신 중년기란다. 신 중년기는 여유롭고 활기찬 인생의 제2 전성기로 대접 받는다. 스스로 꼰대(노인)라고 생각하거나 노인티를 내지 말아야 한다. 노후를 자식들에게 의지할 생각을 버리고 나 자신의 역할을 찾아보아야 한다. 아침을 꼭 먹고 운동, 독서, 사회활동 참여율을 높여 기존에 알고 있는 것에 의존하지 말고 메모지를 항상 지참하고 젊은이들과 어울려야 한다. 60세 이상의 신설 법인 창업은 10명 중 1명이란다. 신 중년의 70%가 돈은 적어도 일해야겠다고 한다. 독일과 일본에서는 줄어드는 노동인구를 신 중년세대를 대안으로 극복하려 한단다.

나도 작은 것부터라도 시작해서 신바람 나는 가정, 기업, 사회, 국가를 만드는데 일조를 해야겠다는 다짐을 해보게 된다.

## 12지신의 지혜

여러분 금년 계사癸巳년 안녕들 하셨습니까? 행복하셨습니까? 요즈음 어수선한 일이 많은 가운데 정신없이 보내고 있는 연말입니다. "가는 년 아쉬워 말고 새로이 올 년을 반가이 맞이하자."라는 우스갯소리가 있다. 오늘은 두 년을 보내고 맞이하는 길목에서 선조들의 지혜와 동양사상의 근간을 이루고 생활에서 늘 가까이 하는 12지신에 대해 알아보려고 한다. 우리 선조들은 다양한 삶의 지혜를 열두 동물에 담아 문헌과 이야기를 통해 생활에 응용하곤 하였다. 십이지는 운수나 사주, 궁합 등을 보는데 활용되고, 묘 둘레석으로 배치되기도 했다. 십이지에 삶과 죽음, 나아가 삼라만상의 이치가 담겨있다면 지나친 비약일지 모르지만 그것이 쉽게 구하기 힘든 지혜의 보고인 것만은 확실한 것 같다. 십이지신은 땅을 지키는 열두 가지 짐승들의 신으로 흔히 우리의 띠에 해당하는 신들이다. 쥐 · 소 · 호랑이 · 토끼 · 용 · 뱀 · 말 · 양 · 원숭이 · 닭 · 개 · 돼지가 십이지신인데 얼굴은 짐승이지만 사람 몸을 가지고 있으며 서로 다른 무기를 들고 열두 방위를 지킨다고 한다. 이러한 십이지신은 도교의 방위신앙方位信仰의 영향이 큰 것으로 여겨진다. 특히 우리나라에서는 약사신앙藥師信仰과도 밀접한 관련이 있는데, 이 십이지신이 『약사경』을 외는 불교인을 지키는 신장神將들로 알려져 있다. 선덕여왕 때 이미 밀본법사가 『약사경藥師經』을 읽어 병을 고쳤다는 기록이 나온다. 각 나라에 따라 십이지의 동물 배치가 조금씩 다르다. 베트남에서는 두 번째 동물이 물소이다. 베트남과 타이에서 네 번째 동물은 토끼가 아니라 고양이다. 일본에서는 열두 번째 동물로 돼지 대신 멧돼지를, 타이에서는 코끼리를 꼽는다. 동양의 12지신은 우리 인간과 가까운 짐승 12가지이고 서양의 12진법은 별자리에서 나온 것인데 물병, 물고기 · 양 · 황소 · 쌍둥이 · 게 · 사자 · 처녀 · 천칭 · 전갈 · 사수 · 염소 이렇게 12가지이다. 12간지로 띠별 점을 치든가 유대인들이 12궁지 점성술로 별점을 치는 것은 아주 흡사하다.

60간지는 하늘을 구성하는 10천간(갑 · 을 · 병 · 정 · 무 · 기 · 경 · 신 · 임 · 계)과 대지를 구성하는 12지지(자 · 축 · 인 · 묘 · 진 · 사 · 오 · 미 · 신 · 유 · 술 · 해)를 말한다. 10천간의 갑과 12지지의 자를 합쳐 '갑자'로 두고 10천간과 12지지가 하나씩 이동 대입되는 걸 60간지라 하는데 고대 동양의 전통적인 역법이다. 순서대로 가자면 갑자년, 을축년, 병인년 이런 식이다. 삼천갑자(3,000×60년) 동박삭은 십팔 만년을 살았으니 옥황상제가 노할 만도 하겠다. 12지지는 하나의 중심에서 12방향을 의미하는데 정북을 '자'로 정동은 '묘', 정남은 '오', 정서는 '유'에 해당하고, 각 사방 사이에 2개의 지지가 들어가게 된다. 시간에 적용된 지지는 이런 방향을 맞추어 적용된다. 현재 우리가 사용하는 시계는 하루 24시간에 12시간 단위로 2회전을 사용하고 있는데 12지지를 24시간에 적용시키다 보면, 2시간당 하나의 시간이 대입된다. 이를 통해 밤 11시(23시)에서 다음날 새벽 1시(01시)를 '자시子時'로 두어 순서대로 이동한다. 아직도 우리 생활 속에 이런 12지지의 시간법을 사용했던 흔적이 남아있는데 그게 바로 밤 12시(24시)를 말하는 '자정子正'과 오전 12시(12시)를 말하는 '정오正午'이다. 자정의 뜻은 '정 자시'라는 의미로 자시의 중간을 말하고, 정오 역시 '정 오시'이다. 띠 동물에 대한 의미와 상징도 전승되는 동안 우리 민족에게 어떤 특수한 의미로 자리 잡게 되었고 띠 동물을 통해서 한해의 운수, 아이들의 성격과 운명, 궁합을 통한 결혼생활을 예측하고자 했다. 양의 순박한 성격을 따라 양띠도 온화해서 이 해에는 며느리가 딸을 낳아도 구박을 받지 않았고, 원숭이띠는 원숭이처럼 재주가 많다느니 하는 식의 속설이 전해오고 있다. 쥐띠는 평생 먹고 살 걱정이 없다느니, 닭띠는 마치 닭이 무엇을 파헤쳐야 먹을 것이 나타나듯이 돈을 써야 돈을 번다느니, 소띠가 5, 6월 오전 중에 태어나면 이때에 소가 가장 일을 많이 하듯이 그 사람도 평생 일복이 터졌다는 등의 속설이 있다.

## 12지 띠 동물과 인간생활의 관련성을 살펴보자.

### 쥐子

쥐는 '영리하다', '재빠르다', '머리가 좋다'라는 일반적인 관념 외에 어떤 재앙이나 농사의 풍흉, 뱃길의 사고를 예견해 주는 영물로 인식되기도 했으며, 이와는 상반되게 농작물에 피해를 입히는 동물로도 인식되고 있다. 쥐가 가르쳐주는 바는 자기의 현 위치, 현 상황을 재빨리 파악하고 생존차원에서 위기의식을 공유하여 빠르게 대처하여 돌파해 나가야한다는 것이다.

## 소丑

농경사회인 우리 민족에게 소는 농사일을 돕는 일하는 짐승으로 부와 재산, 힘을 상징한다. "꿈에 황소가 자기 집으로 들어오면 부자가 된다."라는 속설이나 "소의 형국에 묏자리를 쓰면 자손이 부자가 된다."는 풍수지리설 등을 통해서 볼 때 분명 소는 풍요를 가져다주는 부의 상징으로 인식되었다. 문제의 참 원인을 파악해나가는 과정을 '우보천리牛步千里'라고 했다. 느린 소가 묵묵히 천리를 가듯 늦더라도 잔꾀 부리지 말고 진득하게 접근해야 한다는 뜻이다.

## 호랑이寅

호랑이는 동물의 왕으로서 용기와 결단력의 상징이다. 새끼를 절벽에서 떨어뜨리는데 강한 새끼만을 키우겠다는 과감한 결단의 행동이다. 그렇지만 호랑이는 비록 토끼 한 마리를 잡을 때에도 최선을 다 한다고 한다. 중요한 사안이 발생할 경우 결단은 영향력이 클수록 힘들어진다. 위기를 불러일으킨 문제와 그 원인을 포착했다면 그것에 정면으로 도전해야 한다.

## 토끼卯

달의 차가움이 음陰과의 관계 등으로 연상되어 토끼는 여성 원리에 속하는 동물이다. 민화에서 계수나무 아래에서 방아 찧는 토끼를 볼 수 있는데 이는 부부애를 은유한 것이라 한다. 토끼는 약하기 때문에 언제든지 도망갈 준비를 하고 있다. 토끼는 눈이 커서 밤에도 잘 보이지만 절대 한눈을 팔지 않는다. 토끼의 조심성은 잠재문제 분석의 중요성을 일깨워준다. 과거에 바탕 한 문제뿐만 아니라 미래에 발생할 수 있는 잠재문제까지도 파악해야 한다는 것이다.

### 용辰

용은 상상의 동물로 매와 호랑이 등 9가지 동물 형상을 복합한 비늘 있는 동물 중의 우두머리이다. 신화 속에선 물의 신인 용과의 혼인을 통해 국조國祖, 씨족조氏族祖 등 귀인의 어버이로 나타난다. 이무기는 여의주를 손에 넣어야 용이 되어 승천할 수 있다고 하는데 여의주는 변화, 도전, 창조라는 용의 상징을 이루는 매개체다. 성공을 위해서는 여의주, 곧 핵심역량을 가지고 있어야 한다는 말이다.

### 뱀巳

뱀은 난생, 난태생으로 한 번에 100여 마리씩 부화하기 때문에 다산의 의미를 가진다. 뱀은 변온동물이어서 스스로 체온조절을 하지 못하고 척추동물 중 유일하게 탈피를 한다. 허물을 벗지 못하면 비늘이 단단하게 굳어버리고 피부가 찢어져 결국 뱀이 죽게 된다고 한다. 낡은 생각, 옛 것에 집착하여 새로운 성장 동력을 가로막으면 무너지게 된다. 끊임없이 허물을 벗겨내어 혁신을 해야만 끈질긴 기업의 생명력을 유지할 수 있다는 말이다.

### 말午

말은 십이지의 일곱 번째 동물로서 시각으로는 오전 11시에서 오후 1시, 방위로는 남쪽, 달로는 음력 오월에 해당한다. 말의 이미지는 박력과 생동감으로 수렴된다. 외모로 보아 말은 싱싱한 생동감, 뛰어난 순발력, 탄력 있는 근육, 미끈하고 탄탄한 체형, 기름진 모발, 각질의 말굽과 거친 숨소리를 가지고 있어 강인한 인상을 준다.

『사기』의 기록으로 기원전 위만조선에도 말의 수가 상당했고, 기마騎馬의 습속, 말이 전투에 활용되었음을 알 수 있다. 또한 『삼국지』「동이전」의 기록으로 보면 부여에는 명마와 과하마果下馬라는 두 종류의 말이 있었고, 부여에서는 말을 재산으로 간주했고, 동옥저에는 말의 수가 적었다는 사실, 삼한지역은 모두 우마가 있었으나 마한은 말을 타지 못한 반면에 변한, 진한은 말을 탔다는 사실 등을 알 수 있다.

청동으로 만든 말 모양 부적이 영천에서 출토되었는데, 크기가 3cm로 휴대할 수 있도록 만들어졌다. 이는 먼 옛날부터 말을 액막이와 행운을 부르는 상징으로 썼음을 알 수 있다. 현재 날개 달린 말 그림이 그려져 있는 부적을 퇴액진복부退厄進福符, 신마부神馬符로 불리고 있다는 사실에서도 위의 상징적 의미를 읽을 수 있다.

구비설화나 문헌설화에서 말은 신성한 동물, 하늘의 사신, 중요 인물의 탄생을 알리고 알아 볼 줄 아는 영물 또는 신모神母이며, 미래에 대한 예언자적 구실을 한다. 특히 『삼국사기』, 『삼국유사』의 기록에 의하면 말은 모두 신령스러운 동물로 되어 있다. 금와왕, 혁거세, 주몽 등 국조國祖가 태어날 때 서상瑞祥을 나타내 주는 것이라든지, 백제가 망할 때 말이 나타나 흉조를 예시해 준다든지 등 모두 신이한 존재로 등장하고 있다. 혁거세 신화와 천마도의 백마는 최고 지위의 거주居住인 조상신이 타는 말로 인식되었고, 후대로 오면서 고대소설, 시조, 민요에서 신랑 · 소년 · 애인 · 선구자 · 장수 등이 타고 오는 동물이 되었다.

세시 풍속에서는 말을 육축六畜의 하나로 인식하고, 정월 상오일, 시월 말일에 특별히 말을 위해 제물을 차리고 고사를 지냈다. 오늘날까지 일부 지역의 동제당에 마상馬像이나, 마도馬圖가 마을 수호신으로, 혹은 동신이 타고 다니는 승용 동물로 모셔지고 있다.

민속놀이에서도 말이 자주 등장하는데. 격구, 마상제, 윷놀이 등이 그 예이다. 일상생활에서의 말의 이용은 단순히 실용 혹은 수렵 및 간단한 경제적 단계에서 정복과 지배를 원활히 하기 위해 정치적 군사적 이용 단계로 발전하였다.

한국의 역사를 통해 말은 농경, 수공업의 원료, 군마, 교통통신의 역마 등으로 다양하게 이용되었다. 근자에는 제주도 일부와 민속촌 관광지와 경마장을 제외하고는 말을 거의 찾아 볼 수 없다. 실제 말의 모습을 찾아 볼 수는 없지만 역사적으로 중층 되면서 형성되어 온 말의 이미지와 관념은 또 다른 형태, 즉 기업 상표의 상징으로 오늘날까지 전해지고 있다.

개나 소에 비해 늦게 길들여진 말은 인도 유럽 민족의 한 종족에 의해 처음 이용되었고, 그 후 기후 · 음식 · 사람의 영향을 받아 현재의 모습을 갖게 되었다. 사람은 농사, 사냥, 전쟁, 마상 창 시합과 같은 오락에 말을 이용하면서 말과 매우 독특한 동반관계를 유지해왔다.

인류문명 초기에 사람은 말을 소유하는데 온 힘을 기울였고, 말의 털 색깔로 점을 쳤으며, 말의 머리를 매달아놓고 그것에 초자연적 힘을 부여하기도 했다. 그 당시 아름답고 훈련이 잘된 말은 지위의 상징이었다.

석기시대 이후 말은 예술에서 특별한 지위를 차지하고 있는데, 어느 시대 어느 곳에서나 예술가들에게 영감을 주었다. 말은 식용으로도 이용(유럽 일부지역)되며, 아교 · 신발 · 장식품의 재료로도 쓰인다. 또 현재 버섯재배의 토대가 되고 있는 갈기는 연료로도 사용되었다.

얼마 전 '싸이의 말춤'이 전 세계를 들썩이게 하였다. 이 말춤이 크게 성공한 배경에는 그동안 인간과 밀접한 관계였다가 자동차의 등장으로 다소 소원했던 말의 친밀도를 다시 찾게 되었다는 것이라고 어느 평론가는 말했다.

말은 대개의 초식동물과 같이 군집성과 사회성, 귀소성이 있다. 또한 공포성이 있어 '예민한 감각'과 '스피드'가 발달하여 '투쟁'보다는 '도주'가 자기 방어의 유력한 수단으로 되어 있다. 말이 뒷다리를 들어서 차는 동작은 공격이 아니라 적에 대한 최소한의 방어수단이라고 할 수 있다.

이렇게 말이 놀라고 겁을 내는 원인으로는 여러 가지가 있으나, 주로 처음 보는 물건, 움직이는 것, 냄새가 강한 것에 겁을 내며 특히 큰 소리나 듣지 못했던 소리 등에 놀라기 쉽다. 일반적으로 암말이 수말보다 놀라기 쉽고 거세마는 수말보다 온순하다.

말띠는 행동이 빠르고 정확하다. 성격이 불같이 급하기도 하지만 성실하게 노력하여 원하는 꿈을 이루고 또 잘 지켜간다. 세상의 많은 것을 얻고자 하는 욕심도 있고 다른 사람들의 인정을 받으면서 기뻐하지만 자기가 얻은 것을 잘 베풀기도 하여 사람들의 칭찬을 받는다. 하지만 너무 빠른 판단으로 실패를 겪기도 하고 주위 사람들에게 상처를 주기도 한다. 타고난 성품대로 부지런히 일하고 남에게 베풀면서 살아간다면 복되고 의로운 사람이 될 것이다.

### 양未

양 하면 곧 평화를 연상하듯 성격이 순박하고 온화하여 좀처럼 싸우는 일이 없다. 또한 양띠는 너무 정직하고 정의로워서 부정을 못보고, 너무 맑아서 부자가 되지 못한다고도 한다. 양 떼를 잘 움직이려면 전체 규율을 지키면서 다른 양을 배려해야 한다. 상호존중과 희생정신을 바탕으로 한 원활한 커뮤니케이션 능력이 없이는 격변하는 시기를 잘 헤쳐 나갈 수가 없다.

### 원숭이申

원숭이는 동물 가운데 가장 영리하고 민첩하며 창의적인 동물이며 지혜의 상징이자 계속해서 새로운 것에 도전하는 모험정신을 의미하기도 한다. 그러나 너무 사람을 많이 닮은 모습, 간사스러운 흉내 등으로 오히려 '재수 없는 동물'로 기피한다. 흉내의 대명사로 인간은 성장하면서 모방하며 지식을 익힌다. 이후 창의와 도전정신을 갖추어야 큰 성공을 할 수 있을 것이다.

### 닭酉

새벽을 알리는 우렁찬 닭의 울음소리에 밤에 다니던 귀신이나 요괴들이 사라진다고 믿고 있다. 닭은 흔히 다섯 가지 덕을 지녔다고 칭송

된다. 즉 닭의 벼슬은 문文을, 발톱은 무武를 나타내며 적을 앞에 두고 용감히 싸우는 것은 용勇이며, 먹이를 보고 꼭꼭거려 무리를 부르는 것은 인仁, 때 맞춰 울어서 새벽을 알림은 신信이라 했다. 닭 울음으로 하루가 시작되듯 기업의 일에도 체계가 있어야 한다. 정해진 시각에 닭이 울듯 혁신도 룰과 제도로 정착되어야 힘이 이어진다.

### 개戌

인간은 개를 버려도 개는 주인을 배신하지 않고 은혜를 갚으려고 목숨까지 바친다. 개는 인간과 함께 오랜 생활을 해오는 동안 인간과 거의 동일시 되어왔다. 그래서 자기 자식을 가리켜 "우리 강아지!"라고 부르는 애칭이 생겨났는지도 모른다. 신뢰는 세상을 살아가는데 기본이다. 신의로써 생활하는 모범을 보이도록 해야 한다.

### 돼지亥

우리나라는 예로부터 집집마다 돼지를 길렀고 돼지꿈을 꾸면 재수 좋은 꿈을 꾸었다고 기뻐했다. 상인들은 돼지가 새끼들을 품에 안고 젖을 빨리는 사진을 걸어 놓고 장사가 잘되기를 빌기도 했다. 상점에서도 새해 첫 돼지날에 문을 열면 한 해 동안 장사가 잘 된다고 믿었다. 죽어서도 돼지 혈穴에 묘를 쓰면 부자가 된다고 믿어왔다. 이처럼 한국 사람들은 돼지를 부와 복의 상징으로, 돼지꿈을 재운과 행운의 상징으로 여겨 왔다. 많은 사람들이 돼지해를 맞으면서 무언가 행운과 재운이 따를 것으로 믿는 것도 이 때문이다.

### 띠와 관련된 흥미로운 이야기

#### - 12지신의 귀환, 영화가 현실이 되다

청룽成龍 감독 · 주연의 영화 〈차이니즈 조디악(十二生肖)〉이 현실이 됐다. 12지신 중 쥐와 토끼 머리 청동상이 중국 정부로 돌아왔다. 올랑드 프랑스 대통령과 함께 방중한 프랑수아 앙리 피노 프렝탕레두트 그룹(PPR) 회장이 소장 중인 이 유물을 9~10월경 중국 정부에 기증하기로 약속했기 때문이다. 그동안 프랑스 정부는 청동상 반환 요구를 줄곧 사유재산 문제라며 완강히 거부해왔다. 그런데 이번에 태도를 바꾼 것은 경제적인 계산에서 비롯되었다. 이번 올랑드 대통령의 방중 기간인 4월25일 중국 항공기재집단은 프랑스에 본사를 둔 에어버스와 항공기 60대(A320 42대와 A330 18대)에 관한 구매의향서를 체결했다. 공식 판매가만 80억 달러(약 8조7000억 원)에 달하는 거대 비즈니스였다. 계약은 시진핑習近平 중국 국가주석과 올랑드 대통령이 직접 지켜보는 가운데 이뤄졌다.

12지신 청동상은 위안밍위안圓明園 내 해안당 시계분수에 장식됐던 유물이다. 위안밍위안은 1707년 청나라 4대 황제 강희제가 자금성에서 서북쪽으로 10여㎞ 떨어진 곳에 조성한 별장으로 넷째 아들 윤진을 위해 지었다. 훗날 윤진이 5대 황제 옹정제로 즉위하면서 황실 정원으로 탈바꿈했다. 위안밍위안은 중국 강남지방의 이름난 정원과 역대 왕조의 특색 있는 정원을 모방해 설계됐다. 규모가 가장 큰 위안밍에는 호수 위에 9개의 인공 섬을 만들고 황궁 기능의 건축물도 세웠다. 이런 위안밍위안을 중국인들은 '만개 정원 중의 최고 정원(萬園之園)'이라 불렀고, 이허위안颐和园과 더불어 중국 정원 예술의 최고봉으로 꼽았다.

- 12지신 띠 구분 기준은 음력일까? 양력일까?

새해에 태어나는 아이들의 궁금한 점은 바로 그 아이의 띠가 12지신 중에서 무슨 띠일까? 이다. 우리나라는 음력과 양력을 같이 사용하고 있고 24절기도 사용하고 있어서 더 헷갈리는 것 같다. 그런데 대부분의 사람들은 12지신인 띠라는 것이 전통적으로 전해 내려져 오는 문화이기 때문에 음력이라고 알고 있는 경우가 많다. 하지만 띠 구분은 음력도 아니고 양력도 아니다. 결론부터 이야기하면 바로 24절기 중 하나인 입춘立春이 기준이다. 입춘은 24절기 중 첫째 절기로서 보통의 경우 양력 2월4일경에 해당된다. 따라서 입춘 전에 태어난 아이는 전 해의 띠이고, 입춘 이후 태어난 아이는 이번 해의 띠가 맞다.

- 십이지의 띠 동물 순서가 정해진 사연

옛날 하늘의 대왕이 동물들에게 지위를 주고자 했다. 선발 기준을 어떻게 할까 고민하다가 정월 초하루에 제일 먼저 천상의 문에 도달한 짐승으로부터 그 지위를 주겠다고 했다. 소식을 들은 짐승들은 기뻐하며 저마다 빨리 도착하기 위해 훈련했다. 그 중에서도 소가 가장 열심히 수련을 했는데, 각 동물들의 이런 행위를 지켜보던 쥐가 도저히 자기로서는 먼저 도달함이 불가능하다고 생각하여 그 중 제일 열심인 소 등에 붙어 있었다. 정월 초하루에 동물들이 앞 다투어 달려왔는데 소가 가장 부지런하여 제일 먼저 도착하였으나, 도착한 바로 그 순간 소 등에 붙어 있던 쥐가 폴짝 뛰어내리면서 가장 먼저 문을 통과하였다.

소는 분했지만 두 번째가 될 수밖에 없었다.

- "천고마비天高馬肥"는 중국인에겐 공포의 계절이었다.

가을을 흔히 '천고마비의 계절'이라고 하지만 중국에서는 잘 안 쓰는 공포의 단어라고 한다. 중국은 넓은 땅덩어리에 유구한 역사, 찬란한 문화를 가지고 있어 부러울 것이 없는 나라이다. 그래서 중국 사람들은 세계에서 가장 축복 받은 민족이라는 생각을 하고 있다. 그러나 실상은 중국만큼 전쟁이 많았던 나라도 드물다. 역사의 3분의 1은 전쟁의 와중에 있었다. 황제가 오랑캐에게 잡혀가는 수모도 겪었고, 오랑캐에게 나라를 내준 적도 두 번이나 있었다. 곧 몽고족의 원(元 1280~1368)나라와 만주족의 청(淸 1644~1911)이다.

그러나 역사상 중국을 가장 괴롭혔던 이민족은 흉노였다. 몽고족 또는 터키족의 일파라고도 하는데 은나라 초부터 서진 초기까지 근 2천년 동안 중국의 북방에서 양이나 말을 치고 살았던 유목민족이었다. 기동력 때문에 어찌나 빠르고 사나운지 중국도 손을 쓸 수 없었다. 드넓은 초원에서 유일한 교통수단은 말이었다. 따라서 그들은 남녀노소를 막론하고 승마에 능했다. 바람처럼 쳐들어와 살상과 노략질을 한 뒤 바람처럼 사라져버리는 데는 두 손 들 수밖에 없었다.

그들이 방목하는 기간은 봄부터 초가을까지이다. 그 뒤 근 반년간은 엄동설한이 계속된다. 그러니 충분한 식량을 비축해두지 않으면 안 된다. 반면 남쪽의 중국은 가을 이후가 오히려 풍요의 계절이라 그들은 늘 중국을 호시탐탐 노렸다. 가을이 되어 하늘은 높고 서늘한 바람이 부는 때가 되면 그동안 말은 토실토실 살이 오른다. 이제 그들은 건장한 말을 타고 싸늘한 삭풍을 등 뒤로 한 채 따뜻한 남쪽나라로 몰아닥친다. 북방의 중국인들에겐 가을은 공포의 계절이었다.

- 말띠 해… 출산율 하락 우려

2014년은 유아용품 업계와 산부인과 의사들이 두려워하는 말띠 해다. 색깔로는 청靑말띠 해. 말띠 해엔 출산 자체를 꺼리는 부부들이 늘어난다. '말띠 여자는 팔자가 세다.'는 속설 탓에 혹여 딸을 낳을까 걱정하는 것이다. 과거에도 말띠 해엔 어김없이 출산율이 떨어졌다. 대신 남아 출생률은 급등했다. 이 말띠 속설은 어디서 유래한 것일까? 결론부터 말하면, 말띠 속설은 일본에서 수입된 미신이다. 우리나라 민속엔 '백말 띠' '청말 띠'를 따지며 금기시했다는 어떤 흔적도 없다고 한다. 다른 것을 볼 필요도 없이 조선시대 왕비(정현 · 인열 · 인선 · 명성왕후) 중에 말띠 여성이 적잖았다. 만약 조선시대에 말띠 여성에 대한 부정적인 속설이 존재했다면, 조선 왕실이 '말띠 왕비'를 간택하지는 않았을 것이다. 역학자들도 말띠라는 것만으로 여자의 운명을 판단할 근거는 어디에도 없다고 말한다. 명리학의 발원지인 중국에서도 말띠에 대한 거부감이 없다.

- 말띠 금기의 기원은 일본에서 생겨난 '적赤말띠의 저주' 라는 학설이 유력하다.

적말 띠의 저주란 붉은 말을 상징하는 병오년에 태어난 여성을 불운의 상징으로 간주해 차별하는 일본사회 저변의 속설을 말한다. 적말 띠의 저주와 관련하여 에도 시대의 오시치(1666년 병오년생) 이야기에서 비롯된다. 일본의 적말 띠 속설이 일제강점기에 한국에 전파된 것이라고 분석된다. 한국과 일본에서는 말띠가 배척당하지만 중화권 특히 대만과 싱가포르에서는 호랑이띠를 꺼리는 경향 때문에 사회문제가 되기도 한다. '용띠 선호'는 긍정적 자기실현의 사례로 이야기된다. 미국 조지메이슨대학 연구팀이 미국 이민사회를 분석한 결과, 용띠 해에 태어난 동북아시아계 아이들의 학업 및 성취 수준이 높게 나타났다. 부모들이 높은 기대로 투자를 많이 한 것이 용띠 자녀들에게 영향을 미쳤다는 게 연구진의 결론이다.

- 말과 관련된 넌센스 퀴즈

* 금슬 좋기로 소문난 말 부부가 있었다. 어느 날 갑자기 암말이 죽었다. 장례를 치르고 나서 수말이 하는 말? 할 말이 없네.
* 혼자 사는 바람 끼가 많은 암말이 있었다. 수많은 수말들과 바람을 피우고 다니던 어느 날 변강쇠말을 만나고 나서 하는 말? 많은 말이 필요 없네.
* 항상 큰 싸이즈 말을 찾아다니던 암말이 있었다. 그러나 어느 날 그 암말은 깡마르고 보잘 것 없는 수말을 만나게 되었다. 하룻밤을 지내고 나서 하는 말? 긴 말이 필요 없네.
* 배를 타고 항해하던 말 일행이 풍랑을 만나 모두 바다에 빠져 죽고 수말 한마리만 겨우 무인도에 도착하여 살고 있었다. 그러던 어느 날 또 풍랑에 밀려 암말들이 떠밀려 왔다. 백마, 흑마, 적토마, 얼룩말……. 기쁨에 들뜬 수말이 하는 말? 무슨 말부터 해야 할지.
* 이웃집에 처녀말이 이사를 왔다. 남편말이 부인말 몰래 처녀말과 하룻밤 치르고 나서 하는 말? 지금까지 한 말은 말도 아니네

## 맺음 말

12지의 띠 동물은 매년 바뀐다. 사람들은 각기 자기의 띠를 가지고 있다. 사람의 운명을 결정짓는 사주에서 가장 중요한 띠를 가지고 운

수나 점을 치고 궁합까지 맞춘다. 그 해의 수호신이라 할 수 있는 자신의 띠 동물의 행태와 자기 인생의 행태를 동일시하려 한다. 그래서 매년 정초가 되면 띠 짐승의 의미나 상징을 찾아 새해의 운세를 보고 새로 태어나는 아이의 운명이나 성격 등을 미리 알아보려고 한다. 이는 미신이라기보다는 새해를 희망차고 보람 있는 해로 만들어보겠다는 다짐의 결과로 보인다. 2014년 갑오甲午년은 말띠 해다. 우리 모두 말의 장점을 잘 이해하고 활용해서 희망찬 한해를 맞이하여야겠다. 우리 기마민족인 한韓민족은 요즈음의 답답하고 어수선한 여러 가지 문제를 슬기롭게 잘 대처하여 제2의 한강의 기적을 만드는 좋은 한해가 될 것을 확신한다. 서로 조금씩 양보하여 사회를 안정시키고 남북은 서로의 공동 발전을 꾀하여야 하며 온 국민들은 힘을 모아 이웃나라의 잘못을 잘 가르치고 인류공영의 발전에 이바지하여야겠다.

## 경인년 백호白虎 해에는 행운이 함께하시길

지난 2009년 12월 4일, 삼성전기 박종우 사장으로부터 시작된 행운의 메시지가 지금 인터넷에서 붐(boom)을 일으키며 네티즌들에게 확산되고 있다. 내 경우도 박 사장과는 거리상 지척이지만 전국 방방곡곡을 거쳐 2주 만에 나의 친구로부터 행운의 편지 형식으로 받게 되었다. 이 메시지는 오래전부터 인터넷 혹은 지인들끼리 주고받아 왔던 좋은 글이었다. 대기업의 사장께서 시작했기에 파괴력이 대단하구나 하는 생각이 들었다. 아무튼 최고의 진리이자 삶의 지표가 되는 좋은 말이어서 나도 인용해본다.

행운의 편지 전달 방식은 어찌 보면 미신 같기도 하고 사람들에게 부담감을 주기도 해서 마음이 썩 내키지 않을 때도 있다. 따라서 행운을 받는다는 긍정적인 면만을 생각해줄 것을 부탁드리며, 심심풀이로 보아주기를 바란다.

돈으로 집을 살 순 있지만 가정을 살 순 없다.
돈으로 시계를 살 순 있지만 시간을 살 순 없다.

돈으로 침대를 살 수 있지만 잠은 살 수 없다.
돈으로 책을 살 순 있지만 지식은 살 수 없다.
돈으로 의사는 살 수 있지만 건강은 살 수 없다.
돈으로 직위는 살 수 있지만 존경은 살 수 없다.
돈으로 피를 살 순 있어도 생명은 살 수 없다.
돈으로 섹스는 살 수 있어도 사랑은 살 수 없다.

이 속담(?)은 행운을 가져다준다고 하며 네덜란드에서 유래되었다고 한다. 지구를 8번이나 돌았고 당신이 이것을 받았으니 당신이 행운을 가질 차례이다. 유머가 아니며 당신의 행운이 메일과 인터넷을 통하여 올 것이니 이 메시지를 정말 행운이 필요한 사람에게 보내기 바란다. 돈으로 행운을 살 수 없으니 돈을 보내지는 마시고, 96시간(4일) 안에 보내라고 되어 있었다.

콘스탄티가 1953년에 처음 받아서 그의 비서에게 20통을 만들라고 지시했으며 9시간 후 그는 자기 나라에서 9천 9백만 달러 복권에 당첨되었다. 카를로스는 같은 메시지를 받았으나 보내지 않았다가 며칠 후 직장을 잃었다. 그 후 마음을 바꿔 그 메시지를 보냈고 다시 부자가 되었다. 1967년 브루노는 이 메시지를 받았으나 단지 웃어버리고는 버렸다. 며칠 후 그의 아들이 아프게 되자 이 메시지를 20통을 만들어 보냈다. 아흐레 후 그의 아들이 다시 건강해졌다는 소식을 들었다.

웃어넘길만한 이야기로 생각되겠지만 이 메시지도 각박한 세상을 살아가는 사람들에게 뭔가를 나누어주고자 하는 나눔과 베품의 정신에서 시작되었던 것 같다.

이제 기축년 소띠해가 저물고 있다. 올해 전 세계적으로 불어 닥친 금융위기의 한파로 인해 국가나 기업이나 각 가정에서 많은 어려움을 겪었다. 그러나 우리나라 기업들은 세계에서 가장 먼저 이 금융위기의 파고를 극복하고 이제부터 순조로운 성장을 할 것이라고 하니 반갑기도 하고 우리 국민들의 위기극복 능력이 얼마나 강한지가 느껴져 자부심을 가지게도 된다.

내년 경인년은 호랑이띠다. 그것도 60년 만에 온다는 백호白虎해다. 흰 호랑이가 과연 어떤 의미를 가지고 있을까?

"경인년 백호랑이띠, 황금돼지도 안 부러워"

해럴드경제 보도내용에 의하면, 역술가들은 백호띠를 황금돼지띠 못지않게 좋은 띠로 평가한다고 한다.

백운산 한국역술인 협회장은 경인년庚寅年은 천간이 강한 금金의 기운으로 칼을 상징해 경인년생 남성은 무관 · 공직 분야로 많이 진출하고, 여성은 의사 · 약사 등이 많단다. 그는 또 여자 호랑이띠는 기가 세고 팔자가 험하다는 속설이 있지만 경인년생 여성들은 가정도 잘 꾸려가기 때문에 전혀 걱정할 필요가 없다고 덧붙였다. 백 회장은 이어 띠 구별하는 법에 대해 역학에서는 절기를 기준으로 입춘 또는 동지가 지나면 띠가 바뀐다고 보지만 일반적으로 음력설이 기점이라면서 내년은 음력 5~6월생이 특히 좋다고 했다.

천진기 국립민속박물관 민속연구과장도 정해년이 황금돼지띠라는 것은 근거가 없었지만 경인년의 경庚은 흰색과 서쪽, 금金을 뜻하기 때문에 내년이 60년 만에 온다는 백호랑이띠라는 얘기는 맞다고 밝혔다. 백호띠가 다른 띠보다 좋다는 근거는 없지만 우리 민속에서 호랑이는 산신령 및 산군자山君子로 통하는 신앙의 대상

이자 중국의 용, 인도의 코끼리처럼 한국을 대표하는 동물이라고 설명했다.

백호의 출현은 상서로운 현상으로 여긴다. 중국 설화 등에서는 청룡 · 주작 · 현무 등과 함께 하늘의 4신四神을 이룬다. 이들 4신은 하늘의 사방을 지키는 신으로 알려져 있는데, 백호는 서쪽의 수호신이다. 『시경』은 백호를 의로운 짐승으로 보며, 백호를 그린 백호기는 천자가 거동할 때 사용되었다고 한다.

이러한 민속학적인 해석은 차치하고라도 국가와 기업과 가정의 살림살이가 나아지고 있는 모습이 도처에서 감지되고 있다. 중요한 것은 처한 환경이 아니라 그 환경에 대처하는 사람들의 마음가짐일 것이다.

경인년 백호띠를 맞이하시는 여러분 모두 내내 건강하시고, 포효하는 호랑이의 기상처럼 새해에는 더욱 활기찬 모습으로 한해를 호령해보기 바란다.

새해에는 행운이 여러분과 함께 하시길 기원합니다.

추석맞이

# 건강 메시지

올 여름은 유달리 긴 장마와 무더위로 모두들 고생이 많았을 것이다. 계절의 순리는 어김없어서 이제 가을이 왔다. 너른 들판에 황금물결이 넘실대고 오곡백과가 익어가기 시작하면 우리 마음속엔 풍요로움으로 가득 차게 된다. 며칠 후면 우리 민족의 최대 명절인 한가위다. 어릴 적 손꼽아 기다리던 그 설렘이야 많이 사라졌고, 가족과 고향에 대한 그리움도 점점 희미해져가는 것 같다. 그 옛날 고향을 찾아가 어르신들께 인사드리고 조상님들께 차례를 지냈던 그 시절이 그립고도 아름다운 추억으로 남아 있다. 명절을 맞아 고향의 가족, 친지들과 함께 즐거운 시간 가지시길 바라며 건강한 몸과 마음으로 풍성한 명절을 누리시길 바란다.

요즈음은 선물이 간소화되어 현찰이 받고 싶은 선물 1위라고 하지만 뭐니 뭐니 해도 최고의 선물은 건강이 아닌가 싶다. 얼마 전에, 전에 다녔던 회사 OB모임에서 서울의대 이왕재 교수의 비타민C 강의를 들었다. 그는 20여 년 전부터 비타민C에 대한 효능을 연구하여 이를 전파하는 전도사가 되어 지금까지 거의 1,000만 명에게 비타민C 건강 강의를 했고, 앞으로도 비타민C와 함께 세상을 살겠다는 굳은 의지를 피력했다. 1997년에 『비타민C가 보이면 건강이 보인다』라는 책을 발간하고 방송에 출연한 후 온 나라에 비타민C 열풍을 불게 하였고, 비타민C 복용 후에 삶이 달라졌다는 훈훈한 이야기가 많이 나오고 있다고 한다. 이 비타민C 연구로 이 교수는 세계 100대 의사 중 한사람으로 선정되기도 했다.

또한 의학전문기자인 홍혜걸 박사는 CBS방송의 〈세상을 바꾸는 시간 15분〉이라는 프로에서 '당신의 혈관이 깨끗해야 하는 이유' 라는 제목으로 건강 강연을 하면서 역시 혈관관리가 건강에 필수적임을 강조했다.

한가위 명절에 즈음하여 두 사람의 강의 내용과 그들의 저서들을 참조하여 건강관리에 중요한 내용들을 정리하여 명절선물로 보내드

리려고 한다. 저는 이왕재 교수와 홍혜걸 박사의 강의를 듣고 저서들을 살펴보는 과정에서 건강하기 위해서는 무엇보다도 혈관이 깨끗해야 하며, 혈관을 깨끗하게 하기 위해서는 비타민C를 복용하고 운동을 꾸준하게 해야 한다는 결론을 얻었다. 두 분의 최근 강의 내용을 아래와 같이 관계도로 정리해 보았다. 비전문가의 견해이기 때문에 신뢰가 가지

않고 의문도 있겠지만, 나 자신이 지병을 보유하고 있고 최근 건강 이상 징후를 느꼈으며 ,주변 사람들의 사례에서 본 내용을 종합한 것이니 참조하시기 바란다.

### 왜, 비타민C를 먹어야 하는가?

이왕재 교수는 "비타민C를 왜 먹어야 하는지를 설명하겠다."며 강의를 시작했다. 그는 활성(유해)산소 이론을 제시했는데, 우리가 음식을 먹고 나면 탄소와 수소가 호흡을 통해서 유입된 산소와 결합하면서 산화작용을 일으키는데 이 과정 중에 힘(Power)과 생기(Energy)가 나온다고 한다. 우리 몸을 구성하고 있는 세포가 아주 적은 양의 활성산소의 공격을 끊임없이 받아서 70~80년 후에 죽게 되는데 그것이 바로 수명이며 이 과정을 생명방정식이라고 한다.

이 화학작용의 과정에서 25%는 정상적인 산화과정을 거치지 않고 불완전한 산화 등의 이유로 활성산소를 만드는데, 20%는 몸 자체에서 해소가 가능하지만 나머지 5%는 활성산소 형태로 그대로 남아서 우리 몸을 공격하고, 이 5% 때문에 사람이 늙고 죽는다는 것이다.

소식하면 산소가 덜 쓰이고 산소가 덜 쓰여야 활성산소가 적게 나오기 때문에 적게 먹고 조금 움직인 사람이 오래 산다. 여기에서 역설적인 사실에 접하게 되는데 산소를 덜 써야 오래 산다는 것이다. 활성산소는 살아있는 세포에 치명적인 영향을 미친다. 이 활성산소를 억제시킬 수 있는 약이 바로 항산화제이다. 그리고 항산화제의 대표적인 물질이 바로 비타민C라고 할 수 있다. 우리나라의 경우 20년 전보다 수명이 무려 20세나 증가했다. (61세->81세) 건강과 장수에 대한 편견으로 '육식은 몸에 해롭다.'라고 잘못 알고 있는데 이 어류와 육류 덕분에 우리나라의 평균수명이 폭발적으로 늘어나게 된 것이다. 과식이 문제이지 고기 때문

## 이왕재 교수의 생명방정식

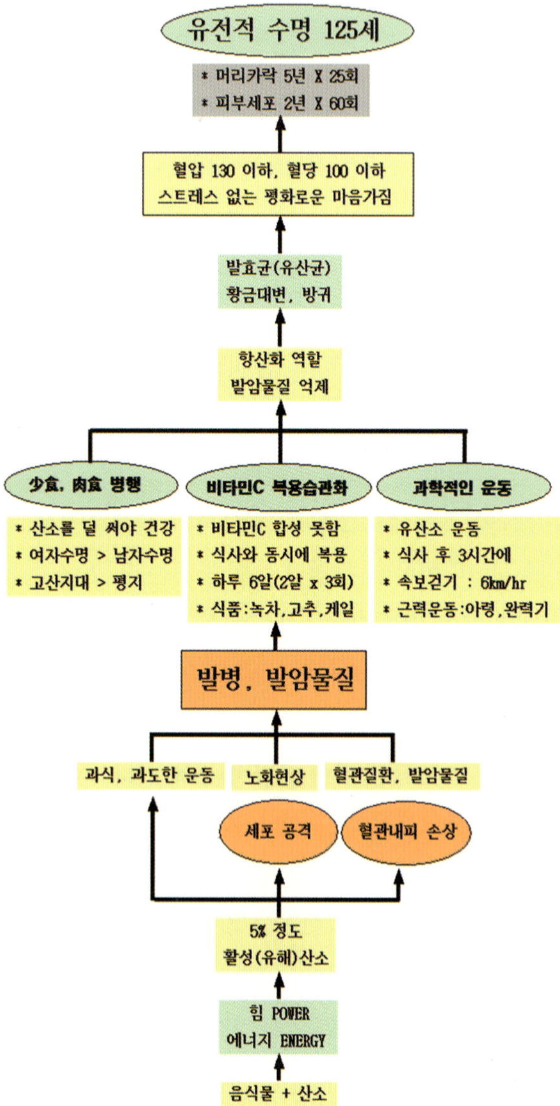

에 문제가 생기는 게 아니다. 연세가 드실수록 고기는 늘 드셔야 한다.

프랑스의 한 핵물리학자가 인간은 유전적으로 125세까지 살 수 있도록 되어 있다고 했다. 인간의 유전자는 머리카락이 25회 생겨나도록 계획되어 있는데, 실제 머리카락 하나의 수명이 5년 정도이므로 인간의 유전적 수명은 125년이라는 것이다. 또 사람의 피부 세포는 약 2년을 주기로 계속해서 새로운 세포가 생겨나며, 유전적으로 약 60번 정도의 주기가 유전자에 계획되어 있으므로 역시 인간의 계획된 수명이 125년 정도임을 입증한다는 것이다.

포유류 중 사람을 포함한 영장류와 기니피그는 비타민C를 스스로 합성하지 못한다. 인류도 맨 처음에는 비타민C를 합성할 수 있었다고 하는데 언제부턴가 비타민C를 합성하지 못하게 되었다고 추정하고 있다. 학자들은 간 속에 비타민C를 합성할 수 있는 유전자가 있었다는 흔적을 찾아냈는데 방사선 동위원소로 추적한 결과 약 5천 년 전에 이 유전자가 기능을 잃게 된 것 같다고 한다. 최근 사람과 완벽하게 똑 같이 문제가 생겨 비타민C를 합성할 수 없는 생쥐를 확보하게 되어 조만간 유수한 세계적인 과학 잡지에 제대로 된 비타민C의 학문적 사실들을 알릴 수 있게 되었다.

비타민C는 영국 해군 군의관 '제임스 린드'가 처음 발견했다고 하는데 긴 항해기간 중 처음에는 생생하던 선원들이 목적지에 도착하면 반 이상이 죽었다는데 섬에 도착해서 원주민들이 아픈 해군 병사들에게 과일즙을 짜서 먹였는데 그 과일즙을 먹고는 벌떡 일어나면서 생기를 되찾았다고 한다. 그 과일이 바로 레몬이었다. 여기에서 신선한 채소나 과일 등을 오래 먹지 못해서 그런 것이라는 사실을 발견하게 되었다. 1930년대에 비타민C의 화학물질 구조가 밝혀져 학문적으로 세계적으로 받아들여지게 되었다.

서울대 이왕재 교수

### 비타민C와 운동의 상관관계

혈압은 130 이하로, 혈당은 100 이하로 무조건 맞추어라. 그러나 혈압이 낮으면 무조건 좋다는 생각은 잘못된 것이다. 혈압 90보다는 130이 좋다. 왜냐하면 활동성이 있기 때문이다. 이 혈압과 혈당을 방치하면 동맥경화가 온다. 과식을 하게 되면 활성산소가 많이 발생하게 되고, 한국인들의 '빨리빨리' 근성은 엄청난 스트레스를 받기 때문에 혈압과 혈당이 올라가는데 제일 먼저 피 속에서 농도가 떨어지는 것이 비타민C다.

식사 후 3시간 정도가 되면 비타민C의 수치가 최고치가 되기 때문에 그 때 운동을 해야 한다. 새벽에는 비타민C의 양이 제로가 되기 때문에 수영이나 격한 운동을 하면 안 된다. 가벼운 스트레칭으로 몸을

푸는 정도만 해야 된다. 운동은 식사 후 3시간에, 비타민C는 식사와 동시에 드셔야 한다. 운동으로 발생된 활성산소를 비타민C가 제거해주기 때문이다.

물론 비타민C가 건강의 만병통치약은 아니다. 적절한 운동을 겸할 때에만 건강을 얻을 수 있다. 운동의 궁극적 기대효과는 극한상황에서의 생존 가능성 확장이라고 할 수 있다. 운동은 땀을 흘릴 정도의 유산소 운동이 좋다. 늙는다는 것은 근육이 없어진다는 것이다. 아령이나 완력기를 이용해서 웨이트 트레이닝도 꾸준히 해야 한다.

뛰는 운동보다는 걷기 운동을 하되 시속 약 6km의 속보를 유지하여 유산소 운동효과를 내면서 활성산소가 비교적 적게 발생하는 운동방식을 적극 권장하고 있다. 등산이나 조깅, 축구 등 격렬하게 뛰거나 땀을 흘려야 하는 운동은 한 달에 한두 번 정도로 제한하고, 나머지는 주로 걷기운동으로 대체하는 것이 좋다. 스포츠의학자들이 실험을 통해 운동 전후에는 반드시 항산화제를 복용해야 한다는 것을 알아냈다.

### 비타민C가 수용성인 점에 주목하라

비타민C만 수용성인 점에 주목해야 한다. 그 이유는 무엇일까? 그것은 비타민C가 화학적 특성상 항산화제가 만드는 부작용을 해결하는 해결사 노릇을 해야 하기 때문이다. 해결사로 뛰려면 비타민C는 신체의 각 부위를 빠른 속도로 다닐 수 있도록 수용성의 성격을 띨 수밖에 없다. 비타민C는 철분의 장내흡수를 촉진시키고 간에 저장될 수 있도록 운반해주는 단백질 이동에 필수적인 것이다.

비타민C의 일일 적정량을 60mg이라고 하는 것은 죽지 않을 정도의 양이고 그 100배 이상은 먹어야 한다. 이렇게 해야 동맥경화까지 안 걸리는 양이 된다. 동물이 하루에 만드는 하한치인 6,000mg부터 최대치인 18,000mg까지 먹어야 하고 먹고 나서 3시간 이후에 제일 많이 흡수되기 때문에 원칙적으로 3시간마다 먹어야 하지만 최소한 6시간 이후에는 다시 보충해야 한다. 비타민C도 산酸이기 때문에 반드시 식사와 동시에 먹어야 한다. 맛없는 반찬 한 가지가 더 생겼다고 생각하고 식탁 위에 올려놓고 먹어야 한다.

감기는 죽을 수도 있는 병이다. 낫지 않고 폐렴으로 발전하여 잘못되면 죽는다. 실험을 해보니 비타민C가 감기 바이러스가 폐로 가는 걸 막아준다고 한다. 비타민C를 복용하면 위장에서 중요한 역할을 수행하고 그 다음에 소장에서 일부가 흡수된다. 그런데 반 이상이 흡수되지 않고 대장을 통해 빠져나가게 된다. 비타민C가 그냥 빠져나가는 것이 아니라 중요한 일을 하고 빠져나간다.

소장에서는 1,000~2,000mg만 흡수되고 2,000~3,000mg은 대장을 통해 항문으로 나간다. 사실 대장은 소화, 흡수되고 남은 찌꺼기를 몸밖으로 배출하는 역할을 하게 되는데 이 배출과정이 제대로 이루어지지 않으면 남아있는 찌꺼기가 장에서 부패하여 유해물질과 가스, 독소를 만들며 이 물질이 쌓여 노화를 촉진시키고 발암물질로서 작용하게 된다.

위장은 음식이 식도를 타고 들어와 위장에 닿기만 하면 기다렸다는 듯이 위액을 쏟아낸다. 위염과 위궤양, 위암의 원인은 바로 '헬리코박터 파이로리' 라는 균이다. 이 균은 위장병의 주범으로서 국내 성인의 70~90% 정도가 보균하고 있는 것으로 추정된다. 의학자들의 연구결과에 의하면 비타민C 만으로도 이 세균의 병원성을 차단할 수 있다고 한다.

위궤양이 심한 사람이 비타민C를 먹으면 며칠간은 속이 쓰린다. 그래서 먹는 것을 중단하게 되는데 물을 한 컵 마시고 조금 희석시키면 속이 덜 쓰린다. 그렇게 해서 일주일 정도 지나면 속 쓰린 것이 완화되어서 속이 쓰리지 않게 된다. 일주일 뒤에는 새살이 나와서 속 쓰린 원인을 제거해주기 때문이다.

비타민C를 먹으면 방귀가 많이 나오지만 냄새는 없다. 대변도 황금색깔이고 냄새가 안 난다. 하루에 비타민C 10알을 먹으면 발효균이 99%, 부패균이 1%, 6알 이상을 먹으면 95%, 5%가 되고 3알 이상을 먹으면 80%, 20% 정도가 된다. 비타민C를 먹으면 일시적으로 설사가 나기도 하고 대변이 묽어지기도 한다. 대변 냄새가 지독한 사람일수록 설사가 심하다. 비타민C를 먹으면서 차츰 정상화가 되어 더 이상 설사를 하지 않고 가스가 막 나온다.

신장결석이나 요로결석을 앓은 사람은 비타민C를 먹지 않는 게 좋다. 돌은 칼슘이나 수산이 만들어내는데 비타민C를 먹으면 수산염이 발생되기 때문이다.

아직까지 비타민C 다량 복용으로 인한 부작용은 보고되지 않고 있다고 한다. 이 교수는 1987년부터 비타민C를 하루에 10알(10,000mg) 정도씩 먹어왔다고 하는데 강의하는 모습을 보니 정말 건강한 것 같았다. 자신의 가족들에게도 비타민C를 복용하게 해서 놀라운 효과를 보았다고 한다. 동맥경화로 시력을 잃었던 장인어른과 뇌졸중에 이르고 급기야는 반신불수가 되었던 장모의 시력을 되찾고 뇌졸중으로부터 완전히 회복된 사실이 그의 확신을 더 강하게 해주었다고 밝혔다.

그러나 비타민C만 복용하면 마치 만병통치약처럼 건강이 따라오는 건 아니다. 과학적인 운동을 병행해서 해야 비로소 그 효과를 볼 수 있다. 나도 강의를 듣고 책을 보고 이 메시지를 정리하면서 비타민C를 먹기 시작했다. 이왕재 교수의 비타민C 이야기를 믿고 실천함으로써 모두 건강한 삶을 누리시길 바란다.

## 건강은 깨끗한 혈관에서

의학전문기자로 유명한 홍혜걸 박사가 CBS방송 〈세상을 바꾸는 시간 15분〉이란 프로에서 '당신의 혈관이 깨끗해야 하는 이유'에 대한 강연을 했는데 강연의 요점은 아래와 같다.

의학계에 등록된 질병의 개수는 모두 12,420개이고, 가장 흔한 병은 잇몸질환(치주염)이다. 가장 치명적인 병은 광견병으로 치사율이 100%다. 그러나 홍 박사는 가장 끔찍하고 잔인한 병으로서 가장 고통스럽게 삶을 파괴하는 병은 다름 아닌 혈관질환(뇌졸중, 심장병)이라고 강조했다. 이 병은 예고 없이 갑자기 찾아오고 결과가 처참하다. 식물인간, 뇌사자라 할지라도 의식이 있어서 말귀를 알아듣는다. 그렇기 때문에 차마 호흡기를 떼지 못한다. 사지마비의 경우 몸을 움직일 수 없기 때문에 2시간 단위로 뒤집어주고 마사지해주어야 한다. 그렇지 않으면 피부의 괴사현상이 와서 심한 욕창이 생긴다. 우리나라에는 일년에 6만 명 정도가 혈관질환으로 사망한다고 한다.

혈류는 혈관 직경의 네제곱에 비례한다. 예를 들어 혈관 내에 찌꺼기가 막혀서 1/2로 줄어든다면 혈류는 1/16로 줄어들 수밖에 없다. 혈관을 맑고 깨끗하게 하려면 무엇보다 운동을 해야 한다. 운동은 혈압, 혈당, 콜레스테롤을 동시에 떨어뜨린다. 운동은 장시간(30분 이상) 저강도 방식이 좋다. 매일 8,000보 이상을 걸으면 혈관 내의 찌꺼기를 태울 수 있는 충분한 량이 된다. 결국, 비타민C 복용과 장시간, 저 강도 운동이 건강지킴의 첫 걸음이다.